中原传统村落

中国传统村落文化抢救与研究 文化区系列

吴必虎 罗德胤 张晓虹 汤敏 ◎ 主编

丁华 张东 杨博 郭晋媛 ◎ 编著

国家出版基金项目

海天出版社
·深圳·

图书在版编目（CIP）数据

中原传统村落 / 吴必虎等主编. — 深圳：海天出版社，2020.12

（中国传统村落文化抢救与研究. 文化区系列）

ISBN 978-7-5507-3030-4

Ⅰ. ①中… Ⅱ. ①吴… Ⅲ. ①村落—研究—河南 Ⅳ. ①K928.5

中国版本图书馆CIP数据核字(2020)第201326号

审图号：GS（2020）5315号

中原传统村落
ZHONGYUAN CHUANTONG CUNLUO

出 品 人	聂雄前
项目策划	许全军
项目统筹	南　芳
责任编辑	童　芳
责任校对	赖静怡
责任技编	郑　欢
装帧设计	知行格致

出版发行	海天出版社
地　　址	深圳市彩田南路海天综合大厦（518033）
网　　址	www.htph.com.cn
订购电话	0755-83460239（邮购、团购）
设计制作	深圳市知行格致文化传播有限公司　Tel：0755-83464427
印　　刷	中华商务联合印刷（广东）有限公司
开　　本	787mm×1092mm　1/16
印　　张	20.75
字　　数	259千
版　　次	2020年12月第1版
印　　次	2020年12月第1次
定　　价	398.00元

海天版图书版权所有，侵权必究。
海天版图书凡有印装质量问题，请随时向承印厂调换。

"中国传统村落文化抢救与研究·文化区系列"
编委会

EDITORIAL COMMITTEE

丛书主编：吴必虎　罗德胤　张晓虹　汤　敏

《中国传统村落概论》

编委会主任：张宝秀、成志芬
编委会成员：朱永杰、刘剑刚、李　扬、
　　　　　　时少华、张　勃、苑焕乔、
　　　　　　周爱华
编写分工：第一章　张宝秀、成志芬
　　　　　第二章　朱永杰
　　　　　第三章　刘剑刚
　　　　　第四章　李　扬
　　　　　第五章　成志芬、苑焕乔
　　　　　第六章　张　勃、李　扬
　　　　　第七章　时少华

《中原传统村落》

编委会主任：丁　华、张　东、
　　　　　　杨　博、郭晋媛
编委会成员：杨晓俊、戴　宏、刘改芳、
　　　　　　栗晓楠、刘　晗、姚　浪、
　　　　　　李羿祥、薛艳青、戴景文、
　　　　　　蒋星怡、朱凯凯、黄静怡、
　　　　　　廖文强、张　悦、陈鑫源、
　　　　　　陈姗姗、陈添珍、高媛媛、
　　　　　　刘丽丽、易远铨、黎燕君、
　　　　　　王　坤、易　雪、萧僖雯、
　　　　　　沈思源、苏小燕

《徽州传统村落》

编委会主任：张云彬、张宏梅、王　娟
编委会成员：张　茹、沈思佳、张业臣、
　　　　　　张小军、闻　飞、方敦礼
编写分工：第一章　张云彬
　　　　　第二章　张宏梅、张云彬
　　　　　第三章　张云彬
　　　　　第四章　王　娟
　　　　　第五章　张云彬、张宏梅、
　　　　　　　　　王　娟
　　　　　第六章　张宏梅

《荆楚传统村落》

编委会主任：龚胜生、何小芊、胡　娟、
　　　　　　陈丽军
编委会成员：伍昌友、李孜沫、魏幼红、
　　　　　　张　涛
编写分工：第一章　龚胜生、何小芊
　　　　　第二章　何小芊
　　　　　第三章　胡　娟、龚胜生
　　　　　第四章　胡　娟
　　　　　第五章　陈丽军
　　　　　第六章　陈丽军
　　　　　第七章　何小芊

《客家传统村落》

编委会主任：陈　川

编委会成员：萧清碧、黄宗焕、李长青、
　　　　　　何烈孝、沈　洁

编写分工：第一章　陈　川、萧清碧
　　　　　第二章　陈　川、萧清碧
　　　　　第三章　萧清碧、陈　川、
　　　　　　　　　黄宗焕、李长青
　　　　　第四章　萧清碧、陈　川、
　　　　　　　　　黄宗焕
　　　　　第五章　萧清碧、李长青、
　　　　　　　　　黄宗焕、陈　川
　　　　　第六章　陈　川、萧清碧、
　　　　　　　　　黄宗焕、何烈孝

《西南传统村落》

编委会主任：刘丹萍、高　璟、吴艳阳、
　　　　　　徐　燕

编委会成员：陈玲玲、刘博宇、郭可欣、
　　　　　　赵昱嫣、郭聪聪、方家刚、
　　　　　　宋尚周

编写分工：第一章　刘丹萍、高　璟
　　　　　第二章　刘丹萍、高　璟
　　　　　第三章　刘丹萍、高　璟
　　　　　第四章　刘丹萍、高　璟
　　　　　第五章　刘丹萍、高　璟、
　　　　　　　　　吴艳阳、徐　燕
　　　　　第六章　刘丹萍、高　璟

《关东传统村落》

编委会主任：朱晓蕾、王福刚

编委会成员：付　卉、甘　静

编写分工：第一章　付　卉、朱晓蕾
　　　　　第二章　朱晓蕾
　　　　　第三章　王福刚
　　　　　第四章　朱晓蕾
　　　　　第五章　甘　静、朱晓蕾、
　　　　　　　　　王福刚
　　　　　第六章　朱晓蕾

《吴越传统村落》

编委会主任：崔　峰、王丽娴、张光明

编委会成员：千继贤、王　瑜、朱晓庆、
　　　　　　尤　峰

编写分工：第一章　崔　峰、朱晓庆
　　　　　第二章　崔　峰、千继贤
　　　　　第三章　王丽娴、崔　峰
　　　　　第四章　王　瑜
　　　　　第五章　崔　峰、尤　峰
　　　　　第六章　张光明

《西北传统村落》

编委会主任：李 丁、苗 红、冶建明
编委会成员：韩雅敏、林 燕、孟 璐、
　　　　　　王文倩、李珍珍、黄 雪、
　　　　　　耿一睿、刘国锋、王 芸、
　　　　　　王 宁、余 洋、王 鑫
编写分工：第一章 李 丁、苗 红、
　　　　　　　　　冶建明
　　　　　第二章 李 丁
　　　　　第三章 苗 红
　　　　　第四章 冶建明
　　　　　第五章 李 丁、苗 红、
　　　　　　　　　冶建明

《滨海传统村落》

编委会主任：裴 丹
编委会成员：黄丽华、严琳霞、李丹洋、
　　　　　　尚珍宇
编写分工：第一章 裴 丹
　　　　　第二章 裴 丹
　　　　　第三章 尚珍宇、裴 丹
　　　　　第四章 李丹洋、严琳霞、
　　　　　　　　　裴 丹
　　　　　第五章 黄丽华、严琳霞、
　　　　　　　　　李丹洋、裴 丹
　　　　　第六章 严琳霞、裴 丹

《黄淮海传统村落》

编委会主任：邢慧斌
编委会成员：魏云刚、孙庆久、佟 薇、
　　　　　　吴 军、马 晓
编写分工：第一章 佟 薇、邢慧斌
　　　　　第二章 孙庆久、邢慧斌
　　　　　第三章 马 晓、邢慧斌
　　　　　第四章 魏云刚、邢慧斌
　　　　　第五章 吴 军、邢慧斌

《巴蜀传统村落》

编委会主任：刘小方、李小波
编委会成员：纪凤仪、冯祉烨、王晓文
编写分工：第一章 冯祉烨、刘小方、
　　　　　　　　　李小波
　　　　　第二章 冯祉烨
　　　　　第三章 刘小方、冯祉烨
　　　　　第四章 纪凤仪

《藏蒙传统村落》

编委会主任：朱普选

编委会成员：明庆中、梁旺兵、曾 谦、
琼 达、罗赞敏、黄 丽、
尚前浪、先 巴、秦 旭、
李 凡、阿荣娜、肖卫东、
史家铭、达 桑、慈尚普、
蒋其平

编写分工：第一章 朱普选
第二章 琼 达、肖卫东、
史家铭、达 桑、
慈尚普、蒋其平
第三章 罗赞敏、先 巴
第四章 梁旺兵、秦 旭
第五章 黄 丽
第六章 尚前浪、李 凡、
明庆中
第七章 曾 谦、阿荣娜

《东南传统村落》

编委会主任：吴荣华、王国栋、郑庆之、
黄丽华

编委会成员：叶乃齐、冯仕晏、曾健鹏、
陈秋晓、邓冰蓉

编写分工：第一章 王国栋
第二章 王国栋
第三章 郑庆之
第四章 吴荣华
第五章 吴荣华、王国栋、
黄丽华
第六章 吴荣华、王国栋、
黄丽华

《江淮传统村落》

吴小伟 编著

致谢

林丽琴、姜丽黎、宋尚周、谢冶凤、王梦婷、王定镇、王 琳、周爱清、陈建茂、于小强

序言
PREFACE

进入二十一世纪的中国，城市化进程发展十分迅速。城市化脚步之快，快过了这个社会的思考的速度。在这样一种背景下，大量的农业人口进城，大量的乡村"空心化"，伴随着相当长的一个时期内地方发展对土地财政的严重依赖，在村集体所有制的宅基地制度基础上农民对乡村规划建设的弱势地位，以及其他一些社会经济和文化原因，导致了中国传统村落大片大片消失。正如一大批分布于全国各地，从事各行各业，痛惜于传统村落的快速消亡，钟情于怀念美丽田园生活里的梦幻童年，致力于利用各种方式抢救濒于困境的故土，投身于丰富多姿的乡村文化遗产研究领域的人们一样，五六年前我们几个志同道合的小伙伴，清华大学建筑学院的罗德胤副教授，北京大学俞孔坚教授的学生、古村之友发起人汤敏硕士，浙江桐乡乌镇和北京古北水镇主理人陈向宏先生，发起成立了古村镇大会，并分别在浙江乌镇、山东滨州、北京古北水镇和山西碛口古镇，召开了四次古村镇大会。在办会过程中，几位会议创办人提起了组织编辑出版一套古村研究丛书的想法，这一想法得到了深圳海天出版社的支持，申报了"十三五"出版规划，并顺利获得批准立项。

这套丛书的框架相当庞大，初步设想包括文化区系列、物质文化系列和非物质文化系列。这么庞大的系列，组织起来难度可想而知。为了增强组织和编写力量，我们又邀请了复旦大学中国历史地理研究所所长张晓虹教授加盟。目前推出的十五册，仅是其中第一辑文化区系列。

为什么要从文化区视角组织第一辑系列丛书？这主要基于中国传统村落形成发展于中国广袤的国土、悠久的历史、多民族共融的文化视角的考虑。

从自然地理角度看，中国南北横跨热带、亚热带和温带三个气候地带，东西纵盖60多个经度，具有东部滨海平原、中部山地高原盆地、西部干旱沙漠和高寒山地高原等多种地貌形态，海拔高度又具有从海平面以下数百米到世界屋脊最高峰8848.86米的最大高差形成的垂直气候带和植被带。在这么广阔、多样的自然地理条件下形成的村落，必然呈现出世界上最为丰富的聚落景观和文化形态。

此外，动辄数千年的悠久历史和历史上波澜壮阔的人口迁移与融合，又为传统村落打上了深厚文化底蕴和丰富民族特色的烙印。

基于以上几个条件，实际上，文化区系列的传统村落，从一个较为宏观的层面，而非村落本身，更非民居建筑单体，来呈现和传承中国灿烂多姿的乡村文明画卷。

第一辑文化区系列的传统村落板块，除了第一册《中国传统村落概论》综述其概，其余十四册基本上放在特定文化区的概述、物质文化、非物质文化，以及传统村落文化保护与旅游活化这样一个基本结构内阐述。其中绝大多数分册表述的是一个较为连续的地域单元，如中原、江淮、巴蜀、客家等文化区，这些文化区虽然具有基本上一致的身份认同，但具体绘制到地图上时，并非易事。

文化区属于一种人类认知的范畴，不仅难以提出统一准确的判别标准，而且即使有一些参数可供核准，但在不同的审视者眼里得到的评价结果也会存在不同。另外，人口迁移、现代化冲击和民族融合，也客观存在着两种甚至更多的文化融合，出现了一些所谓的文化叠合区域。例如，在讨论青藏高原时，可以把青海与西藏视为一个整体区域，但实际上青海除了藏蒙文化，在接近甘肃和新疆的部分，也还有相当多的西北文化。此外，在中原文化区与黄淮海文化区之间、中原文化区与江淮文化区之间、吴越文化区与徽州文化区之间，也都存在一定程度的文化叠合现象。

一般情况下，文化区应该是连续的地域空间，但也有个别情况比较特殊，一个是藏蒙文化，它是按照藏传佛教的分布特点来组织的，藏传佛教影响区的村落或集镇，都有围绕喇嘛庙而建设的特点，它们在空间上地域非常广大。另一个是滨海文化，它是按照临海居岛的地理特点来组织的，涉及中国一万多公里的海岸线，北面涉及黄渤海，中间是东海，南部是南海，这些绵长的海岸线和有人居住的岛屿上，形成的岛居海厝不仅独具一格，而且同样彰显中国自身的海洋文化。关于这一点，过去的传统村落研究，常常并未加以足够重视。

包括传统村落在内的文化景观具有丰富的多样性，区域多样性是其突出表现之一。这套丛书力图通过对进入官方视野、获得几个部委共同颁布的传统村落体系的乡村聚落为主要探讨对象的分析，来获得社会更加广泛的注意，让更多的机构和社会各阶层关注传统村落的传承和发展，唤起更多的部门和公众研究传统村落传承和发展过程中存在的政策、法规、理念与价值冲突，共同寻求其解决之道，为中国传统村落这一特殊文化景观的保护和长期发展贡献一份自己的力量。

吴必虎

2020 年 12 月 11 日

于北京大学逸夫二楼

目录

第一章 概述 001

第一节　中原文化的形成 / 003
　　一、中原文化的地理要素 / 003
　　二、中原文化的形成过程 / 005

第二节　中原文化的内涵 / 007
　　一、精微的辩证思维 / 007
　　二、鲜明的人文意识 / 008
　　三、执着的爱国精神 / 009
　　四、积极进取的开拓精神 / 009

第三节　中原文化的特质 / 010
　　一、根源性 / 010
　　二、正统性 / 011
　　三、系统性 / 011
　　四、开放性 / 012
　　五、原创性 / 012
　　六、包容性 / 013
　　七、基础性 / 013

第二章 中原传统村落的空间结构 015

第一节 传统村落数量 / 016

第二节 传统村落类型 / 018
 一、传统村落类型研究综述 / 019
 二、中原传统村落类型划分 / 019
 三、中原传统村落类型特征 / 026

第三节 传统村落文化价值 / 029
 一、中国传统村落与民族 / 029
 二、中国传统村落文化的基本内核 / 030
 三、中国传统村落的价值构成要素 / 031
 四、中国传统村落文化的表现形式 / 034

第四节 传统村落空间结构 / 038
 一、中原传统村落空间类型与特征 / 038
 二、山西传统村落空间类型与特征 / 044
 三、河南传统村落空间类型与特征 / 049
 四、陕西传统村落空间类型与特征 / 054

第三章 中原传统村落的形成机理 061

第一节 中原传统村落形成的自然因素 / 063
 一、山西传统村落形成的自然因素 / 064
 二、河南传统村落形成的自然因素 / 066
 三、陕西传统村落形成的自然因素 / 069

第二节 中原传统村落形成的历史文化因素 / 070
 一、山西传统村落形成的历史文化因素 / 070
 二、河南传统村落形成的历史文化因素 / 071
 三、陕西传统村落形成的历史文化因素 / 074

第三节 中原传统村落形成的经济因素 / 076
 一、山西传统村落形成的经济因素 / 077
 二、河南传统村落形成的经济因素 / 077

　　　　　三、陕西传统村落形成的经济因素 / 079

第四节　中原传统村落的形成机理 / 080
　　　　　一、山西传统村落的形成机理 / 080
　　　　　二、河南传统村落的形成机理 / 084
　　　　　三、陕西传统村落的形成机理 / 089

第四章　中原传统村落的物质文化景观　101

第一节　村落选址原则及特征 / 102
　　　　　一、背山环水，负阴抱阳 / 103
　　　　　二、沿河盆地，趋利避害 / 105
　　　　　三、黄土塬上，窑居风格 / 108
　　　　　四、平原地带，网络布局 / 111

第二节　空间格局与空间类型 / 115
　　　　　一、空间格局 / 116
　　　　　二、空间类型 / 123
　　　　　三、宅院空间 / 142

第三节　农业景观 / 148
　　　　　一、枣林枣园，枣缘村落 / 149
　　　　　二、古樱桃林，传统种植 / 156

第五章　中原传统村落的非物质文化景观　159

第一节　民间信仰 / 160
　　　　　一、民间信仰的概念 / 160
　　　　　二、民间信仰的产生 / 161
　　　　　三、民间信仰的特征 / 162
　　　　　四、民间信仰的对象 / 164

第二节　乡规礼俗 / 175
　　　　　一、宗族祭祀 / 175
　　　　　二、家族礼仪 / 177

三、乡规民约 / 181
四、乡贤文化 / 182

第三节 生活习俗 / 184
一、人生仪礼习俗 / 185
二、岁时节庆习俗 / 201
三、居住习俗 / 215
四、饮食习俗 / 217

第四节 传统艺术 / 220
一、戏曲 / 221
二、舞蹈 / 225
三、民间美术 / 232

第六章 中原传统村落的保护与活化 243

第一节 传统村落的保护 / 244
一、被破坏的原因 / 244
二、保护政策与成效 / 249
三、保护难点及困境 / 254
四、保护路径与方法 / 256

第二节 传统村落的活化 / 266
一、活化原则 / 266
二、活化方式 / 270
三、活化措施 / 273

参考文献 / 279

附录：中原传统村落名单 / 283

后记 / 313

第一章

概述

中国传统村落文化抢救与研究

文化区系列

中原文化，即中原地区物质文化与精神文化的总和。在古代文献中，中原这一地域概念，有"中原""中土""中夏""中州"等多种称谓。这些称谓，因时代变化而名称有异，范围也有所区别。中原有狭义和广义两种解释，狭义的中原指今河南一带。广义的中原，至今学术界依然有争议，有的人认为是黄河中下游地区，即今天的河南大部、山东西部以及河北南部、山西南部、陕西东部；有的人则认为应该将整个黄河流域归为中原；还有少数人认为"禹定九州、制九鼎"，九州即中原。而"中原文化"一词，也同样有狭义与广义之分。狭义的概念是从文化角度出发，从文化的性质、特征上理解中原，将中原地区放在一个大的文化背景上进行多层次、多角度的研究，将中原文化历史悠久的性质以及积淀深厚的特征表现出来。广义"中原文化"包括中原地区意识形态等诸多方面，如哲学、文学、史学、艺术等，也包括考古学上说的诸如裴李岗文化、仰韶文化、龙山文化、二里头文化等。

从层面上解构，中原文化主要包括以下两个方面：一是从时间而言，中原文化是一个从古至今的发展过程，可以追溯到远古的史前时期，而且延续了整个历史时期，及至今日这种文化还在传承，并得以发展。但我们通常所说的中原文化，多是指古代中原地区的文化，可以称之为中原历史文化、中原传统文化，有时也直称为中原文化。二是从形态而言，中原文化在北宋及其以前作为主流文化，其主要理念、准则等，已从中原地区传播到周边及其他地区，中原文化精神不仅体现了中原地域的文化气质，甚至也成为中华民族精神的重要组成部分。[①]

[①] 刘同般.论中原文化的特点及继承和发扬中原文化的基本对策.商业职业技术学院学报，2011，10（3）.

本文所讲的中原文化，是指以中原地区为地域依托，渊源于历史上人与自然及其人与人之间对象性关系而逐渐形成的物质文化、制度文化、思想观念、生活方式的总称，包括这一地域上所出现的所有意识形态，物质的和非物质的成果。

第一节　中原文化的形成

一、中原文化的地理要素

　　中原文化的形成原因，从地理学角度，应从中原文化区各地理要素逐个分析：

（一）自然环境

　　中原地处黄河中下游一带，属于华北平原的一部分。华北平原面积广大，土壤肥沃，气候适宜，四季分明，冬冷夏热，雨热同期，十分有利于农业的发展。如此优越的自然环境，为人类提供了宜居的生存环境，从而促使中原地区文明火花的出现。

(二)政治

政治文化是中原文化的优秀成果,同时,政治制度的确立和完善,促进了中原文化的蓬勃发展。中原地区在悠久的历史进程中,一直扮演着政治核心的角色。良好的自然环境不仅适合人类居住,而且吸引了周边地区的人民聚集,继而形成国家。许多政权都为了争夺这块"宝地",不断地通过战争实现政治角逐。战乱期间,人民往来迁移,促进文化的融合与交流,丰富了中原文化体系。

(三)经济

经济是人类社会的物质基础,经济活动不仅促进文化交流,并且是文化发展的坚实后盾。中国商人、商业和商业文化起源于中原,是考古学界、史学界的共识。自古以来,中原地区就有比较自觉的商业意识,产生了中华商业文化的许多"第一"。中原商业文化在中华文化体系中占有重要的地位。

(四)文化

中原文化体系的形成不局限于在固定的地域中,更不是封闭于固定的范围中,是文化之间碰撞交融的结果。因此,原有的文化为新文化的产生打下了扎实的基础,同时在不同地域文化的交流融合中,形成了丰富多彩的新文化,包括饮食文化、宗教文化、民族文化、民俗文化以及武术文化等诸多文化内容形式。

（五）交通

中原地区地处中国腹地，地势平坦，陆路交通发达，是连接中国各地的交通枢纽。便利的交通也是地处中原的政权发展经济、实现政治管理的需求。因此，文化交流在此更加频繁和深入，大大促进了中原文化发展。

二、中原文化的形成过程

中原文化的发展大致经历了五个阶段：

（一）史前期：孕育与萌芽

由于地理、经济以及文化自身的原因，大约在新石器时代后期中原地区的文化发展逐渐超越周边地区，并且在中原地区催生出中国历史上第一个奴隶制王朝——夏王朝。

（二）夏商周：形成和奠基

夏王朝存续近500年，初步树立了中原文化在中华文化中的强势地位。随后，借助于长期政治中心的有利形势，先进的中原文化不断向周围地区传播，逐渐成为中华文化的主体和范式。夏商周三代是中原文化重要的奠基时期，三代文明发轫于中原，又因循1800余年，对中国古代传统社会模式的生成和深层文化结构的奠基起了决定性的作用。

（三）秦汉魏晋：发展和兴盛

秦王朝是以中原法家理论发起和构建的专制帝国，虽然历年短暂，但其政治体制却被后世继承，汉王朝是因袭秦代的政治体制建立起来的封建王朝，不过，汉王朝把儒家思想作为自己的治国依据。儒学来自齐鲁，但它却借助于中原政治力量在中原生了根，并成长壮大起来，最终成为中原文化的最主要内容，也成为中国传统文化的核心。

（四）唐宋：繁荣和定型

唐宋是中华文化的大繁荣时期，充分体现了中原文化的开放性特点。在这一时期，中原实现了政治与文化大一统。文化创作，鼎盛繁荣。在宗教方面，儒家思想遭遇巨大挫折，玄道佛文化日益彰显。同时，诗歌文化鼎盛，创造出中原文化的璀璨成就。而在宋朝，中原文化趋于成熟和雅致，集权政治进一步完善，市井文化日益发达。

（五）元明清：式微与嬗变

元明清是中国封建社会发展的最后一个巅峰，传统政治的惰性日趋明显，中原地区商品经济继续发展且长期领先。

虽然，中原文化在中华文化体系的构成过程中，一直拥有举足轻重的地位，但随时代的变迁，其发展现状存在诸多的不足。中原文化作为中华文化体系核心，应注重文化产业构建，将自身的优势充分发挥，这将是中原文化今后发展的方向和研究重点。

第二节
中原文化的内涵

中原文化是源于历史上人与自然及其人与人之间的对象性关系而逐渐形成的物质文化、制度文化、思想观念和生活方式的总称，是一种多方位、多层面、多地域中华文化的内核文化。正如严文明先生的一个比喻："整个中国的古代文化就像一个重瓣花朵，中原是花心，周围的各文化中心好比是里圈花瓣，再外围的一些文化中心则是外围的瓣。这种重瓣花朵式的结构乃是一种超稳定的结构，又是保持多样性因而充满自身活力的结构，中国文明的历史之所以几千年连绵不断，是与这种多元一体的重瓣花朵式的文化结构与民族结构的形成与发展分不开的。"[1] 中原文化的内涵大体上分为以下四种[2]：

一、精微的辩证思维

中华文化博大精深的体系和恢宏气概，首先表现出一种文化精

---

[1] 严文明.中国史前文化的统一性和多样性[J].文物，1987（3）：38-50.
[2] 吴家振.论中原文化的内涵特征[J].学习论坛，1995（2）：36-38.

神：辩证思维。

而这种精神就滥觞于中原,辐射于"四海",并以其特有的文化厚度在世界历史文化的大观园内闪烁着迷人的色彩。其中,以鲜明的形象性和深刻的思辨性为特征的所谓"占易用变"的《易》学精神就是它的源头。

老子在《道德经》中进一步论述了万物生成的过程:道的本原是"无",从无到有,生成了构成天地万物的元气,即"道生一",而"一生二"为阴阳两极,"二"则生"三",阴阳异体交合形成新的个体以至于万物。万物又"负阴而抱阳,冲气以为和",形成了"生生不息"、多彩多姿的大千世界。

至北宋理学勃兴,活跃在洛阳等地的洛学创始人程颢、程颐兄弟,虽长期被人视为唯心主义理学大师,但其思维方式依然是辩证的。程颐称:"万物莫不有对,一阳一阴,一善一恶,阳长则阴消,善增则恶灭。"儒道两家有关宇宙生成和发展的观点不仅有了理论上的延展性,而且还逐渐辐射至中华文明诸领域,并形成中国人的独特思维。正是中原文化中这种万物"负阴而抱阳""莫不有对""无一物无阴阳""冲气以为和"的辩证思维,使中国人在观察世界、认识世界的过程中逐渐形成"一分为二""合二而一"的方法论原则,中华民族也因此成为具有哲理精神的伟大民族。

二、鲜明的人文意识

精微的辩证思维,反映了主体对客体的认识功能。这种"功能",从本质上讲,正是一种明晰的人文意识。随着时空的演变,中原文化的内涵不断丰富发展，由天人对立逐渐演变为民本主义、天人合一等人文思想。

正是这种始发于中原地区，辐射于中华大地的人文意识才哺育了历代进步思想家和政治家，并使中华民族居于世界民族之林。

三、执着的爱国精神

以爱国主义为终极目的，在各个领域中做出特殊贡献的中原儿女数不胜数，诸如发明地动仪的科学家张衡，以医术济世的医圣张仲景，爱国诗人、诗圣杜甫，被誉为画圣的吴道子，"文起八代之衰"的韩愈等凝聚于其血液之中的爱国主义高尚情操，不仅构成了中原文化的稳定内涵，而且形成一种稳定的文化形态，使中华民族具有一种与众不同的民族凝聚力。

四、积极进取的开拓精神

中原地区文化的积累，就是中原人民战胜自我，开发自身潜能，战胜自然，向生产的深度和广度进军的"开拓"精神的明证。进入文明社会后，世世代代的中原儿女仍在这块黄土地上不断与天、与地、与人奋斗而"开拓"前进：战国时，卫人商鞅变法于秦，大胆否定井田制和世袭制，从而启动了秦统一中国的闸门；西汉时，洛人桑弘羊力主农工商并重，以纠正秦以来经济领域中"重农抑商"之偏颇，已而开了"工商皆本"主张的先河；南北朝时，宛人范缜倡导神灭论，使无神论的科学旗帜高扬于"佛法因缘"的南朝齐梁时代……开拓精神就这样以各种不同的具体形态外化于政治、经济、思想诸领域。

第三节 中原文化的特质

从中原历史文化的主要内容可以看出，中原文化的确源远流长、博大精深、内涵丰富、光辉灿烂。概括起来，中原文化具有以下七个特质：

一、根源性

中原文化的根源性，也是文化的原创性。主要表现为民族之根和文化之源。中华民族的人文始祖"三皇五帝"，大都与中原有十分密切的关系。伏羲与炎帝定都在淮阳，黄帝定都在新郑，伏羲以及颛顼、帝喾二帝分别葬在淮阳与内黄。古今有1500个姓氏起源于河南，在依人口数量多少排序的300大姓中有171个起源于河南，这是民族之根的体现；以"河图"与"洛书"为代表的中国文化的源头，发生在洛阳。中国元典文化中，儒家文化的源头在中原，道、法、墨、纵横、杂家等诸文化，其创立者为河南人，有的代表作也完成于河南。宗教思想在中原起源，如汉传佛教的祖庭为洛阳白马寺，禅宗的祖庭为少林寺，天台宗的源头在光山净居寺，道教的圣地有济源的王屋山等。而在科技文化中，四大发明也基本上完成于中原。汉字文化中最早的文字雏形为舞阳贾湖遗址的契刻符号，最早的成熟汉字为商代甲骨文。这些都是文化之源的体现。

二、正统性

中原文化虽然属于地域文化，但实际上代表了中华文化的主流特点，即正统性。中原地区自夏代开始至金代的3400年间，长期作为定都之地。在此期间200余位帝王都定都或迁都在河南，中国的八大古都，河南就有四个，分别为郑州、安阳、洛阳、开封。夏商时期，以郑州、洛阳、安阳为中心；东周、东汉、魏晋南北朝时期，以洛阳为中心；北宋、金时期，以开封为中心。同时王朝的制度建设、都城体系的完善、主流思想的形成都与中原文化密不可分。

三、系统性

中原文化的发展链条，数千年来从未断裂，在早期文化中，就形成了裴李岗文化——仰韶文化——河南龙山文化——二里头文化——二里岗文化——殷墟文化等完整的发展链条。[1] 中原文化在

---

[1] 李绍连. 永不失落的文明：中原文化研究[M]. 上海：学林出版社，1999.

每个王朝的发展脉络中也十分清晰。另外，从商业文化、汉字文化、冶铸文化等不同的文化来看，都有较为完整的发展线索，这在其他许多地区，是难以实现的。

四、开放性

中原文化在自身形成与发展的过程中，不断地接纳并吸收了周边的优秀文化，如北魏的拓跋文化、金朝的女真文化等少数民族带来的域外文化，都在中原地区被吸纳融合。与此同时，战乱中南迁的中原人民又将中原的先进文化带到东南地区，以至岭南地区，从而促进了边远地区文化的进步。这种开放性、传播性的特点，使得中原文化不断发展壮大，成为中华地域文化中的核心文化，并向各地辐射。[①]

五、原创性

中原文化对构建整个中华文明体系发挥了开创作用。无论是元典思想和政治制度的建构，还是汉字和商业文明的肇造，乃至重大科技发明的产生等，都烙下了中原文化的初始印记。如《易经》《道德经》等典籍极大地影响了中国人的民族性格和文化心理；黄帝都"有熊"置百官和李斯提出的郡县制，确立了中国几千年封建社会

---

① 河南省地方办总办公室.河南通鉴[M].郑州：中州古籍出版社，2001.

的基本制度模式；张衡的浑天仪等科技发明，在中国科技史乃至世界科技史上占据着举足轻重的地位。

六、包容性

中原文化具有兼容众善、合而成体的特点，实现了物质文化、制度文化和思想观念的全面融合。通过考古发掘，我们看到约在20万年前南北文化就在中原一带交汇。进入新石器时代，中原一带的文化交流更为频繁，文化融合更为深化。随着时代的变迁，中原文化吸收周边文化成果，熔铸自己的文化。如汉唐时期，胡服、胡乐、胡舞等西域文化传入中原，后融入中原文化之中。中原文化以自身无限的包容胸怀，吸收了各地传来的文化，并不断融入且升华自身。

七、基础性

中原文化在中华文化体系中一直处于主体地位。中原文化在与其他文化不断融合交流中，外延也在不断扩大，并由此催生了中华文化的形成。中原文化的核心思想，如"大同""和合"，都成了中华文化的核心思想；中原文化的核心价值观，如礼义廉耻、仁爱忠信，都成了中华民族的核心价值观；中原文化的重大民俗活动，如婚丧嫁娶、岁时节日等，都成了中华民族重要的民俗活动。

中原文化的内涵十分丰富,而且有广义与狭义、物质文化与精神文化之分。故除了上文对中原文化七个特质的探讨之外,学界仍有不同的声音。

有学者概括中原文化的基本特质为:中原文化是中国传统文化的核心,体现为士人众多,著述丰厚,思想活跃,学术发达,教育先进,文化繁荣;中原文化博采众长,具有海纳百川的兼容性;中原历史文化是农业文明的产物,具有良莠不齐的特点。还有学者将中原文化的特点概括为:中原文化时间跨度大,形成连绵不断的系统,在元代以前一直在全国处于领先地位;中原文化具有较强的开放性和包容性;中原文化具有正统性。有的学者将中原文化的特性概括为明显的土著特性,某种程度的融合性,连续不断发展的特性以及代表中国传统文化的主流地位的正统性。有的学者将其精华提炼为具有标志性的"一级理念",即"核心""缩影""源头"。

第二章

中原传统村落的空间结构

中国传统村落文化抢救与研究

文化区系列

Chinese Traditional Villages

第一节
传统村落数量

中原文化区在空间分布上主要包含山西省、河南省及陕西省，截止到 2019 年 6 月，住房城乡建设部等部门已公布五批中国传统村落名录。2012 年公布第一批中国传统村落 646 个，其中中原传统村落共计 69 个，占比 10.68%，其中山西 48 个，河南 16 个，陕西 5 个；2013 年公布第二批中原传统村落共计 76 个，占中国传统村落总数（915 个）的 8.31%，其中山西 22 个，河南 46 个，陕西 8 个；2014 年公布第三批中原传统村落共计 113 个，占中国传统村落总数（994 个）的 11.37%，其中山西 59 个，河南 37 个，陕

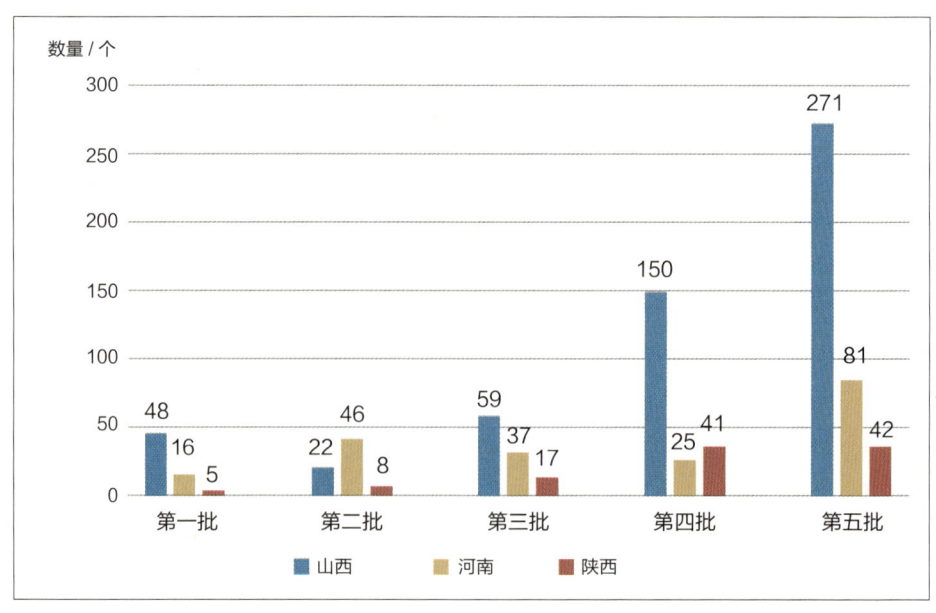

图 2-1　中原传统村落数量图

西 17 个；2016 年公布第四批中原传统村落共计 216 个，占中国传统村落总数（1598 个）的 13.52%，其中山西 150 个，河南 25 个，陕西 41 个；2019 年公布第五批中原传统村落共计 394 个，占中国传统村落总数（2666 个）的 14.78%，其中山西 271 个，河南 81 个，陕西 42 个。

在我国北方地区，山西传统村落的分布最为集中，而且能够充分地体现晋商文化、军事文化、农耕文明等特色。山西的地理差异以南北分异为主，晋北地势高耸，山原广布，包括大同、朔州、忻州三市；晋中山地、盆地相间，包括太原、吕梁、晋中、阳泉四市；晋南以盆地为主，地势平衍，包括临汾、长治、运城、晋城四市。山西省从 2012 年 12 月到 2019 年 6 月共有 550 个村落入选为中国传统村落。五批传统村落主要位于晋中、晋南，晋南四市与晋中四市数量相当，晋北三市传统村落的数量较少，整体呈"偏中南"的分布格局。具体分布为太原市 5 个、大同市 15 个、朔州市 12 个、忻州市 28 个、阳泉市 45 个、吕梁市 67 个、晋中市 77 个、长治市 69 个、晋城市 166 个、临汾市 47 个、运城市 19 个。

河南是中国古代文明发祥地之一，至少在 50 万年前就有人类在这里生息和繁衍，因大部分位于黄河以南，故名河南。河南历史文化悠久，中国的八大古都河南占有四个——十三朝古都洛阳、八朝古都开封、七朝古都安阳、夏商古都郑州。在这样的浓厚历史氛围下，河南也孕育了类型众多的传统村落。在目前住房城乡建设部等部门公布的五批中国传统村落名录中，河南共有 205 个传统村落。五批传统村落具体分布为平顶山市 33 个、信阳市 28 个、洛阳市 25 个、安阳市 25 个、鹤壁市 22 个、三门峡市 14 个、新乡市 13 个、焦作市11个、南阳市9个、郑州市8个、许昌市6个、濮阳市2个、驻马店市2个、商丘市2个、济源市2个、漯河市1个、周口市1个、开封市1个。

陕西作为华夏文明重要的发祥地，在历史上是炎帝、黄帝部落活动的区域。西安被称为十三朝古都，是我国历史上连续建立朝代最多和时间最长的都城。这使得陕西传统村落不仅数量众多而且种类丰富，但由于历史、战争等因素的影响，保存较为完整的传统村落相对较少，而且在空间分布上地域跨度大，分散布局于关中、陕北、陕南三大区域。在住房城乡建设部等部门已公布的五批中国传统村落名录中，陕西有113个村落入选。关中区域共45个，其中渭南市最多共有33个，咸阳市6个，西安市2个，宝鸡市1个，铜川市3个；陕北区域共46个，其中榆林市34个，延安市12个；陕南区域共22个，其中安康市15个，汉中市5个，商洛市2个。

第二节
传统村落类型

传统村落是我国传统乡村聚居和居住空间的历史遗存，饱含一定地区的地域文化和风土人情，积淀着当地特殊的自然情怀和人文情怀，具有较强的历史价值、文化价值、美学价值、旅游价值。我国从2012年开始评定中国传统村落，到2019年6月，共有 6819 个传统村落入选中国传统村落名录。其中，中原传统村落共计 868 个。

一、传统村落类型研究综述

目前学术界还没有对传统村落类型进行专门划分。学者李笑石在《山地传统村落的文化基因辨识及价值评价》中认为，2018 年之前学术界对传统村落分类大概有：以地貌作为主要依据，将传统村落分为平原傍水类、山谷带状类、丘陵不规则类、山坡阶梯类、盆地块状类和山坳阶梯类；一些学者根据影响传统村落发展的主要条件，把传统村落分为防御型、商贸型和农耕型；也有一些学者从村落的特色出发，将传统村落分为民族特色型、传统文化型、革命历史型、建筑遗产型、商贸交通型和环境景观型等；郭亚茹基于传统村落和历史文化村镇的相通性，借鉴周宏伟的历史文化村镇研究结果，将传统村落划分为农耕型、工贸型、行政型、军事型、交通型、宗教型、纪念型诸类。本书以前人的传统村落研究结果为依据，对中原传统村落进行了类型划分。

二、中原传统村落类型划分

限于村落资料收集的难度以及传统村落本身所具有的综合性，本书在类型划分时，针对综合性较高的村落，选取的是该村落的主体功能，结合学者郭亚茹对传统村落类型的划分，将中原传统村落划分为以下 10 种类型：农耕型传统村落、名人（事件）纪念型传统村落、建筑景观型传统村落、人居环境型传统村落、宗教型传统村落、工矿型传统村落、军事型传统村落、商贸型传统村落、交通型传统村落及行政型传统村落。

（一）农耕型传统村落

农耕型传统村落主要以农耕生活为主，是属于土地依赖型的聚落。庭院建设格局讲究长幼尊卑，建筑材料取自当地，房屋一般具备"坚固耐用""冬暖夏凉"的特点，房屋前后常栽种花果竹木等。农耕型传统村落的主要特征物是农田、农具、农舍等农耕遗迹。山西临汾库拨村，主导产业为农业，主要农作物有小麦、玉米、苹果等。当地外出务工人员较少，全村约三分之一的家庭拥有果园，其他家庭以玉米为主要经济作物。河南南阳内乡县乍岖乡吴垭村从外观上看就是一座石头城堡：石房、石板路、院墙、茅房，以及石桌、石凳、石磙、石缝中的老柿树、枣树等，以小见大，村内处处透露出中原农耕文化印记。陕西榆林贾大峁村拥有面积超过 100 万平方米的新石器时期的文化遗址，保留着仰韶文化晚期和龙山文化早期的古人类居所、壕沟等遗迹。

（二）名人（事件）纪念型传统村落

在古代，名人（事件）纪念型传统村落一般是与某（几）个著名人物或某个（些）重要事件相关；近现代，名人（事件）纪念型传统村落一般与近现代革命历史的人物、事件联系在一起。河南洛阳石碑凹村，是石守信家族墓地所在地，有较高的历史价值。石碑凹村旧属洛阳县，曾被称为宣武村，北宋开国功臣石守信死后葬到这里，子孙卒后也埋葬在先人附近，逐渐形成了规模庞大的家族墓地。历史上，这里碑碣林立，高耸入云，村名因此更改为"石碑凹"。山西运城陈家庄村，是运城市颇有影响的老区村，早在土地革命时期，就曾有河东早期共产党人嘉康杰、金长庚等在这里进行革命活动。陕西榆林神泉村的神泉堡革命纪念馆以大量的革命遗址、革命文物、历史照片，在"扭转乾坤""运筹帷幄""鱼水情深""走向胜利"四部分中充分展现了党中央转战陕北的革命历史。

（三）建筑景观型传统村落

建筑景观型传统村落，一般拥有独特的景观建筑和悠久的历史文化，能够在有限的建筑空间内最大限度地体现其设计构思的精巧和建筑工艺的高超，是重要的物质文化遗产，经过长年累月而形成独特的空间格局，为村民生产生活及休闲娱乐等营造了活动场所。山西临汾石鼻村的杜家大院，有四座大院，依山势高低，傍水而建，属明清建筑，整体格调、院落布局别具一格，既有北方院落的"落落大方"，又可看到江南园林"细腻婉约"的布局。杜家大院的建筑采用砖石雕塑、砖木镂刻，留下了大量的名人字画及花、鸟、鱼、虫等艺术精品。河南安阳中石阵村因石阵和刘氏庄园而闻名。刘氏庄园是清代林州最大的民居建筑群，始建于清朝乾隆十五年（1750），占地面积约1.44万平方米，建筑面积达4198平方米，以四合院九门相照建筑布局为主。刘氏庄园现存砖木结构三层楼房一栋，四合院20多座，其中主院10座，房屋

294间。高大的门楼、宽厚的院墙、墙壁，给人以庄严雄伟之感。房屋从西向东，随地势步步升高，形成既相互关联又自成一体的建筑群。陕西的党家村民居四合院是韩城民居的典型代表，选址合理，房屋建造符合传统阴阳八卦之说，木、石、砖三雕俱全，有很高的研究鉴赏价值，而现存的古代题字及生活用品完整地展现了当时的生活文化氛围。

（四）人居环境型传统村落

人居环境型传统村落的特点主要体现在村子选址和村庄空间布局等方面，一般指村子独特的地理位置、负阴抱阳的风水格局，以及富于变幻的山水景观，包含山水、建筑群、边界、标志、轴线、民居、风景等诸多地理要素。山西吕梁张家庄村，属于典型的山区村庄，村南为国家AAAA级景区莲花山风景区，村北有颇具传说色彩的仙人山，风景绮丽、环境优美，沿村有南北向河溪一条及塘坝若干，当地村民以传统农业种植为主。河南新乡郭亮村依山势坐落在壁立千仞的山崖上，地势险绝，景色优美，以奇绝水景和绝壁峡谷的"挂壁公路"闻名于世，又被誉为"太行明珠"。陕西榆林梁家甲村居于风水宝地，近二百户人家，百十宅窑洞院落，循规蹈矩地安置在"龙爪"中央向阳的山坡上，随形就势，错落有致，形成"山上""湾里""沟里"三个居住群落。

（五）宗教型传统村落

宗教型传统村落一般是建在某宗教建筑周围，其主要特征物是寺庙、禅院、道观等宗教遗迹。山西晋城东周村古建筑以宗教祭祀场所为主，北有规模巍峨、钟鼓楼设计精美的仙佛殿，南有禅院，东有文庙、魁星阁、观音阁，西有无间阁、披头祖师阁等。河南义马东区办事处石佛村位于三门峡市义马市区东南部15公里处，村口处是鸿庆寺。鸿庆寺原名三圣庙，后因圣主降临，遂改为鸿庆寺。鸿庆寺香火鼎盛时，寺庙内和尚有百余，目前寺庙内尚存石窟、佛像、飞天等遗迹。石佛村内的"神树"——千年古柏深受村民敬仰，寄托着村民对未来生活的美好愿望。陕西商洛云镇村因古寺"云盖寺"而成名。云盖寺始建于唐代初期，相传为武则天敕造，寺的右边还保存着白居易与贾岛吟诗作对的"白侍郎洞"。云镇村以盛唐佛教文化为背景，以明清移民文化和商贸文化为补充，全面展现古村古镇的宗教文化、历史古迹、建筑艺术、多彩民俗等。

（六）工矿型传统村落

工矿型传统村落多是因当地良好的地理位置或者较为丰富的自然资源的优势发展起来的，是一种资源依赖型聚落，村民主要从事手工业、采矿业等。工矿型传统村落的主要特征物是磁窑、矿场、酒坊等工矿遗迹。山西工矿型传统村落主要分布于晋南，晋南地区的潞安府（今长治市）"富于冶铁"，铁产品行销省内外，有"铁器出潞安"之说，荫城村在明代就以生产和销售铁器闻名于世，有"万里荫城，日进斗金"的美誉。河南洛阳杜康村为中国秫酒杜康酒的发源地，其造酒的传统可谓源远流长。旧时村里几乎家家酿酒，至今个别家庭还保留有原来酿酒所用的烟囱和酒窖。杜康造酒遗址公园目前作为杜康酒文化的载体与良好的旅游资源面向公众开放。

陕西渭南尧头村曾是关中东部最大的民用陶瓷烧造地，如今尧头村将尧头窑陶瓷传统烧制技艺注入古村保护之中，同时结合周边环境，打造摄影、写生基地，发展文化休闲旅游业，形成传统村落保护利用的良性循环。

（七）军事型传统村落

军事型传统村落多位于交通要道处，具有重要的军事意义。军事型传统村落的典型景观为：兵寨、关隘、垛口、烽火台、城墙等，是一种关隘依赖型聚落。山西阳泉娘子关村作为长城南北线上的众多关隘之一，具有"一夫当关，万夫莫开"的作用，自古就是兵家必争之地。河南修武西村乡双庙村位于太行深处，是一座典型的石头村落。双庙村是古代山西泽州凤台县连接河南怀州诸县的十三口隘之一，被称为"全晋门户"（原属山西泽州凤台县，1956年划归河南焦作修武县），在军事上更是"要之要者"的关隘。陕西渭南的灵泉村曾是汉代韩信屯兵营地，与韩信城遗址并为一体，整体呈现出村寨组合型的空间分布，围绕着民居院落构成了多层防御空间体系。

（八）商贸型传统村落

商贸型传统村落以商业功能为主导，这类村落主要依附于水运码头、商道而存在，对土地的依赖大大减少。商贸型传统村落的主要特征物是钱庄、货栈、税关等商贸遗迹。明清两代，晋商崛起，商贸大兴，山西商贸型传统村落迅速增加。晋城市的侯家庄村从明清到民国，自挖铁矿起步，转向冶炼和经营铁货生意，成长起"同兴""同盛"两家字号，吸引了南来北往的客商。从现在村庄里存留的一处高堂大院的豪宅，可窥见当年生产、经销铁矿石、冶炼铸造和经营生意的盛况。河南登封大金店镇大金店老街位于颍河谷地，土地肥沃、交通便利，明清至民国时期是登封地区最大的集镇之一。据《登封工商志》记载，民国时期大金店有坐商87户，曾有"小上海"的美誉。老街两侧旧商铺、老民居鳞次栉比，明清建筑风格清晰可辨。陕西汉中青木川村地处川、陕、甘三省交界处，因一代枭雄魏辅唐和特色建筑而名声大振，民国时期由于与众不同的土地政策和宽松的经商环境，使青木川村形成一个"世外桃源"，外地各行各业人士纷至沓来，成为当时商贾云集的边贸重镇。

（九）交通型传统村落

交通型传统村落历史上多出现在水陆交通节点、古官道交会处、古茶道、丝绸之路等处，便利的交通条件往往使得这些地方"人烟辐辏、货物山积"。交通型传统村落一般具有的文化景观是：驿站、客栈、茶馆、酒楼饭馆、商铺等。山西朔州故驿村选址于雁门关外"馒头山"下，方圆五公里均为平原，因古城驿站得名，是一个历史悠久、文化繁荣、交通便利的村落。河南郏县冢头镇西寨村是冢头镇镇政府所在地，明清时期便是许昌到洛阳、禹州到南阳的两条官道交会处，蓝河水流过西寨村，万里茶道从此经过，从而造就了这里历史上"马蹄声声、商贾云集"的繁华盛况。陕西安康长兴村已经有一千多年的历史，历史上曾是连接陕南和川北的重要商埠。凭借汉江水运的便利，陕南的茶叶、生漆、木耳等山货土产从这里销往各地，来自四川、湖北、湖南、江西等地的客商纷纷在此建铺中转货物。

（十）行政型传统村落

行政型传统村落往往是地方政府所在地，是当地政治文化与地方文化相结合的村落。山西晋城周村镇是一个具有两千多年历史的文明古镇，古称长桥镇，自古而今，一直是镇之建制，享有"行山重镇""丹水名区"之称，古建格局鲜明。现保存下来的古建筑有古街道、古城墙、古城楼及大批明清民居。有着"五步一古屋、十步一文物"之称的河南浚县卫溪街道办事处西街村，形成于明洪武年间，600多年来，西街村一直是浚县的行政、经济、商业、文化中心，村内拥有文庙、王爷庙、浮山寺、白衣阁、明城墙遗址、码头、旧宅故居等传统建筑。新中国成立后，西街村几乎囊括了所有的县直单位（公、检、法、文教、卫生、工业、商业等），是典型的行政型传统村落。陕西渭南东宫城村早年是地方的行政中心，整个村子的建筑都很考究，四合院子更是独具风格，精美的石雕砖雕散落在各处。

三、中原传统村落类型特征

本书通过调查分析得出中原传统村落类型研究结果：建筑景观型传统村落最多（302个），约占村落总数（868个）的34.79%；农耕

第二章　中原传统村落的空间结构

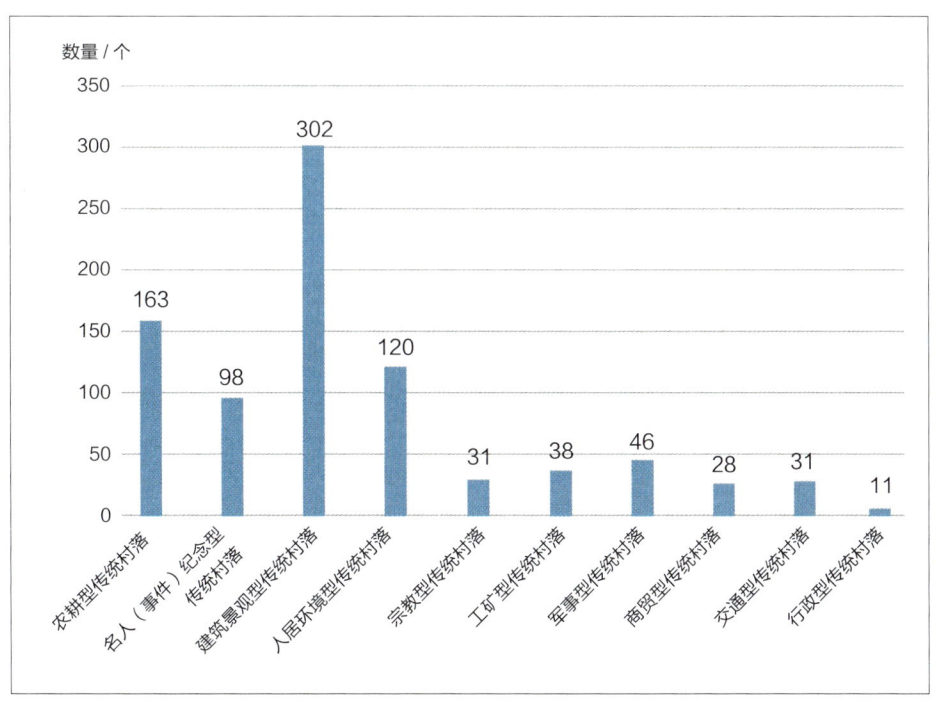

图 2-2　中原传统村落类型图

型传统村落次之（163个），约占总数的18.78%；人居环境型传统村落、名人（事件）纪念型传统村落相对较少，分别是120个、98个，各自约占总数的13.82%、11.29%；宗教型传统村落、工矿型传统村落、军事型传统村落、商贸型传统村落、交通型传统村落及行政型传统村落数量均较少，六种类型共占总数的21.32%。

通过2019年最新统计数据分析得出中原传统村落类型研究结果：

山西有550个传统村落，拥有数量众多且反映农耕文化、军事文化、晋商文化等特色鲜明的传统村落。在中国传统村落体系中，占有非常重要的一席之地，具有特殊的历史意义和整体保护价值。

河南有205个传统村落，是传统农业大省，农耕文明源远流长。

作为中华民族与中华文明的主要发祥地之一,历史名人众多,文物古迹丰富。建筑风格颇具中原特色,传统村落具有明显的中原民居文化特点。

陕西有113个传统村落,作为华夏文明重要的发祥地,是我国历史上连续建立朝代最多和时间最长的省份。这使得陕西传统村落不仅数量众多而且种类丰富,其中建筑景观型传统村落和名人(事件)纪念型传统村落占有较大比重。

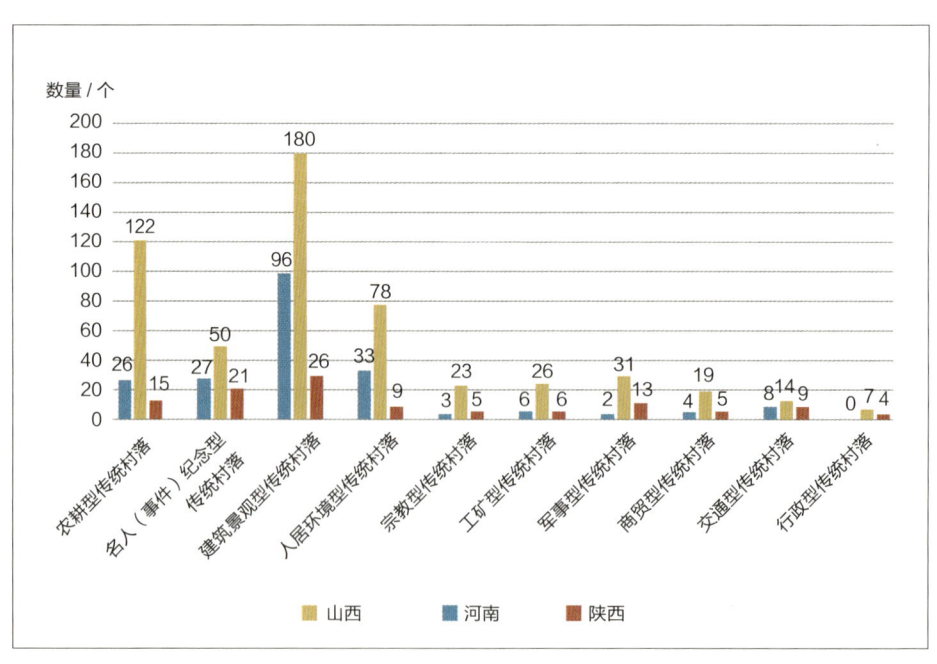

图 2-3 中原传统村落类型图

第三节
传统村落文化价值

一、中国传统村落与民族

"村落"一词源自中国,《三国志·魏书·卷十六》载:"入魏郡界,村落齐整如一,民得财足用饶。"《辞海》中的解释为"村庄"。《辞源》的注解则为"乡人聚居之处"。中国大百科全书中这样定义乡村:"居民以农业为经济活动基本内容的一类聚落的总称。"

其实村落与城市在某些方面是一样的,都是人们长期从事休息、生活、生产和文化、政治活动的场所。以产业经济视角来看,村落主要以农业生产为主。因为农业经济活动具有独特性,村落在空间上呈现出分散性;以地理特征的视角来理解,村落则代表了低密集度、小规模聚落及开敞的景观等典型空间形态特点;以社区文化的视角来审视,聚落类型和精神生活的某种联系则意味着村落。

综合以上几种不同视角对村落的解读,可以看出村落是由古代先民在农耕文明进程中,在族群部落的基础模式上,因"聚族而居"的生产生活需求而建造的、具有相当规模、相对稳定的基本社会单元。村落与村落文化的内涵虽不尽相同,但关联紧密。"文化"是个舶来词,源自拉丁文"cultura",这个词的原始词义具有耕种、居住、敬神等多重意义。由此可知,村落和文化的关系是非常紧密的,而且都是农耕文明的产物。村落是基础,文化是内涵。

我们常常说"中华民族"这个词。"中华民族"是怎么来的?

"中华民族"就是由无数个氏族和家族构成的,家族的上面就是氏族,家族的下面就是家庭。村落是国家和社会最基本的构成单元,家庭是民族最基础的构成单元。由于村落文化具有聚族群体性、血缘延续性的特质,并承载了中国久远悠长的文明历史,因而极具民族文化的本源性和传承性;村落成员的生产生活以及与之相关的有形或无形的文化形态,从表面化一般形式的呈现,到隐性化深层次的内在文化结构与内涵,代表着国家和民族的文化传统,体现着"社会人"由单一个体到家庭家族,进而到氏族,最后归属于民族范畴,再直接引申到"国家"概念的文化层面的全部含义。①

二、中国传统村落文化的基本内核

传统村落文化,在其基本的内核上,实际上是可以追溯到心性之学与治平之学上来的。

心性之学修养性情、陶冶人格,道家葛洪曾有"沙汰其心性"的主张;佛家禅宗一派更以为"明心见性"即可"顿悟成佛";儒家程颐、朱熹等有"心者,人之神明,所以具众理而应万事者也"之说。儒释道三家之言,不外乎都是探究个体人格修炼的。

治平之学则是治国平天下之为,是群体的,是建构在人与人、人与社会、人与国家之间的。从修身到齐家、治国乃至平天下,是历代儒家所致力推崇的,也是儒家学术的精华所在,是中国传统文化的要义。

---

① 胡彬彬.小村落 大文化[N].光明日报,2013-05-06.

因此，可以将浪漫的建筑形态与充满传统文人意趣的松竹梅兰、吟月弄花划入"心性"的范畴；而以教化为目的，严肃的、家训式的经典与人物故事，则可以划入"治平"的范畴。这既是传统村落建筑题材与艺术情趣的区别，又是传统村落居民的精神指向和情怀释放。因此，在传统村落和村落文化的氛围中，走出的不仅仅是一代代学子，一个个举人、秀才，更有将相栋梁，他们无一不是传统村落文化所熏陶、所滋养而成长起来，由村落之所最终走向国家之殿的人。

由一村及一地，由一地及一省，复可及国。由此可知，中国传统村落文化，不仅存留了作为中华民族文化的基本内核精神，而且也是我国传统文化中"修身、齐家、治国、平天下"的人文理想最具基础性和根本性的文化依托。正是历朝历代无数传统村落中的原住居民，通过代以相继的身体力行、忠实践行，使得我们优秀的传统文化得以不断传承、光大和创新，铸就了我国传统社会乃至现代社会的社会品质和国家民族文化精神。[1]

三、中国传统村落的价值构成要素

中国传统村落具有地域性和民族性的双重特征，不同地域的自然物产资源与气候条件，往往决定着不同地域适宜人居的建筑形制；而不同的民族的村落建筑，又折射出不同民族的文化精神与审美情趣。

---

[1] 胡彬彬.小村落 大文化[N].光明日报，2013-05-06.

（一）历史价值

传统村落的历史价值是指传统村落作为一个整体单元以及其历史文化遗存作为过去某一重要事件、与重要人物密切相关以及某一个重要发展阶段的物证。传统村落作为历史的产物，能够反映出当时的社会经济、社会科技和生活水平等内容，可以看出某一地区在历史发展进程中的生产力水平和生产资料的供应水平。

（二）文化价值

传统村落是不同地域乡土文化的载体。不同区域都形成自己独特的文化，农民们定居在一起，随着时间的推移，形成相似的生活方式和相似的民风（包括日常生活习惯、宗教信仰、风土人情等），传统村落就成为一个独特的载体，这些非物质要素所构成的文化都在其中保存。经过岁月的沉淀，每一个传统村落都各具特色，是地方文化重要的构成部分。除了空间布局、地理环境，传统村落文化价值还包含地域文化、乡土特色以及独特的生活方式。传统村落的发展史就是当地文化的发展史，真实地体现了当地历史文化脉络的演进。每一个村落因为影响因素的变化都有自己独特的居住环境，都是地理因素与人文因素的结合体。

（三）科学价值

在经济、地理、自然等因素的交错作用下，传统村落在漫长的形成发展过程中形成一种别致有序的景观。大多传统村落坐落在山清水秀之地，或随山就势，层层递进；或临水而建，随地形自由伸展，其规划布局非常严谨。建筑布局看似随意却极有规律，形态各异、不拘形式，但整齐划一，充满了生活智慧。

（四）艺术价值

传统村落的建筑艺术成就非常惊人，特别是木结构的建筑单体在不同时期富有典型地方特色的装饰艺术传统都被传统村落记录并承载。这些用砖雕、石刻、木雕等艺术手法装饰的古建筑，其装饰手法来源于民族艺术和民间文化，内容包罗万象，有人物山水、戏曲诗词、寓言故事、花鸟鱼虫等，蕴含长寿、吉祥、喜庆等祥瑞的寓意，地方特色突出，韵味深长。传统村落在民居装饰艺术特点上富有农村典型的乡俗，有其独特的文化内涵和民俗特色，既有地域独特的文化特色又兼具雅俗共赏的共性，既简朴素雅又丰富多彩，其艺术表现手法富于变化。

（五）旅游价值

村落最明显的特征就是提供居民生产生活的空间，具体包括民居、街巷、广场等设施。传统村落的规划布局和选址以及内部装饰等方面处处体现着"天人合一"的理念追求。环境、村落和人构成了一个"天地人"和谐的整体，实现了人与环境的融合，为人类寻找精神家园提供了一种可能，人们体验当地民族生活的别样风格的同时，触摸先人的建筑技艺和智慧，感受博大精深的传统文化，从而获得精神上的陶冶和感情上的慰藉。[①]

四、中国传统村落文化的表现形式

中国传统村落主要包括物质空间和文化空间两部分：

第一，物质空间。传统村落物质空间体现的是一定地域内各种物质实体的空间构成，主要表现为村落空间结构、村落土地利用格局等。而社会空间则以人为中心，体现的是人的生存和活动空间的形式及其结构特征。就传统村落社会空间而言，我们认为它是以居住的空间分异为基础和前提的，其主要表象为，由传统村落居民的社会分化与隔离反映出来的传统村落社会生活的地域分异格局。

第二，文化空间。文化空间主要包括：一是有规可循的文化表现形式，如传统习俗或各类节庆或戏剧表演；二是民间或传统文化活动的一定的文化空间和时间。同时具备空间和时间要素，并且有特殊的文化表现形式的场所，才符合文化空间的定义。文化空间是孕育民族文化遗产的舞台，是民族文化赖以生存的重要物质载体之一，一旦丧失了其赖以生存的"文化空间"，这些文化遗产如地方戏剧、诗歌和宗教礼仪等就会衰退进而干涸。因此，在对传统村落的空间结构分析时要注意综合分析传统村落的文化空间，注意发掘"文化空间"，将"文化空间"保护思路引入传统村落保护中，更有利于传统村落的非物质文化遗产及与之相关场所的保护。"文化空间"的提出，使人们对于传统村落中的"文化空间"的认知更具有

---

① 胡彬彬.小村落 大文化[N].光明日报，2013-05-06.

可识别性，有利于促进传统村落历史遗存的研究与保护。

国际上有许多文化空间与传统村落的保护相结合的实例。以文化空间的内涵为标准，以山西传统村落为例，传统村落文化空间的表现形式可以归纳为以下几种：

（一）人类聚居地

这类文化空间蕴含着丰富的人类文化，是地域特色文化的起源地、扩散地和传播地。大多地处偏僻，加之独特的地形，同时封闭落后，受经济影响较小，民风古朴，历史和科考价值较高。例如华夏文明的起源地之一的临汾陶寺遗址，是人类最早的定居地之一，华夏文明在这里源远流长，见证了历史的发展。山西现存的古人类遗址有西侯度遗址和丁村文化遗址，这是山西作为"华夏文明摇篮"的佐证，炎帝、黄帝曾经把山西作为主要活动场所。

（二）宗教或集会的独特礼仪及其场所

在山西传统村落中，这类文化空间丰富，比较突出。阳城县上庄村兴起于元代，在明、清两代达到鼎盛，由于重视科举，有多名学子考取功名，上庄村因此成为附近有名的"举人村"。村落至今仍留存有多块历代考取功名的举人所立石碑，其他诸如清朝皇帝的圣旨石碑等历史文物和古迹都在向世人展示其昔日辉煌。

（三）口述文化、戏剧、剪纸等民间艺术的发源地

这些民间产生的舞台和空间流传至今，成为受保护的"文化空间"和文物古迹。山西临县碛口镇坐落在黄河岸边，是一个拥有多年历史商贸的重镇，厚重的历史孕育了其独特的河上商贸文化。在这块土地上，涌现出了独具特色的艺术形式，说唱道情戏、二弦等无一不代表晋西昔日的辉煌和今日的苍凉。碛口镇及周边诞生了一系列传世名曲，也伫立着黑龙庙等古建群，时刻庇佑着黄河岸边纤夫的安全以及月夜在黄河口岸行船的商家。这些"文化空间"中流传着碛口镇居民的宗族文化、黄土文化、农耕文化等丰富的民俗文化。

（四）有重大影响力的广场、街道节点

传统村落的广场往往是村落及周边民众公共活动场所，凝聚了村镇的历史文化精髓，有商业活动、宗教活动、集会活动等。相当大一部分广场的集会功能仍然延续至今，供当地居民举行集体活动，如表演、美食、商业买卖等集会活动。至今，山西临县碛口镇的闹秧歌、道情戏、弹唱在镇上的文化广场定期或不定期举行，为村镇增添了不少乡趣。

（五）传统手工艺生存空间

山西非物质文化遗产种类繁多，品种丰富，有剪纸、阳城生铁铸冶技艺、平遥推光漆技艺、杏花村汾酒酿制技艺、清徐老陈醋酿

制技艺等，这些传统的手工艺有其独特的生产工艺和生存空间。如山西上党地区明清时期就是靠冶炼技术和丝绸工艺闻名全国，形成了专门用来交易的传统手工艺街道。阳城的冶炼业和丝绸业在明清时期非常兴旺，使阳城成为当时全国的生铁交易中心和丝绸交易中心，在其带动下其他行业迅速发展，形成了打铁、皮糖、美食等食品作坊和工艺品专卖街。这些流传至今的历史街道构成现代城镇独特的人文景观，作为"文化空间"应对其进行保护。

（六）集中表达居民生产模式的场所

这类场所在传统村落中非常多见，反映了商贸重镇碛口当年人声鼎沸的热闹场面。斑驳木柱上经历风雨的油皮见证了古镇作为水旱码头的繁华，见证了运油工的辛苦。山西传统村落中诸如此类的"文化空间"数之不尽，但随着自然环境的恶化，山西传统村落的文化空间和社会空间解析的破坏和人为的"无作为"，这些文化空间也正在消失。文化空间的类型和特点的概括为传统村落的保护提供创新思路。

这些古代村落的文化遗存，载述了这些传统村落在不同历史时期曾发生的真实故事，给今天的我们传递出了有关中华民族生息繁衍、伦理与道德秩序构建、家国观念的培育形成、文化的固守与包容、宗教的信仰与膜拜、婚姻制度的形成与进化等方面的至关重要的信息。

第四节
传统村落空间结构

一、中原传统村落空间类型与特征

（一）空间分布方向和范围

通过 ArcGIS10.5 中标准差椭圆方法，对中原传统村落整体分布的方向和范围进行分析，体现一定百分比的数据值将落在平均值的一、二和三个标准差内，分别表示生成的椭圆包含 68%、95% 和 99% 三个级别的数据。计算结果显示，68% 的标准差椭圆面积约占整个中原文化区面积的 30%，却覆盖了超过 65% 的传统村落，能较好说明传统村落的分布方向和范围。椭圆的长轴为南—北方向延伸，长半轴长度为 263km，短半轴长度为 187km，其差值为 76km，标准差椭圆的转角为 179.6，几何中心位于 36°4′14.856″N，112°24′57.669″E，处于山西临汾安泽县杜村乡附近。通过这些数据，能够反映出中原传统村落空间分布主要以南北方向延伸，传统村落主要分布在山西的中部和南部，以及河南的北部，陕西传统村落的数量较少。

（二）空间结构类型

利用 ArcGIS10.5 中平均最邻近方法，通过计算，判断出中原传统村落的空间分布类型是属于随机、集聚还是均匀。中原传统村落理论平均距离为16.475km（代表若干要素服从随机分布时的平均距离），实际最邻近距离的平均值为7.866km，小于预测值，最邻近比率R为0.477，远低于临界值1。因此，可以得出中原传统村落的空间结构类型为集聚型。Z得分和P值用于判断集聚或离散模式的显著性，从表2-1可得，Z得分为-29.453263，远低于-2.58；P值为0.000000，小于0.01，故再次证明中原传统村落在空间上呈现显著的集聚分布特征。

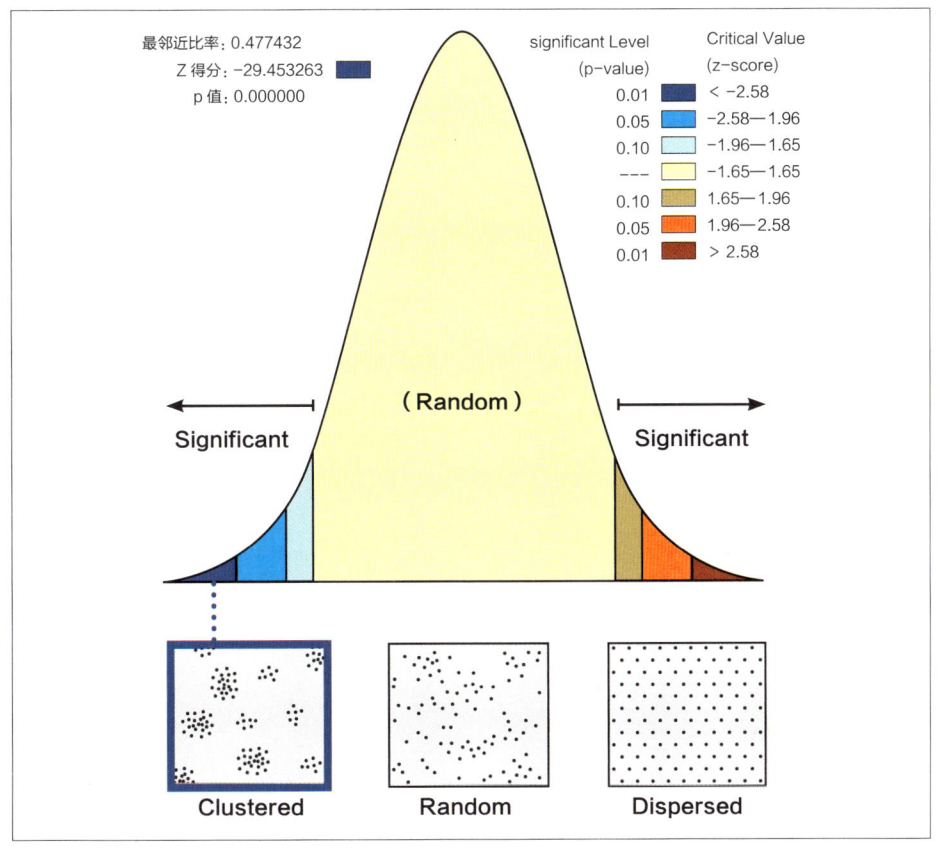

图2-4　中原传统村落平均最邻近分析结果示意图

表 2-1　中原传统村落的平均最邻近分析结果

输出项	结果值
最邻近平均距离	7.866km
理论平均距离	16.475km
最邻近比率	0.477432
Z 得分	−29.453263
P 值	0.000000

（三）空间分布密度

利用 ArcGIS10.5 软件中的 Spatial Analyst 工具中核密度分析对中原传统村落空间分布密度进行测定，生成中原传统村落空间分布核密度图。中原传统村落的空间分布密度体现不同区域存有差异性，具有多中心分布的特点，可划分成 4 级密度区：

1. 高密度区

中原传统村落主要集中分布于山西省南部与河南省北部交界处以及河南平顶山东北部。其中包括四大区域。一是山西晋城市南部（高平市、泽州县、沁水县、阳城县、陵川县）与河南焦作市区域；二是山西长治以平顺县为主的区域；三是河南豫北地区，包括新乡市、鹤壁市、安阳市三市组成的区域；四是河南平顶山东北部（汝州市、郏县、宝丰县）区域。以上共同形成了中原传统村落核心集聚群。

2. 中密度区

分为五大区域。第一个片区是山西沿汾河流域以晋中地区及吕梁市东部县市为主的区域，尤以灵石县、平遥县、孝义市三县市的传统村落最为集中；第二个片区是山西吕梁地区以黄河沿线的临县、柳林县为主的区域；第三个片区是以山西阳泉及晋中的昔阳县为主的区域；第四个片区是山西运城北部地区；第五个片区是河南信阳南部（罗山县、新县、光山县）地区。

3. 低密度区

在中原文化区内覆盖面较广，主要分布在山西晋北（含忻州市、朔州市、大同市）三市，包括忻州市的中部和西部、朔州市的南部和东部、大同市的西南部；陕西西安市、铜川市、汉中市区域；以及河南豫西北地区（三门峡市、洛阳市、济源市、焦作市）四市沿省边界呈带状分布区域等地。

4. 零密度区

主要包括山西运城市的南部（临猗县、芮城县、夏县等）、临汾市的西部（古县、吉县、大宁县等）、吕梁市的北部（交城县、岚县、方山县）等地；河南豫北安阳市东部及新乡市南部，豫中郑州市东部、许昌市西部及漯河市北部和西部，豫东开封市南部、周口市东部、商丘市北部，豫南驻马店市东部、南阳市中部、信阳市东北部等地；陕西宝鸡市西北部、西部、东部和南部（涵盖陇县、千阳县、凤翔县、眉县、凤县、太白县）等地均无传统村落。

（四）空间分布规律

在对中原文化区五批次共 868 个传统村落进行空间分布范围、空间分布结构类型、空间分布密度分析的基础上，可知传统村落在空间分布上呈现"整体分散、局部聚居"的特点。传统村落的形成原因与自然水系、地形地貌、社会经济、历史事件有关，由此可总结出中原传统村落空间分布规律：

1. 以中原地域文化为主导

中原传统村落的聚集区域主要分布于三省的交界处，这与中原文化的影响密不可分。中原地域文化有很强的渗透力和包容力，地域之间存在着相互渗透的迹象，辐射范围更广，穿透力也更强，如河南豫西地区明显受到晋陕文化圈层的影响，晋商经常往来于豫西地区，豫西村落中一些较大规模的宅院布局、装饰，都与晋东南一带非常相似，而在山西地域范围内，也会有河南地域文化的渗透，如汾水中下游的晋南地区也有河南文化的因素。

2. 以地理环境为主导

无论什么类型的村落，都是处于一定的地理环境中。约有 80% 的传统村落分布于盆地、山谷、地势较高区域。山西约有 60% 的传统村落分布于盆地、河谷地带，尤其是泽州盆地和太原盆地；河南在海拔高程稍高区域传统村落分布相对广泛；陕西传统村落主要分布在陕南秦岭山区、陕北黄土高原与渭北黄土台塬地区。

3. 以近水亲水为原则

"高毋近阜而水用足，低毋近水而沟防省""建邦设都，皆凭险阻。山川者，天之险阻也；城池者，人之险阻也；城池必依山川为固"，这两句话对中原传统村落选址营建来说是最好的诠释。山西的 550 个国家级传统村落，约 70% 分布于黄河流域，30% 分布于海河流域；河南淮河流域的传统村落数量明显较多；陕西传统村落也大多聚集于黄河、汉江等河流附近。

4. 以经济发展为背景

传统村落与地区经济发展水平息息相关。一方面，传统村落多分布在经济实力较强的地区，比如豫中地区，传统村落约占总数的 23%，由于经济的支持，人民有意识去保护和修缮家宅、祠堂和宗屋；另一方面，在经济相对落后的地区传统村落的分布更为广泛，如陕西南部，因处于山地区域，经济发展相对于地形平坦、交通便利的地区较为落后，传统村落的保留更加完整。

综上所述，从中原地域文化、地理环境、近水亲水、经济发展四个方面来看传统村落的空间分布，中原传统村落的总体分布主要在文化交融区、地势平坦地区、靠近水系和社会经济发达和落后的区域。其空间分布既与地理环境有关，也与人类活动相关。

二、山西传统村落空间类型与特征

(一)空间分布方向和范围

用标准差椭圆法,对山西传统村落整体分布的方向和范围进行分析。计算结果显示,68%的标准差椭圆面积约占山西面积的43%,覆盖了超过2/3的传统村落,能明显地表示出传统村落的分布方向和范围。椭圆的长轴为南—北方向延伸,长半轴长度为198km,短半轴长度为109km,其差值为89km,标准差椭圆的转角为5.75,几何中心位于36°47′28.409″N,112°34′49.057″E,处于山西长治沁县郭村镇附近,这些数据反映出山西传统村落空间分布主要以南北延伸,传统村落主要分布在山西的中部和南部,且数量远高于北部。

(二)空间结构类型

可通过评价最邻近点指数来判断点状要素是随机、集聚还是均匀三种空间分布结构类型。经计算,山西传统村落理论平均距离为9.625km(代表若干要素服从随机分布时的平均距离),实际最邻近距离的平均值为5.599km,小于预测值,最邻近比率R为0.581685,远低于临界值1。因此,可以得出山西传统村落的空间结构类型为集聚型。Z得分和P值用于判断集聚或离散模式的显著性,从表2-2可得,Z得分为-18.767905,远低于-2.58;P值为0.000000,小于0.01,故再次证明山西传统村落在空间上呈现显著的集聚分布特征。

表 2-2　山西传统村落的平均最邻近分析结果

输出项	结果值
最邻近平均距离	5.599km
理论平均距离	9.625km
最邻近比率	0.581685
Z 得分	−18.767905
P 值	0.000000

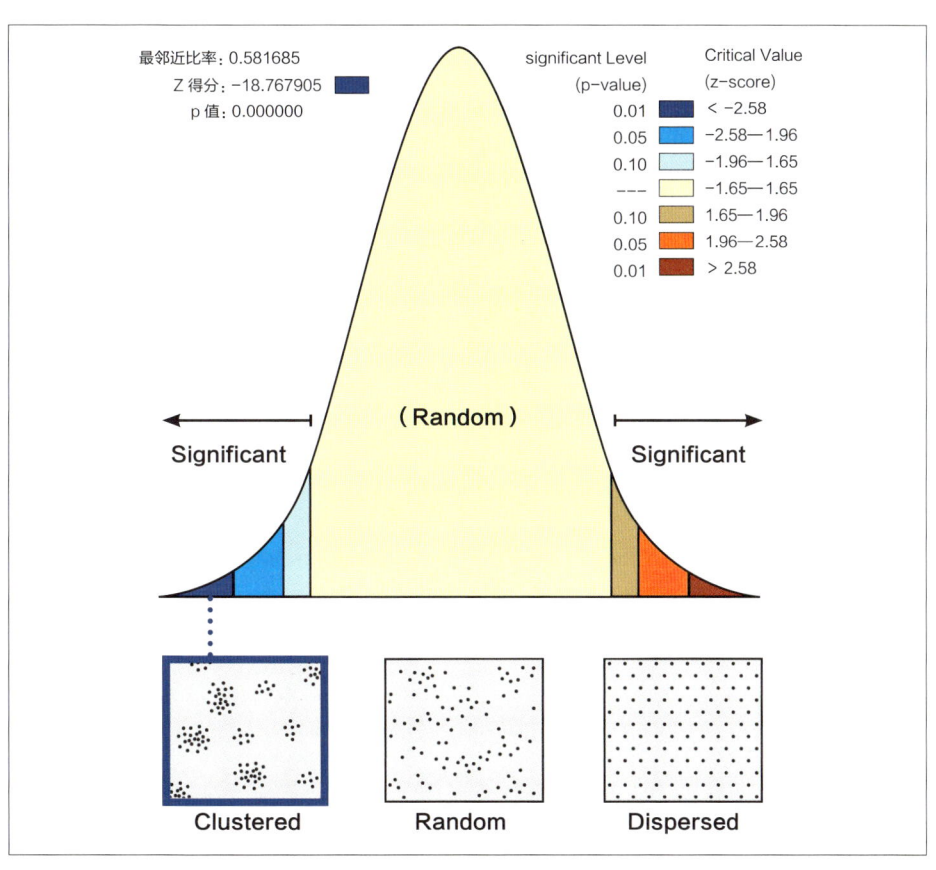

图 2-5　山西传统村落平均最邻近分析结果示意图

（三）空间分布密度

利用核密度法空间可视化的优点，对山西传统村落的空间分布密度进行测定，生成山西传统村落空间分布核密度图。山西传统村落空间分布密度体现不同区域差异，具有多中心分布的特点，可将全省划分成4级密度区：

1. 高密度区

山西传统村落聚集的主要区域为5个片区，沿黄河、汾河、太行山三线，结合自北向南的数个盆地，传统村落的分布从北向南逐渐增多，在晋东南地区达到最多。第一片区是晋城市所辖区域，其中高平市、泽州县、沁水县、阳城县、陵川县构成了山西传统村落聚集程度最高的地区；第二个片区是沿汾河流域以晋中地区及吕梁市东部县市为主的区域，尤以灵石县、平遥县、孝义市三县市的传统村落最为集中；第三个片区是吕梁地区以黄河沿线的临县、柳林县为主的区域；第四个片区是以阳泉市及晋中的昔阳县为主的区域；第五个片区是长治市以平顺县为主的区域。

2. 中密度区

主要集中在以临汾市的襄汾县及运城市的稷山县为主的区域，以及围绕高密度区分布。

3. 低密度区

覆盖面较广，主要分布在晋北（含忻州市、朔州市、大同市）三市，包括忻州市的中部和西部、朔州市的南部和东部、大同市的西南部，其他地区也有涉及，晋中的西北部、临汾市的中部以及运城市的北部等。

4. 零密度区

主要包括运城市的南部（临猗县、芮城县、夏县等）、临汾市的西部（古县、吉县、大宁县等）、吕梁市的北部（交城县、岚县、方山县）等地，均无传统村落，形成零密度区域。

（四）空间分布规律

根据龚胜生等人的研究成果，结合运用空间分析工具 ArcGIS10.5 分析得出的山西传统村落空间分布特点，得出以下的传统村落分布的规律[①]：

1. 地貌格局："聚盆"

考察各历史阶段新增传统村落的海拔高度，发现新增传统村落聚落的海拔高度与时俱升，反映了人类由易到难、由低到高、由平原向山区的区域开发时序，有力证明了山西由南而北即由低海拔地区向高海拔地区拓展的区域开发时序。山西山地、丘陵地区的土地面积占全省的80.1%，而传统村落数仅占全省的20%（110个），盆地、河谷地区的土地面积仅占全省的19.9%，传统村落数则占全省的35%（193个），从而形成了"大珠（古镇）小珠（古村）落玉

---

① 龚胜生，李孜沫，胡娟，等.山西省古村落的空间分布与演化研究[J].地理科学，2017，37（03）：416-425.

盘（盆地）"的传统村落分布格局。其中，泽州盆地、太原盆地分布的传统村落合占全省的19.6%（108个）。

2. 流域格局："近水"

"凡立国都，非于大山之下，必于广川之上，高毋近阜而用水足，低毋近水而沟防省"，即必使聚落处于近水域，同时又是安全域的范围内。山西境内河流分属黄河、海河两大水系。550个传统村落，约70%分布于黄河流域，30%分布于海河流域。在黄河流域中，汾、沁河流域又集中了全省半数以上的传统村落。

3. 地缘格局："沿边"

60%的传统村落分布于边缘区，其中约45%分布于东部边缘太行山区。山西素有"表里山河"之称。西部黄河沿岸、东部太行山区、北部农牧交错带、南部中条—王屋山区的沿边各县，共分布着占全省的60%的传统村落。其中，有"天下之脊，兵要之地"之称的太行山区，即分布着传统村落247个，占全省的45%。

4. 行政格局："偏中南"

以地市论，90%的传统村落分布于晋中、晋南8市，晋城市最突出。从传统村落数量看，晋南4市（含临汾市、长治市、运城市、晋城市）集中了全省的55%（301个），晋中4市（含太原市、吕梁市、晋中市、阳泉市）集中了全省的35%（194个），晋北3市（含大同市、朔州市、忻州市）仅分布着全省的10%（55个），传统村落区域比为5.5∶3.5∶1，显然是偏重于晋南和晋中。

从地貌、流域、地缘、行政四个方面的分布格局看，山西传统村落的总体分布特征是"聚盆近水沿边关，南北分异偏中南"，其空间分布既与自然条件特别是地形条件有关，也与人类活动特别是垦殖活动有关，盆地与河流沿线是聚落集中分布的地区；其时空变迁表现为由晋南到晋中再到晋北的推进时序，既反映了山西由南而北的区域开发大势，也反映了人类先易后难的土地垦殖规律。

三、河南传统村落空间类型与特征

（一）空间分布方向和范围

运用标准差椭圆方法计算结果显示，68%的标准差椭圆面积约占河南面积的57.1%，覆盖了超过74%的传统村落，能较好说明分布方向和范围。椭圆的长轴为西北—东南方向，长半轴长度为215.685km，短半轴长度为140.525km，其差值为75.16km，标准差椭圆的转角为167.80，几何中心点位于34°23′28.824″N，113°23′6.496″E，位于河南郑州新密市大隗镇附近。河南传统村落主要沿西北—东南方向分布，主要分布范围在中部以平顶山市与许昌市的邻近区域为中心向两边扩散。北部数量高于南部，西部数量高于东部。

（二）空间结构类型

利用ArcGIS10.5中空间统计，可得到点与点之间的平均最近邻距离和指数。经计算，河南传统村落理论平均距离为17.252km（代表若干要素服从随机分布时的平均距离），实际最邻近距离的平均值为 10.126km，小于预测值，最邻近比率 R 为 0.586912，远低于临界值 1。Z 得分和 P 值用于判断集聚或离散模式的显著性，Z 得分为 -11.314892，远低于 -2.5；P 值为 0.000000，小于 0.01，河南传统村落的空间分布属集聚型分布。

表 2-3　河南传统村落的平均最邻近分析结果

输出项	结果值
最邻近平均距离	10.126km
理论平均距离	17.252km
最邻近比率	0.586912
Z 得分	-11.314892
P 值	0.000000

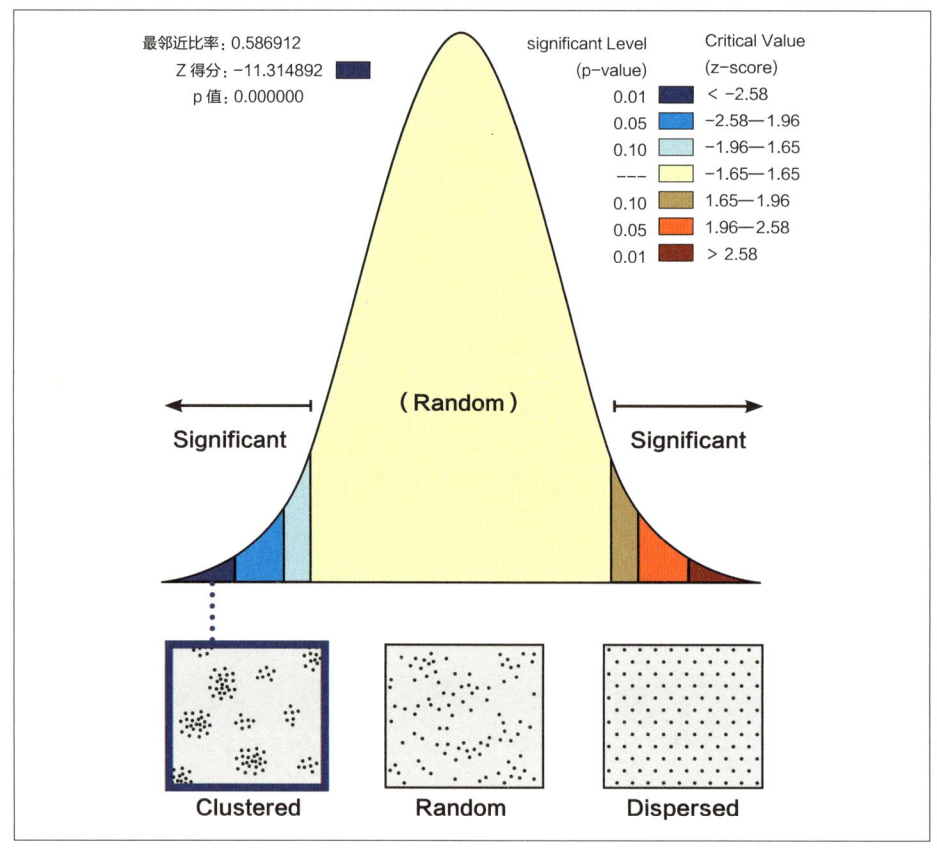

图 2-6　河南传统村落平均最邻近分析结果示意图

（三）空间分布密度

运用 Spatial Analyst 工具中核密度分析法，对河南传统村落分布密度进行测定，生成河南传统村落空间分布核密度图。整体空间分布呈现 4 个区域集中分布：豫东北区域，平顶山市东北区域，豫西北沿省边界呈带状分布及豫南信阳市南部。河南传统村落的空间分布密度体现不同区域差异，具体可将全省划分成 4 级密度区：

1. 高密度区

河南传统村落集聚分布在豫东北地区（新乡市、鹤壁市、安阳市），主要分布在 3 市交界处，形成了核心密集区。

2. 中密度区

主要分布于三大区域。一是豫南信阳市南部地区（罗山县、新县、光山县等），二是豫西平顶山市东北部（汝州市、郏县、宝丰县等）与郑州市、许昌市交界处地区，三是豫北安阳市西北部地区。

3. 低密度区

覆盖范围较广，主要集中于豫西（洛阳市、三门峡市）、豫东（开封市、商丘市、周口市）及豫南（驻马店市、信阳市、南阳市）地区。其中包括分布在豫西北地区（三门峡市、洛阳市、济源市、焦作市）沿省边界呈带状分布的传统村落，也涵盖豫南（南阳市、信阳市北部及驻马店市西部），豫东（开封市东北部、商丘市南部及周口市西部）部分地区，这些地区传统村落分布较零散。

4. 零密度区

主要包括豫北安阳市东部及新乡市南部，豫中郑州市东部、许昌市西部及漯河市北部和西部，豫东开封市南部、周口市东部、商丘市北部，豫南驻马店市东部、南阳市中部、信阳市东北部，均无传统村落，形成了零密度区。

（四）空间分布规律

在对河南省五批次共 205 个传统村落进行空间分析的基础上，可知传统村落在空间分布上呈现整体分散、局部聚居的特点。基于上述运用 ArcGIS10.5 对河南传统村落空间分析的结果，依据学者王艳想、李帅、黄荣静等人对河南传统村落空间分布特征的研究成果，可知传统村落的形成原因与自然水系、地理高程、社会经济和历史事件有关，由此得出河南传统村落空间分布规律：

1. 集中在主要水系流域附近

水源是人们生活农作的必不可少的元素，同时也是古代村落择址的决定性因素之一。比如豫南信阳地区河流众多，沿水系区域的传统村落分布密集，共计 28 个传统村落。而开封、南阳等地区由于水系相对较少，传统村落分布也相对稀疏，南阳市仅有 9 个传统村落，开封市仅有 1 个传统村落。由此可见，离水源远的地方传统村落分布明显较少，离水源近的地方传统村落分布数量相对较多。

2. 于海拔稍高区域广泛分布

传统村落的分布同样也受海拔高程的影响。河南整体地势呈西高东低，在海拔高程稍高区域传统村落相对分布广泛。如三门峡市有 14 个传统村落、平顶山市有 33 个传统村落，由于其得天独厚的地理因素，不会受到洪水的影响，且交通相对便利，使得许多传统村落得以较为完好保留。海拔较低的平原地区如濮阳市、商丘市、开封市、周口市等地区，因处于历史上黄河泛滥的受灾区，百姓常常居无定所，村庄不宜保存，传统村落基本难以保留下来。

3. 与地区经济发展水平有关

一方面，传统村落在经济实力最强的地区分布较多，比如豫中地区，传统村落共计 48 个，约占总数的 23%。由于人民生活水平得到提高，有足够的精力和能力去修缮家宅、祠堂和宗屋，同时政府有经济实力，也会有意识地去加强传统村落的修复保护工作，这在一定程度上有利于传统村落的保留。另一方面，在经济较为落后的地区传统村落的分布更为广泛，如豫北地区，传统村落数为 75 个，约占总数的 37%。由于经济不发达，交通及信息交流相较于其他分区都较为落后，城镇化进程缓慢，人地关系相对稳定，这也同样有利于传统村落的保留。

4. 集中于无历史事件之地

在古代，河南发生了很多重大的事件，如秦灭六国、安史之乱等，人民居无定所，传统村落更容易毁于战火纷争。近代，河南也是灾难不断，如著名的花园口决堤事件，使得开封市、周口市、商丘市等地形成大片的黄泛区，植被遭破坏，不适于生存，百姓纷纷撤离，因此这一带鲜有传统村落得以保留下来。

整体上看，河南传统村落空间分布呈集聚型分布。全省传统村落的空间分布受自然水系、地理高程、社会经济和历史事件的影响。靠近水系、地势稍高、交通较为不便、社会经济相对发达或相对落后和历史事件少发的地区，传统村落保留较为完好。

四、陕西传统村落空间类型与特征

（一）空间分布方向和范围

标准差椭圆法计算结果显示，68%的标准差椭圆面积约占陕西省面积的42%，却覆盖了超过70%的传统村落，能充分说明陕西传统村落的分布方向和范围。椭圆的长轴为东北—西南方向延伸，长半轴长度为285km，短半轴长度为96km，其差值为189km，标准差椭圆的转角为18.128，几何中心位于35°36′27759″N，109°37′54347″E，处于陕西铜川宜君县尧生镇，说明全省传统村落南北差异大，东西差异小，沿东北—西南方向密集分布，中部、南部数量远高于北部，而东部与西部数量较为均衡。

（二）空间结构类型

运用平均最近邻法计算出陕西传统村落理论平均距离为23.647km（代表若干要素服从随机分布时的平均距离），实际最邻近距离的平均值为16.458km，小于预测值，最邻近比率R为0.695983，远低于临界值1。因此，可以判定陕西传统村落空间结构类型为集聚型分布。表2-4中Z得分和P值用于判断集聚或离散模式的显著性，Z 得分为 –6.182551，远低于 –2.5；P 值为 0.000000，小于 0.01，故陕西传统村落在空间上呈现显著的集聚分布特征。

表 2-4　陕西传统村落的平均最邻近分析结果

输出项	结果值
最邻近平均距离	16.458km
理论平均距离	23.647km
最邻近比率	0.695983
Z 得分	–6.182551
P 值	0.000000

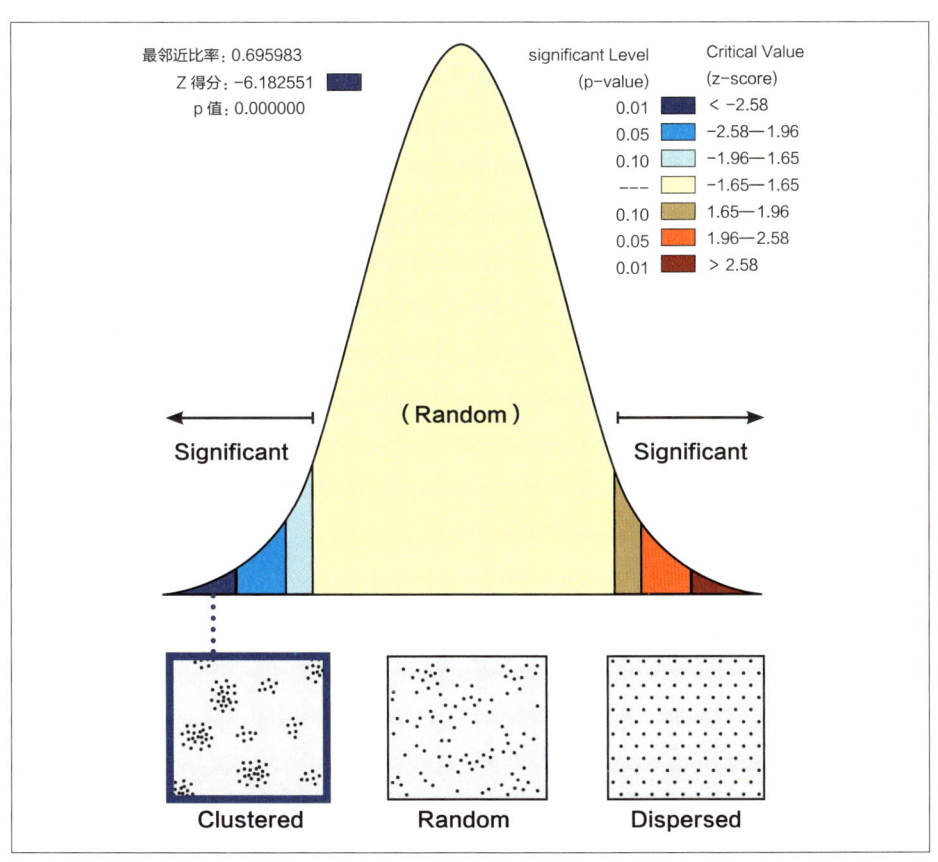

图 2-7　陕西传统村落平均最邻近分析结果示意图

（三）空间分布密度

从陕西传统村落空间分布核密度图中可以看出，全省传统村落的空间分布密度体现不同区域差异，具有多中心分布的特点，可将全省划分成 4 级密度区：

1. 高密度区

陕西传统村落主要分布在陕北黄土高原、渭北黄土台塬地区与陕南秦岭山区三类地形区，主要集中在榆林市的绥德县、米脂县和佳县，渭南市的韩城市和合阳县，安康市的汉滨区和旬阳县。在具体微地貌环境中，各个地区的传统村落也多是分布在沿河流沟谷、依山傍水式的地貌环境中。

2. 中密度区

主要集中在延安市的延川县、咸阳市两个地区的传统村落核心区域。

3. 低密度区

覆盖范围较广，包括西安市、铜川市、汉中市，也涵盖秦岭南麓西段、铜川市北部区域、秦岭南麓东段等。

4. 零密度区

主要包括宝鸡市西北部、西部、东部和南部（涵盖陇县、千阳县、凤翔县、眉县、凤县、太白县等地）和西安市北部、南部（阎良区、临潼区、高陵区、灞桥区、雁塔区、长安区、鄠邑区等）及商洛市的北部、东部（洛南县、柞水县、丹凤县、商南县等地），均无传统村落，形成了零密度区。

（四）空间分布规律

传统村落的形成受到诸如地形因素、交通因素、社会经济因素等多方面因素的影响，区域空间分布表现出一定的规律性。在对113个国家级传统村落进行空间分布范围、空间分布结构类型分析的基础上，可总结出陕西传统村落的空间分布规律：

1. 集中在地形险要处分布

陕西传统村落主要分布在陕南秦岭山区、陕北黄土高原与渭北黄土台塬地区。巍峨雄壮的秦岭山脉和沟壑纵横的黄土高原，地理环境相对独立，地形地貌复杂，使得外界对传统村落的干扰较少，为传统村落的形成和发展提供了重要的外部环境。另外，传统村落在险要的地形条件下，也能形成并发展自身的特色，形成独具地方特色的民俗文化，并得以较完整地保存下来。

2. 集中在河流沿线地区分布

河流也是影响传统村落分布的一个重要因素，与人类活动关系密切。村落选址往往在河谷地区，地势平坦，土壤肥沃，植被覆盖度高，有利于人的生存与发展；河流是重要的农业灌溉水源，同时为人类提供必要的生产生活用水，许多城市和村庄选择依水而建。空间密度分布图显示陕西传统村落多聚集于黄河、汉江等河流附近。

3. 集中在交通偏远地区分布

利用 ArcGIS10.5 中的邻域分析的 GenerateNearTable 工具对陕西传统村落与陕西高速公路与主干公路之间的距离进行分析，说明大部分传统村落距离重要交通线较远。陕西北部的榆林市和延安市、陕南的安康市公路分布密度在陕西全省中相对较低。因地形和经济各方面因素，陕北和陕南的公路密度较小，交通可达性较差，与外界的联系也受到限制，形成了相对偏僻、独立的区域环境。但传统村落在这种相对封闭、独立的区域环境中却高密度集中分布。长期以来较差的对外交通可达性与较弱的对外联系，使得这些地区受外来文化影响较小，因而能形成和保留极具区域文化特色的乡村聚落。即使在陕西大规模的开发建设时期，这些地区也因为交通可达性较差，开发强度较弱，开发时序滞后，为传统村落的保护客观上提供了有利条件。

4. 集中在经济落后地区分布

受到地形和交通等因素共同影响，陕西北部和南部相对于地形平坦、交通便利的关中地区，经济较为落后，城镇化进程缓慢。通过分析陕西省统计局网站公布的 2018 年陕西省各地市生产总值数据，安康市和渭南市的人均生产总值分别排在倒数第三位和倒数第一位，榆林市虽然生产总值全省第二，人均生产总值第一，但主要得益于近年来能源经济的发展，在过去几十年里，其经济发展在陕西省各地市中一直比较落后。而这些地市也是前文分析中传统村落分布的密集地区。可见，相对落后的社会经济发展水平、相对较弱的开发强度和相对较稳定的人地关系，在某种程度上使得该地区传统村落较为完整地保存下来。

整体上看，陕西传统村落的空间分布受地形、河流以及经济因素影响较大。大部分传统村落集中于山地地形的区域分布；沿交通偏远地区高密度分布；沿河流分布，分布特征趋于边缘化；受经济因素的影响，集中在经济落后地区分布。

中国传统村落
文化抢救与研究
文化区系列

Chinese Traditional Villages

第三章

中原传统村落的形成机理

中原文化是黄河中下游地区的物质文化和精神文化的总称，是中华文化的母体和主干。中原文化区以河南为核心，以广大的黄河中下游地区为腹地，逐层向外辐射，并延伸到陕西和山西。本章参考张东、朱凯凯、苏毅南等人的研究成果和学术观点，以山西、河南、陕西的传统村落为研究对象，阐述中原传统村落的形成机理。

村落选址是人地关系互动，百姓与自然环境对话的结果，是百姓寻求有利的自然环境资源作为庇护之所的第一步。不同的村落选址类型也决定了不同的村落空间形态。我们经常会感叹："村落就像从地里长出来的一样，就像有机斑块一样嵌入环境中。"村落营建之初，百姓便会综合考虑生产、生活等因素来考察环境要素，甄别寻找合适的村落栖息地。陈寅恪先生这样描述聚落的择址："凡聚众据险者，欲久支岁月，及给养能自足之故，必择险阻而又可以耕种，及有水源之地。其具备此二者之地，必为山顶平原及溪涧水源之地，此又自然之理。"中原地区气候、地貌等地域环境特征沉淀在百姓的心中，形成一种十分稳固的、"潜移默化"的朴素观念。趋利避害是百姓在村落选址的过程中秉承的一种思想，对天地有一种敬畏之心，不会凭外力去强势改变自然，哪怕是一些微小的自然变化，村落也多会顺势营造。

根据村落所处的地域环境以及位置将中原文化区村落的选址分为背山环水的浅山地带、沿河岸地带、山谷中的阶梯地带、黄土塬上阶梯台地、山口的冲积平原过渡地带、平原地带的高地、重要官驿道沿线等七种类型。

第一节
中原传统村落形成的自然因素

中原传统村落绝大部分都是以农业为主导类型的村落,自然环境、地理条件等成为这些村落分布首先要考虑的因素。最初人们营村建寨的主要目的就是为了解决人与自然的矛盾。村落生长、发展受到自然地域条件的限制,自然环境是决定聚落空间的必要要素,尤其是在自然条件恶劣的地域,适应自然极大地左右着聚落布局,村落的发展演化、形态、规模强烈地受到各自然要素的综合作用。日本学者和辻哲郎认为村落形态、居住形式的差异性主要是由风土的影响所致,而风土是指某一个地方气候、气象、地质、景观的总称;德国学者拉采尔认为地理环境对人类居所起到了决定性的作用,地理条件决定着民族性与社会制度,制约着历史与文化发展的方向,如地理环境对人的生理、心理以及社会组织架构、人类迁徙及其最后分布都会产生影响;法国学者让·白吕纳也认为村落形式的本身就是一件地理事实,处于相同自然条件下的村落有着许多共同的特征,而处于不同自然条件下的民居及村落其形态各异。

自然因素对村落的影响主要体现在以下三个方面:

第一,村落的形态和民居所采用的建筑形式,受到当地降水、温度、日照、地形等诸多自然因素的影响,形成了地域性的差别;

第二,从河流、水源、地形等来剖析地域与村落形态之间的关系,农村聚落的位置、规模、形态、分布与地形、河流的关系最为密切;

第三，靠近地理中心的居住形式相对成熟，居住形式的成熟度向地理的边缘递减。

一、山西传统村落形成的自然因素

山西是我国历史文化大省，更是华夏文明的起源地之一，随着历史长河的流淌，孕育了大量富有文化气息的古村镇。全省保存下来的传统村落多达 3500 个，其中保存完好、风貌极佳的约有 500 个，在数量上居于全国第一。

（一）地理形貌

山西的古村镇分布相对集中，主要分布在晋中晋南汾河中下游、晋东南沁河流域和晋西黄河沿岸、晋北晋东沿边地区，呈现出"三河一关"的空间分布格局。地理形貌影响着村落的选址、空间布局、建筑形制，因而形成了多样的村落形态。平原地区由于地势平坦，村落多采用集中布局，单体建筑的格局较为规整，院落居多，如著名的平遥古城和乔家大院、王家大院等大规模式的院落。相对于平原、盆地的平坦，山地、丘陵的村落都是依地势而建，单体建筑小而分散，院落较小。山西有 53% 的省域面积被黄土覆盖，这样的地貌导致省内的民居形式多为窑洞式。从地势上看，东以太行山作为自然分界，主要是山地和山间高原盆地，相邻于河北；中部以黄河为垫，地貌上主要是断陷盆地，与陕西、河南相邻；北跨长城，多为山地和黄土高原，与内蒙古相接。山西省域轮廓呈东北斜向西南的平行四边形，东西宽约385千米，南北长约682千米，面积总计约为15.6万平方千米，占全国总面积的1.6%。

山西境内地形复杂，地形走势为东北较高，向西南递减，省域内大部分区域的海拔都在1500米之上，五台群山中的叶斗峰海拔3000多米，是山西也是华北之巅，谓之"华北屋脊"。省域内地形起伏，高低悬殊，河谷纵横，地形繁杂，有山地高原、丘陵台地、沟壑盆地等多种地形，其中山地、丘陵为主要地貌类型，两者总共约占全省总面积的八成，河谷与平川约占两成，这样复杂的地貌，直接影响村落及人居环境的分布与选择。

（二）气候因素

山西西北部气温最低，向南递增，西南部最高，温差约达15℃。气温的差异对传统村落的影响是多方面的。在较冷的晋北地区，建筑偏重于保暖，晋南地区注重通风和遮阳，因此晋南地区的建筑高度、出檐都普遍大于晋北地区。山西属内陆，降水分布很不均匀，由西北部向东南部逐渐增加，山区多而盆地少，反映在建筑上，最显著的特征是屋顶形制。晋西北传统村落建筑的屋顶与晋东南相比较为平缓，晋东南传统村落建筑的尖顶大大加速了雨水的排流，减少屋顶的损耗。据统计，山西境内大小河流有1000多条，汾河在省域水系中有着举足轻重的地位。水源既是古时人类建村选址考虑的重要因素之一，也是制约村落发展规模的重要因素之一。所以水源丰富的区域多伴随着规模较大的村落，而干旱或者水源渐渐干涸的地区，往往是人烟稀少或是迁徙后残留的废墟。

山西大多为东南风，冬季偏北风，并伴随较大风沙，受此影响，山西大部分的传统村落布局及单体建筑都是坐北朝南以适应环境。

（三）分区结果

山西可分为晋北、晋中、晋南和晋东南四个分区。晋北主要包括：忻州、朔州、大同；晋中主要包括：晋中、吕梁、太原、阳泉；晋南主要包括：临汾、运城；晋东南主要包括：长治、晋城。

二、河南传统村落形成的自然因素

河南地处我国第二阶梯向第三阶梯的过渡地带，地形地貌丰富，地势西高东低，北、西、南三面环山，拥有包括桐柏—大别山、伏牛山、嵩山、太行山等名山，面积占全省近1/2。东部为广阔的平原。半山区、平原、丘陵、黄土塬等地形地貌的差异会造成形态迥异的村落，尤其体现在村落的宅院营建、防御体系的组织、村落空间格局、百姓的风俗礼仪等都有本质上的差别。

（一）地理形貌

地形地貌对河南传统村落的影响：河南传统村落根据其所处的地域特征如平原、丘陵、高山或者沿河不同而形态各异，地域特征一定程度上决定了村落分布、形态和空间上的差异。

表 3-1　河南主要的山体及其特征

序号	名称	特征
1	豫北太行山	海拔 1000-1500 米的单面山地，靠近河南一侧山势挺拔，山前有丘陵，山间多小型盆地
2	豫西秦岭余脉	秦岭山脉向东延续的四支余脉，分别为崤山、熊耳山、伏牛山和外方山，构成广大的豫西山区，山地大部分海拔在 1000-2000 米，山脉向东逐渐降低、分散，形成低山丘陵
3	南阳盆地伏牛山	山地对南阳盆地呈环抱状，大部分海拔在 1000-2000 米，山前形成低山丘陵
4	豫南大别山	南部山地包括桐柏山、大别山脉，自西北向东南延伸横陈于豫、鄂、皖边境，其东部的大别山以低山为主，海拔在 1000 米以下，山体破碎

（二）气候因素

河南气候主要有以下特点：一是地区差异显著，区域间过渡性明显，我国温带与亚热带的地理分界线为秦岭、淮河一线，正好穿过河南境内的伏牛山脊和淮河干流，气候有明显的过渡性特征；二是河南气候温暖适宜，兼有南北两方气候特征，四季分明；三是季风性气候特征显著，风向随季节变化大，降水量分布差异也较大，豫南、豫东南年降水量明显高于豫西、伊河、洛河一带。气候在河南的传统村落中的影响也很明显，尤其是体现在宅院类型和营建上，院落的空间尺度南北差异大，营建材料上东西差异明显，与气候息息相关。

（三）分区结果

综合河南的地形地貌特征、气候以及河流等自然要素对河南进行区划，其中地形地貌特征主要根据河南山地、丘陵、平原相互之间的变化，气候主要根据河南南北、东西之间气候的差异，而河流则作为一些重要的分界线来考虑，将河南总共分为五个大区六个亚区。

表3-2　自然因素影响下的河南传统村落地域分区表

分区	所辖区域	亚区	特征描述
Ⅰ区	豫西	三门峡、洛阳	Ⅰ-1 三门峡	位于河南西部秦岭余脉，形成了山体、黄土塬等地形，区域内伊洛二河交汇于黄河；气候干燥少雨
		Ⅰ-2 洛阳	
Ⅱ区	豫南	南阳、驻马店、信阳	Ⅱ-1 南阳	位于河南南部伏牛山-桐柏山带状沿线，形成了山区、浅山区、山前平原等地形；气候湿热多雨
		Ⅱ-2 驻马店、信阳	
Ⅲ区	豫中	郑州、平顶山、许昌	—	位于河南中部，环嵩山带沿线，以浅山区、山前平原为主
Ⅳ区	豫东北	漯河、周口、开封、商丘；濮阳、新乡、焦作部分	Ⅳ-1 黄河以北	广大平原地区，主要有黄河以南因黄河夺淮的泛滥形成的黄淮平原和黄河以北的豫北平原；气候四季分明
		Ⅳ-2 黄河以南	
Ⅴ区	豫北	济源，焦作的博爱、修武，新乡的辉县，安阳的林州	—	黄河以北的太行山沿线，山地与平原分界线清晰，山势险峻

三、陕西传统村落形成的自然因素

（一）地理形貌

陕西传统村落主要分布在陕南秦岭山区、陕北黄土高原与渭北黄土台塬地区。巍峨雄壮的秦岭山脉和沟壑纵横的黄土高原，地理环境相对独立，地形地貌复杂，使得外界对传统村落的干扰较少，为传统村落的形成和发展提供了重要的外部环境。另外，传统村落在险要的地形条件下，也能形成并发展自身的特色，形成独具地方特色的民俗文化，并得以较完整地保存下来。

（二）气候因素

陕西地处东经105°29′—111°15′，北纬31°42′—39°35′之间，南北狭长，属大陆性季风气候，全省以秦岭—淮河为界划分为北方和南方，兼有南北及中部气候特点。从气候、湿度、温度等特征来看，陕西横跨三个气候带，南北气候差异较大。陕南属北亚热带气候，关中及陕北大部分地区属暖温带气候，陕北北部长城沿线属中温带气候。气候总特点是：春暖干燥，降水较少，气温回升快而不稳定，多风沙天气；夏季炎热多雨，间有伏旱；秋季凉爽，较湿润，气温下降快；冬季寒冷干燥，气温低，雨雪稀少。全省年平均气温9℃—16℃，自南向北、自东向西递减：陕北年平均气温7℃—12℃，关中年平均气温12℃—14℃，陕南年平均气温14℃—16℃。年平均降水量340—1240毫米。降水南多北少，陕南为湿润区，关中为半湿润区，陕北为半干旱区。三个气候带使得陕西传统村落分布也反映了这些气候带的特点。

（三）分区结果

陕西传统聚落景观区被分为陕北黄土高原聚落亚区、川北陕南山地聚落亚区和关中渭河平原聚落亚区三个亚区：关中平原地区是古代京畿文化的代表，村落格局严谨，砖木结构，围合式建筑群；陕南秦巴山区的村落融合秦、楚、川等多地建筑风格，以木、土木、石木结构的山地合院建筑为主；陕北黄土高原和台塬地区的村落主要是传统的窑洞建筑群。

第二节
中原传统村落形成的历史文化因素

不同的历史状况对山西、河南、陕西的村落造成了不同的影响，现分述如下：

一、山西传统村落形成的历史文化因素

山西是华夏文明发源地之一，境内发现的远古人类文化遗迹数量庞大，从距今 180 多万年至今，文化从未间断。传统村落的布局、

风貌、建筑结构、建筑装饰等，都体现着文化的传承与发展，山西文化的发展进程同样也影响着传统村落的一切。西侯度、丁村、许家窑等著名遗址展现了远古人类在山西繁衍生息的面貌，窑洞成为普遍的居住形式。在上古尧、舜、禹时期，晋南地区就是史书中最早记载的"中国"。山西的历史文化经过夏朝的发展，传承其文化精华，融合北部游牧民族的文明，集优秀文化于一身，形成了不同于其他地域的文化特征，是我国历史文化长链中至关重要的环节。隋唐时期，寺庙兴盛，五台山南禅寺和佛光寺、平顺天台庵、芮城五龙庙成为唐代木结构建筑遗存的瑰宝。大同华严寺、芮城永乐宫、洪洞广胜寺、应县木塔等建筑遗迹，说明了山西的建筑工艺在宋、辽、金、元时期得到了很大发展。明清时期，晋商非常活跃，创造了辉煌的成就，也极大地促进了山西建筑的发展，令山西传统民居建筑的发展步入兴盛时期，著名的乔家大院、王家大院、渠家大院等院落，其格局、雕饰至今仍然让人叹为观止。

山西不同地域形成的特色文化，如"河东文化""上党文化""晋阳文化"等，这些文化内容对当时、当地的村落有着巨大而深远的影响，从传统村落的布局，到遗留的石刻牌匾，都能反映这些文化内容与思想。

二、河南传统村落形成的历史文化因素

从传统村落中我们可以清楚地观察到这个地域的文化脉络和发展轨迹，中原地域文化有很强的渗透力和包容力，地域之间存在着相互渗透的迹象。辐射范围更广，穿透力也更强，如豫西地区明显

受到晋陕文化圈层的影响，晋商经常往来于豫西地区，豫西村落中一些较大规模的宅院布局、装饰，都与晋东南一带非常相似，同时，在山西地域范围内，也会有河南地域文化的渗透，如"汾水中下游的晋南地区也有河南文化的因素"。综合已有的研究成果，结合影响村落营造方式和空间形态的社会性因素，如历史上的文化圈层、方言民俗、宗教信仰等方面，将河南分成以下五个文化圈层。

表3-3 社会因素影响下的河南传统村落地域分区

分区		所辖区域	亚区	特征描述
Ⅰ区	河洛文化区	三门峡、洛阳、平顶山、济源	—	文化正统，深受礼制等儒家文化的影响
Ⅱ区	楚文化区	南阳、信阳	Ⅱ-1南阳	人文情怀浓厚，重山水，地域文化影响深厚，重商轻农
			Ⅱ-2信阳	
Ⅲ区	河内文化区	焦作、新乡、鹤壁、安阳、濮阳	Ⅲ-1豫北山区	乡绅文化影响深厚，重山水
			Ⅲ-2豫北平原	
Ⅳ区	黄淮文化区	郑州、许昌、漯河、周口、开封、商丘	Ⅳ-1豫中地区	中原文化的中心区域，历史上战乱不断，文化多元，文化融合，其中形成了环嵩山带的嵩岳文化圈
			Ⅳ-2豫东地区	
Ⅴ区	天中文化区	驻马店	—	南北经济转移的过渡区，兼有楚、中原文化的特征

（一）河洛文化区

河洛文化影响巨大，是中华文化的源头。河洛文化的影响范围有着明确的界定："黄河中下游，洛水流域"[①]，"以洛阳为中心，西至潼关、华阴，东至荥阳、郑州，南至汝颍，北跨黄河而至晋南、济源一带"[②]，中心地影响明显，向四周逐步减弱，主要影响力是在以洛阳为中心，伊洛两河沿线。以夏代至北宋时期最具有辐射力和影响力。由于地理、经济和政治等因素，河洛文化呈现正统性、传承性、融合性、原创性的特点。

（二）楚文化区

楚文化主要指先秦以来的楚地文化，影响范围"北接陈汝，襟带许洛，南连襄郢，肘腋安凤"，主要在与湖北接壤的信阳、南阳地区一带。有学者考证楚文化的发源地丹阳就在今天的南阳淅川境内。中原楚文化是楚人在中原一带文化创造的遗存，如现今方城等地保留的楚长城遗址。楚文化重山水，崇尚自然，与地域结合紧密。

（三）河内文化区

河内文化区指以河南焦作地区为中心的黄河以北地区。夏少康年间，夏王将国都迁于河内西部，河内便成了夏朝的核心。商朝定都于殷，河内属于京畿要地。《尚书·禹贡》有"覃怀底绩，至于衡漳"的记载，秦汉之后，覃怀河内一直是中原地区文化经济比较发达的河朔名邦。清朝咸同年间，该区域率先大规模展开寨堡类村落的建设。

[①] 戴逸. 关于河洛文化的四个问题[J]. 寻根，1994（1）：16-20.
[②] 朱绍侯. 河洛文化与河洛文化圈[J]. 寻根，1994（1）：22-22.

（四）黄淮文化区

黄淮文化区是中原的核心地带，主要是指豫东、豫中地区黄河中下游及淮河上游地区，历史上这里是不断遭受兵燹之地，文化多元，代表文化有"水文化""商文化""汉文化"。

（五）天中文化区

天中文化区主要指驻马店地区，这里也是中原文化的重要组成部分。据《尚书·禹贡》等史书记载，禹分九州时，豫州为九州之中，汝南又为豫州之中，故汝南被称为"天中"。这里有泌阳的盘古文化、汝南的梁祝文化、上蔡的重阳文化、西平的嫘祖文化，以南海寺、北泉寺为代表的宗教文化；现代历史上，红色文化也非常盛行。同时，该区是南北文化经济相互转移、人口大迁移的过渡区，兼有南北文化的特征。

三、陕西传统村落形成的历史文化因素

陕西传统村落的建村年代大致划分为以下几个阶段：

（一）始建于唐朝（含唐朝）以前

具有 1000 年以上历史的村落。如咸阳市永寿县等驾坡村，始建于唐朝，距今已有 1300 多年的历史；咸阳市三原县柏社村，始建于晋代，距今已有 1600 多年的历史；米脂县杨家沟村，始建于春秋战国时期，距今已有 2000 多年的历史。

（二）始建于唐朝之后，元朝及元朝以前

具有 600 — 1000 年历史的村落。如被国际学术界誉为"东方人类古代传统居住村寨活化石"的第一批中国传统村落名录中的党家村，始建于元至顺二年（1331），距今已有 680 多年的历史。

（三）始建于明清时期

一般具有 200 — 600 年的历史，保存完整的村落，这类村落数量最多。其中在陕南地区分布较多。如汉中市宁强县青木川村，形成于明朝，鼎盛于清朝的中后期；始建于明末清初的安康市旬阳县中山村郭家老院；始建于明朝初年的安康市汉阴县幸和村；始建于清乾隆年间的商洛市镇安县黑窑沟村等。

通过 Arc GIS10.5 软件，把陕西传统村落在空间上按照建村年代进行定位，不同年代的村落在空间上呈现出一定的分布规律：

1. 元朝以前的传统村落主要分布在关中地区以及榆林的黄河沿岸。

这主要是由于关中地区早在周秦汉唐时期，作为国家京畿之地，人口分布密集，文化底蕴厚重，传统村落延续下来的数量也最为众多；而陕北榆林地区的黄河沿岸则是因为在历史上一直是重要的边塞成关之地，很多传统村落都是由边关军事要塞演化而来。

2.元朝时期的传统村落主要分布在渭南韩城一带。

主要是因为陕西历史上是金元两朝的政治、经济、文化中心，而韩城市毗邻山西，金元两朝共统治韩城长达 240 年，其中元朝统治韩城将近 140 年。因此，元朝始建并保存下来的传统村落，韩城居多。

3.明清及以后的传统村落，数量最多，各地都有分布，而近半数出现在安康、商洛、汉中等陕南地区。

这主要得益于明清时期秦巴山区的移民开发与川陕古道上商贸的发展。

传统村落作为一个有"生命"的传统文化集聚区域，对其村落建村历史和具体的空间分布的研究，对梳理村落发展脉络，传承村落历史文化，保护村落文化特色，提供了重要的数据参考和事实依据。

第三节
中原传统村落形成的经济因素

经济因素对传统村落影响并不像地理环境、文化圈层等那么强烈，普遍的观点认为会起到一定的影响作用，但非决定性的。对大部分的以农业为功能主导的村落来说，经济因素对村落空间形态虽起不到决定性的影响，但依旧会起到一定的影响作用，分析原因如下：

一、山西传统村落形成的经济因素

经济发展是影响山西传统村落形成与发展的重要影响因素。

在经济较发达地区，人口与聚落数量也较多，因而多形成了极具文化特色的村落。山西传统村落虽众多，但多聚集于汾河、黄河与沁河流域附近，且建筑特色各不相同，这主要是受到各地社会经济的影响，如汾河流域传统村落受晋商影响较大，村落规模更大，建筑豪华而气派；黄河流域则为商业贸易枢纽，建筑多为窑洞；沁河地区因战乱频繁，建筑多为城堡。

此外，山西矿产资源丰富，有"煤炭之乡"之称，而且铁矿分布广、类型多，这对于山西传统村落的形成与发展具有重要的影响。一方面，煤炭资源分布较广但又相对集中，其储量多集中于大同、西山、沁水等煤田。但山西煤炭传统上多采用"土法"采掘，因而生产力不足、开采量较小，多数只能供当地使用。另一方面，铁矿类型多而分布广，多集中在代县、太原、五台山等地，近代铁矿开采多集中于晋东南与阳泉等地，对于附近传统村落的形成与发展具有重要影响。

二、河南传统村落形成的经济因素

经济发展对河南传统村落形成与发展有着重要影响。

第一，中原地区大多数村落是自给自足的小农经济，百姓长期生活在相对封闭的经济圈内，对外经济交流相对较少。

第二，交通是一个限制的因素，传统的交通方式使老百姓的经济生活半径往往集中在一定的范围内。

表 3-4 经济因素影响下的河南传统村落形态与空间

序号	类型	特征	村落布局影响	村落空间影响
1	沿河类型	沿河运、漕运的码头等形成	沿着河岸带状分布	沿河道发展，线状空间，界面整齐完整，公共建筑多
2	官道类型	沿官道沿线驿站发展形成，借助便利的交通存在	沿着官道带状分布	紧密结合地形布局，山区村落布局松散，空间多样化
3	手工业类型	村中以生产手工业制品为生，对土地的依赖较弱	一般团状分布，紧凑布局	村落中以窑、作坊等形成了手工业制作中心

第三，商业活动在促进村落活力方面起到不可忽视的作用，对村落空间会产生一定的影响。美国学者施坚雅认为中国乡村存在着稳定的经济空间结构，农民的实际社会区域的边界是由它的基层市场所辐射的范围决定的，集市是农村社会交往的一个重要影响因素，在集市上交换的物品是剩余下来的农产品、手工业品或者是牛羊牲口等。同时市场也是老百姓交往的空间。

河南受到经济因素影响显著的村落归纳起来有沿河、官道、手工业类型等。商业活动也给这些村落空间尤其是空间的尺度、结构上带来了一些显著的变化。

三、陕西传统村落形成的经济因素

受到地形和交通等因素共同影响,陕西北部和南部相对于地形平坦、交通便利的关中地区,经济较为落后,城镇化进程缓慢。在过去几十年里,经济发展在陕西各地市中一直比较落后,而这些地市也是前文分析中传统村落分布的密集地区。可见,相对落后的社会经济发展水平、相对较弱的开发强度和相对较稳定的人地关系,在某种程度上使得该地区传统村落较为完整地保存下来。

以窑洞为例,陕西秦岭以北广泛发育了黄土地貌,因而秦岭以北都可以算作陕西窑洞的分布区。土窑洞以生土为建筑材料,大多质朴简单、不事雕饰,集造价低廉与施工简便于一身。生土是一种节能环保的建筑材料,窑洞是一种生态民居,如渭北黄土台塬地带广布的地坑院,具有保温、隔热等良好功效,深受老百姓欢迎。其实,渭北旱塬塬面坦阔,可以开挖地坑院的地方具备盖砖木结构四合院的条件,长期以来地坑院颇为流行的原因,应该是经济问题。所以,陕西窑居区老百姓修筑窑洞栖身之时,首先考虑的是就地取材以节约建筑成本。

陕南地区受到复杂地形地貌的制约,社会经济发展一直较为缓慢,大部分乡村经济以农业为主,曾被列为全国八大贫困地区之一。中华人民共和国成立后,中央对陕南地区采取了一系列的政策发展经济。但就总体而言,陕南地区仍是一个社会经济条件较落后、贫困面积大、发展能力弱的地区。但是在历史上,接近汉水流域的一些渡口和村镇,商贸活动较为频繁,经济也很发达。陕南文化区的形成与移民是分不开的,大规模移民迁入始于乾隆,终于道光。根据清末文献资料,陕南的"客民"记载具有普遍性。清代以来陕南民居形制的形成与移民、商贸活动是分不开的。陕南秦巴山区，一般村落多就地取材修建夯房与石片房，经济条件较好的村落修建的四合院民居则兼具南北建筑风格，装饰富丽堂皇。柞水县凤凰镇、镇安县云盖寺镇、旬阳县蜀河镇、宁强县青木川镇、石泉县后柳镇等历史文化名镇皆保留有不少清代以来的民居建筑与公共建筑，即砖木结构的合院式建筑，杂糅关中建筑风格、四川建筑风格、安徽建筑风格、江西建筑风格以及湖北建筑风格等。

第四节
中原传统村落的形成机理

本节主要对山西、河南、陕西不同省份文化区内的传统村落的形成机理进行分析，分述如下：

一、山西传统村落的形成机理

山西共有四大集聚传统村落片区，分别为山西东南部的泽州—高平—平顺片区、山西中部的太谷—祁县—平遥片区、吕梁市的交口—临县—柳林片区以及阳泉市的平定片区，而中南部古村镇群也成功入选国内五大古村镇群，与太湖流域、川渝交界、粤中、皖南古村镇群齐名。

（一）晋北长城边关沿线

山西在我国历来是兵家必争之地，地形环境较为封闭，东有太行阻隔，西有黄河吕梁山，加上处在中原与西部、北部地区攻防要塞之处，自战国时期以来，各朝代均在山西境内修筑长城。通过山西现存长城与传统村落地理位置相对比可知，山西境内内外长城两线之侧分布多个传统村落，主要集中在大同、朔州、忻州三地。从其分布规律上看，西北部传统村落均沿内外长城两线为轴、关隘为节点呈线性分布，即多沿要塞布局分布。建筑风貌整体较为粗犷，注重防御功能，反映出晋北边关地区建筑营造技术特征和古人的生活环境，形成了独特的防御聚落体系遗存，这样的传统村落独具特色，是山西传统村落体系重要的组成部分。该地区所特有的堡寨式防御性的传统村落，村镇外围的城墙极具地域特色，村落的布局，空间的组织都将御敌作为第一要素，这些村落与长城共同形成中原在北境的防线。

（二）晋中地区

晋中地区包括太原、晋中、吕梁和阳泉四市。古时晋国大致位于今山西西南部，秦汉之后，晋中所指区域大致与今天的晋中市地理范围相同。古时，晋中地区的社会环境相对稳定，形成了有别于晋北的市井大院文化。晋北与晋南的文化在晋中碰撞交融，因此晋中文化内容丰富多元。晋商始于春秋战国时期，可以说是我国有文字记载的较早的商人。明清时期，晋商已经享誉海内外，形成了晋商文化，雄厚的经济实力刺激着村落的建设与发展，独特的晋商文化影响着传统文化的内容与延续，晋商们衣锦还乡之后，在晋中兴建住宅庭院，留下了许多建造精美、规模宏大、有很高历史文化价值和艺术价值的建筑群，如乔家大院、渠家大院、王家大院、曹家大院等。

明清时期晋商的发达贸易，带动了该地建筑活动的繁荣，历经数百年的发展，使得当地村落建筑的营造技术达到了相当高的水平。汾河流域分布的村落整体布局都较为规整，有如下特点：第一，院落多为长方形，南北向长于东西向，院落入口普遍设在东南端；第二，防御性突出，大多呈现"堡"的形制，有单村单堡结合形成村落，也有的村落为单村多堡的形式；第三，村落主要单体建筑，都是单坡屋顶，双坡顶形制的建筑不多；第四，建筑材料多为砖、土、石与木材，将材料灵活运用，构成丰富的建筑构件，形成了独特的砖木结构和砖石结构。今天晋中地区保留完好的传统村落大多地势平坦，规模较大。

晋中地区冬天寒冷干燥，夏季炎热少雨，这样的气候条件影响了建筑的构造与形制，但晋中大部分位于相对平坦的盆地，部分位于盆地周边的丘陵台地、高山峡谷，相对良好的自然地理环境减少了气候的制约，促进了人们的生产发展，也积极地影响着村落的发展规模与形成数量。

（三）晋南地区

晋南包括现在的临汾和运城，是华夏文明起源地，夏朝就诞生于晋南地区。这里远离北方战乱，社会环境相对安定，传统的农耕文明在这里得以延续发展。1954年，考古学家发现的丁村人遗址，是晋中地区历史悠久最有利的实物证据。据史书记载，上古时期的尧都平阳，舜都蒲坂以及禹都安邑都建于这片土地，古唐国后，唐叔虞之子燮父继位后将唐改为晋，称霸于春秋时期。秦汉时期，当权者于晋南设河东郡，唐朝又设晋州，至宋、元、明、清时期为平阳府。悠久的历史与文化使这里的传统村落文化气息更加厚重。

晋南地区气候温和，夏季温度高多雨水，多为盆地，且位于汾河的下游，靠山的地域泉水资源丰富，地理环境优越，土壤肥沃，非常适合农作物生长，故有"山西粮仓"的别名。在汾河、黄河的河滩，以及盆地周围的丘陵地带分布着天然的草场，极大地促进了畜牧业的发展。在这样的地理环境下，晋南地区遗留的传统村落保存比较完好，规模也较大。村落内道路系统清晰明确，环状的干道将村域自然分割，内部以民居为主，外部以手工业和商业建筑为主，祠堂和庙宇则分布在村口。院落形式为四合院，受地形影响慢慢变化为三合院、两进三合院、两进四合院等。窑洞是这里主要的居住建筑，有靠崖窑和锢窑两种形式，其余为砖木混合建筑。晋南地区社会环境相对安逸，战乱较晋北地区少，传统村落的生存环境相对稳定，加之为华夏文明的发祥地，赋予晋南地区传统村落深厚的文化内涵，因此这里的传统村落具有很高的研究价值。

（四）晋东南地区

晋东南地区有长治与晋城两市。历史的积淀让晋东南有着丰富而厚重的文化，这些璀璨的文明在一个个传统村落中延续至今，是华夏文明的瑰宝。晋东南地区在地理上距晋南很近，是历朝历代重要的州府所在地，人才辈出，历史上许多名人志士如廉颇、法显、杜思敬、陈廷敬等都在这里留下了足迹。晋东南有金代之前的木质建筑达68处之多，占全国的47%。晋东南地处盆地，北高南低，周边有丘陵围绕，太行山、太岳山与中条山交会，使晋东南形成一个相对封闭的区域，有利的地形保障了人们免受北方游牧民族的侵扰，在自然地理方面创造了安逸的环境。沁水、丹水和漳水三条河流自西向东分布于其间，水资源非常丰富，同时植物种类数量繁多，为农耕和渔业的发展提供了良好的基础。晋东南气温较山西其他地区较高，雨量充沛，非常利于农业的发展，良好的农业基础推动了人类的进步，继而为文明的发展与延续奠定了坚实的基础，形成了独特的农耕士大夫文化。

二、河南传统村落的形成机理

以自然、文化、经济等为主导因素对河南传统村落形成的区划结果叠加处理，采用影响优先的原则处理各种因素交叉影响区域。以行政区划单元为边界，以传统村落为研究对象，以"地理方位+主导文化特征"的方式命名，将河南划分为豫西河洛文化区等六大区八个亚区。

（一）豫西河洛文化区

包括河南西部三门峡、洛阳地区，地形地貌主要以秦岭余脉的山区和黄土塬为主，有黄河、伊河、洛河等河流，主要受到河洛文化的影响，与山西接壤受到晋文化的影响也非常明显。村落受到自然因素的影响非常显著。

（二）豫南天中文化区

包括信阳、驻马店地区。历史上元、明、清版图中，信阳大部和驻马店地区同属汝宁府管辖范围。地貌以浅山区结合平原为主，山水情怀浓厚，桐柏山与大别山首尾相接呈"S"形蜿蜒贯穿于这两个地区。区域以天中文化为主，同时兼有楚文化的影响，这里是历史上三次南迁的一个过渡区域。区域中的村落往往处在一些官道沿线或者隐匿于山林中，形成了独特的豫南风格村落形态特征。

（三）豫西南楚文化区

主要是指独立的地理单元南阳盆地，三面环山，只有南向沿着唐白河向湖北方向开放，西北为秦岭余脉伏牛山与平顶山、洛阳隔开，东北方向跨过桐柏山脉联系驻马店、信阳，中间为盆地，是典型的"形胜之区、四塞之城"。区域主要受到楚文化的影响，主要体现在村落与自然地域条件结合紧密，商业类型的村落也非常有地域特点。

（四）豫北河内文化区

指的是黄河以北的广大区域，主要包括济源、新乡、安阳、濮阳、鹤壁等区域，黄河作为一个天然的屏障对地域进行分割。区域内又可以分为两个亚区，亚区一是沿着太行山脉蜿蜒北上的山区，包括济源、焦作、新乡的部分地区，安阳的林州地区，鹤壁的部分地区，村落形态与地形地貌结合紧密，村落形态粗犷，地域材料使用丰富，太行八陉中有三陉在这个区域中，山中官道也有为数不少的村落；亚区二是广袤的平原地带，主要包括新乡部分地区、濮阳等，这个区域距离京畿较近，经过元、明、清的不断发展，开明乡绅在村落的建设中起到了中流砥柱的作用。

（五）豫中嵩岳文化区

这里主要是指郑州、平顶山、许昌、漯河等地。环嵩山地域带自古以来是村落大量存在、生长、发展的区域，是文化大融合的区域，也是中原地域文化的核心区域。地貌以平原、浅山为主。共分两个亚区：其一，环嵩山区域，这里主要包括郑州、许昌、汝州、平顶山；其二，平原地区，主要指的是漯河地区等。区域中村落类型丰富多样，重礼制，规模大，形式格局完整。

（六）豫东北黄淮文化区

这里主要是指开封、商丘、周口等区域。历史上这个区域长期受到"黄河夺淮"影响，水害千年之久，造成了大量的淤泥堆积，对村落造成了严重的破坏。因此该区域没有留存形态完整的传统村落。

表 3-5 河南传统村落综合地域分区

分区	所辖区域	亚区	主导因素	村落特征描述
Ⅰ区	豫西河洛文化区	Ⅰ-1 三门峡	自然地形地貌等因素	地域因素影响明显
	三门峡、洛阳	Ⅰ-2 洛阳		
Ⅱ区	豫南天中文化区	Ⅱ-1 驻马店	南北文化的过渡地带	村落选址多在山林、官道沿线，重宗祠建设
	驻马店、信阳	Ⅱ-2 信阳		
Ⅲ区	豫西南楚文化区 南阳	—	楚文化的影响	村落与自然地域条件结合紧密，商业类型的村落有地域特点
Ⅳ区	豫北河内文化区 济源、新乡、安阳、濮阳、鹤壁	Ⅳ-1 济源，焦作的博爱、沁阳、修武，新乡的辉县，安阳的林州	距离京畿较近，礼制文化影响大，乡绅起到了中流砥柱的作用	村落与地形地貌结合紧密，村落形态粗犷，地域材料使用丰富，大宅院多
		Ⅳ-2 焦作的武陟、孟州，新乡（除辉县），安阳（除林州），濮阳、鹤壁		
Ⅴ区	豫中嵩岳文化区 郑州、平顶山、许昌、漯河	Ⅴ-1 郑州、许昌、平顶山	中原地域文化的核心区域，文化大融合的区域，环嵩山地域带分布	村落类型丰富多样，重礼制，形式格局完整
		Ⅴ-2 漯河		
Ⅵ区	豫东北黄淮文化区 开封、商丘、周口	—	长期受到"黄河夺淮"影响，水害千年之久	区域没有留存形态完整的传统村落

根据以上地域分区特点，河南传统村落地域分区主要呈现以下特点：

第一，纵观河南，呈现出了从西部到东部文化影响从单一到多元的变化，自然因素的影响由强到弱的过渡。从豫西、豫西南、豫北山区来看，村落根植于地域之中，文化圈层的影响纯粹，而到豫中之后，更多体现的是文化多元的影响。

第二，多重边界重合。通过地域分区的结果我们可以看出，自然地域、文化圈层、行政区划等边界多有重合的状况，从唐代延续下来的"山川形便"的特征在河南延续至今，以此为边界对传统村落进行地域划分具有可行性。

第三，主导因素影响。影响村落空间和形态的因素多种多样，但其中必然有一主导性的因素在控制着村落发展趋势。进行地域分区的目的，就是梳理这些影响村落的主导性因素，寻找地域环境和文化圈层影响下的村落发展的主导性因素。

第四，带状要素融合、分割作用。一些带状的线性要素如河流、官道等，既能对地域形成分割，又能够带来区域间的融合和相互影响。如黄河不但是河南南北地域的一个分界线，而且形成了沿黄河文化带，豫西、豫中、豫东几个区域都形成了文化融合的现象，尤其是在地域分区的边界地带，村落有着很强的融合性。

第五，村落规模不大，由于地形地貌所限，村落人口都控制在很小的规模上，今天看来，村落人口规模依旧不大。

河南村落的选址都会在用地、河流、防卫、格局以及交通等几个方面进行综合权衡，在不同的时期，不同的地域范围，各种经验模式有着极大的同构性，这种同构性的提炼和剖析，能够从村落选址角度探寻村落中蕴含着的人地之间的丰富关系。这些原则有意识地将村落与周边地域环境结合起来，寻找一种最利于生存发展的模式。

表 3-6　河南传统村落的选址类型

序号	类型	主要所处的地理位置	村落形态	优势	劣势
1	背山环水的浅山地带	黄河以北的太行山、西部秦岭余脉、南部的大别山等靠近平原的浅山区	沿着山势团状或带状展开	山水资源利于生活生产；易建立起防御	村落建设用地和耕地不足
2	沿河岸地带	河岸的两侧或者单侧	带状	村落有商业活力，经济模式多元化，有效利用水资源	百姓之间联系薄弱，防御条件差
3	山谷中的阶梯地带	深山中的谷地	紧凑的团状或分散	防御条件好，可有效利用山的资源	耕地和建设用地严重不足
4	黄土塬上阶梯台地	豫西的黄土塬上	团状或分散	可有效利用塬形成窑洞空间	建设用地不足，防御条件差
5	山口的冲积平原过渡地带	盆地区以及山体与平原交会处	团状	耕地肥沃充足建设用地充足	村落防御弱易遭水患
6	平原地带的高地	平原地区较高地势处	团状	耕地肥沃充足建设用地充足	防御条件差
7	重要官道驿道沿线	太行八陉、商南官道等，以及古代重要的官道沿线	带状	村落有商业活力，建筑类型多样	防御条件差

三、陕西传统村落的形成机理

　　陕西传统村落主要分布在陕南秦岭山区、陕北黄土高原与渭北黄土台塬三类地形区，关中平原反而较少。而在具体微地貌环境中，陕西各个地区的传统村落也多是分布在沿河流沟谷、依山傍水式的地貌环境中。不仅在陕南秦岭山地河谷，渭北黄土台塬区甚至陕北黄土高原地形地貌区的村落也大都选择靠近河流沟谷布局。这一方面是村落居民的生产生活离不开便利水源，靠近河流沟谷的可耕土地资源也更为丰富，便于人口集聚。在陕北黄土高原地区，沟谷地貌形成的靠山崖也便于窑洞的开挖。另一方面，环境独立，地形复杂的河流沟谷地区，使外界对传统村落的影响干扰较少，为传统村落的形成、发展和保存提供了重要的条件。

表 3-7　陕西传统村落环境因子基因识别表[①]

序号	村名	环境因子
1	铜川市耀州区孙塬村	渭北黄土台塬，靠崖临河
2	渭南市韩城市党家村	渭北黄土台塬，靠崖临河
3	榆林市绥德县贺一村	黄土高原丘陵沟壑地貌
4	榆林市佳县神泉村	黄土高原丘陵沟壑地貌
5	榆林市米脂县杨家沟村	黄土高原丘陵沟壑地貌
6	咸阳市三原县柏社村	渭北黄土台塬
7	咸阳市礼泉县袁家村	渭北黄土台塬和关中平原交融地区
8	咸阳市永寿县等驾坡村	渭北黄土台塬，依山傍水
9	安康市旬阳县中山村（郭家老院）	秦巴山区河谷，三面环山，一面环水
10	渭南市富平县莲湖村	渭北黄土台塬，中间高四周低，三面环水
11	渭南市合阳县灵泉村	渭北黄土台塬，依山傍水
12	渭南市澄城县尧头村	渭北黄土台塬，依塬而居，二水中流
13	榆林市佳县张庄村	黄河沿岸土石山区，一河中流，三湾环绕
14	宝鸡市麟游县万家城村	渭北黄土台塬，丘陵沟壑区，依山而建
15	渭南市合阳县南长益村	渭北黄土台塬，深沟环绕，土塬地貌
16	渭南市韩城市清水村	渭北黄土台塬，依塬傍水
17	延安市黄龙县张峰村	黄土高原丘陵沟壑地貌，山谷地带，顺山势而建

① 本表以前四批中国传统村落名录为研究对象。

续表

序号	村名	环境因子
18	汉中市宁强县青木川村	秦巴山区河谷，负阴抱阳，背山面水，沿河而居
19	榆林市绥德县艾家沟村	黄土高原丘陵沟壑地貌
20	榆林市绥德县常家沟村	黄土高原丘陵沟壑区
21	榆林市绥德县郭家沟村	黄土高原丘陵沟壑区
22	榆林市佳县沙坪村	黄土高原丘陵沟壑区，靠山临河
23	榆林市佳县峪口村	黄河沿岸土石山区，依山傍水
24	榆林市佳县泥河沟村	黄河沿岸土石山区
25	榆林市子洲县张寨村	黄土高原丘陵沟壑地貌，靠山面河
26	安康市石泉县长兴村	秦岭中高山区
27	安康市紫阳县营梁村	秦岭山地河谷，川陕要道
28	安康市旬阳县七里村庙湾村	秦岭山地河谷，依山傍水
29	安康市旬阳县万福村	秦岭山地河谷，依山傍水
30	安康市旬阳湛家湾村	秦岭山地，依山就势，三面环山
31	西安市蓝田县石船沟村	秦岭山谷，四面青山，一湾水
32	西安市周至县老县城村	秦岭山地河谷，群山环抱，一水中流
33	咸阳市三原县东里村	关中平原地貌
34	咸阳市彬县程家川村	关中台塬丘陵
35	渭南市华县辛村	关中平原地貌
36	渭南市大荔县大寨村	关中平原地貌，依山傍水
37	渭南市大荔县东高垣村	关中平原地貌
38	渭南市合阳县东宫城村	黄土台塬，依河而建
39	渭南市蒲城县山西村	关中平原地貌
40	渭南市韩城市相里堡村	渭北黄土台塬，紧邻黄河
41	渭南市韩城市西原村	渭北黄土台塬，依山傍水
42	渭南市韩城市王峰村	渭北黄土台塬，靠崖临河
43	渭南市韩城市柳枝村	渭北黄土台塬，靠崖临河
44	渭南市韩城市郭庄砦村	渭北黄土台塬，靠崖临河
45	渭南市韩城市柳村	沟壑环绕的渭北黄土台塬
46	渭南市韩城市薛村	黄河边缘，与汶河交汇处，地势平坦

续表

序号	村名	环境因子
47	渭南市韩城市张代村	渭北黄土台塬，紧邻黄河
48	延安市宝塔区石村	黄土高原丘陵沟壑地貌
49	延安市子长县安定村	黄土高原丘陵沟壑地貌
50	汉中市城固县乐丰村	汉中盆地平原
51	榆林市绥德县虎焉村	黄土高原丘陵沟壑地貌
52	榆林市绥德县梁家甲村	黄土高原丘陵沟壑地貌
53	榆林市米脂县高庙山村	黄土高原丘陵沟壑地貌
54	榆林市米脂县桃镇村	黄土高原丘陵沟壑地貌
55	榆林市米脂县黑圪塔村	黄土高原丘陵沟壑地貌
56	榆林市米脂县寺沟村	黄土高原丘陵沟壑地貌
57	榆林市米脂县岳家岔村	黄土高原丘陵沟壑地貌
58	榆林市米脂县白兴庄村	黄土高原丘陵沟壑地貌
59	榆林市米脂县刘家峁村	黄土高原丘陵沟壑地貌
60	榆林市米脂县镇子湾村	黄土高原丘陵沟壑地貌，依山傍水
61	榆林市佳县木头峪村	秦晋黄河大峡谷，依山傍水
62	榆林市清涧县高杰村	黄土高原丘陵沟壑地貌
63	榆林市子洲县眠虎沟	黄土高原丘陵沟壑地貌
64	安康市汉滨区双柏村	秦岭山区，沿河居住
65	安康市汉滨区天宝村	顺山势分布，依山傍水
66	安康市汉滨区双桥村	秦岭山区，沿河居住
67	安康市汉滨区王庄村	秦岭山区
68	安康市汉滨区高山村	秦岭山区
69	安康市汉滨区马河村	秦岭山区，沿河分布
70	安康市旬阳县牛家阴坡村	秦岭山地，顺山势分布
71	商洛市镇安县云镇村	秦岭山地河谷

对比陕西各个地区的传统村落的布局形态特征，可将其分为以下几种类型：

（一）集中式村落

这类村落形态大多分布于地形地势相对平坦地区，在陕西传统村落中，关中地区的村落因为大都分布于平原或台塬上，地势缓和，便于村落建设的平铺展开，因此集中式形态的村落较多。这类村落往往因家族聚居而成，村庄从族长居住地由内向外呈放射状建造房屋，增加门户。随着时间的推移，人口的增长，村落的居住空间会层层向外发展扩张，因此这类村落的规模一般相对较大。如咸阳市三原县东里村、彬县程家川村、宝鸡市麟游县万家城村、渭南市富平县莲湖村、蒲城县山西村、合阳县南长益村、韩城市西原村等村落。但也有一些集中式村落并不是分布于关中平原和台塬地区，比如安康市旬阳县湛家湾村、汉中市城固县乐丰村、延安市子长县安定村、榆林市佳县峪口村等，不过这些村落因为地处山间盆地或河谷平坦地带，也具备了集中性村落的地形条件。集中式村落除了在形态上呈单一块状，布局上一般为紧凑式布局，在街巷道路空间上多是纵横交错，大型的集中式村落形成棋盘式格局。

（二）组团式村落

这类村落在布局上与集中式基本一致，以紧凑式布局为主。其中有些村落由于受河流、冲沟、山梁等地形阻隔，被分割为多个团块发展。这类村落在陕北、关中、陕南各个地域单元都有分布。如安康市石泉县长兴村、安康市旬阳县万福村、渭南市韩城市相里堡村、榆林市绥德县郭家沟村等村落，即是因地形因素，村落多以组团形式发展。还有一些村落在战乱或匪患严重的年代，考虑到安全防御的需要，往往在村落周边兴建堡寨。如渭南市韩城市党家村、韩城市郭庄砦村、韩城市薛村、合阳县灵泉村等村落，都是一村一寨的组团式格局，安康市旬阳县湛家湾村甚至出现一村三寨的格局。此外，还有一些村落在发展过程中，或出于保护村落的考虑，或因地形限制、经济产业发展、交通条件变化等因素的影响，在原村落之外兴建新村，形成新村、老村多团块的组团式结构。如咸阳市三原县柏社村、渭南市韩城市党家村、韩城市相里堡村、澄城县尧头村，西安市周至县老县城村。组团式村落的街巷空间，在地形平坦地区，团块内部仍以格网式为主，但在陕北黄土丘陵沟壑区或陕南秦巴山地的组团式村落，其道路多随地势变化、曲折延伸。

（三）条带状村落

此类村落在布局上相对紧凑，但在形态上呈长条形，其分布地区多处于受地形条件约束的河流沿岸或沟谷中，抑或在重要交通干道沿线。如汉中市宁强县青木川村、安康市紫阳县营梁村、西安市蓝田县石船沟村、榆林市米脂县镇子湾村、榆林市佳县木头峪村等。这类村落的主干街道往往沿河流沟谷或交通干道的方向延伸。

（四）依地形地势布局的村落

此类村落大都分布于陕北黄土高原丘陵沟壑区或陕南秦巴山地等地形条件复杂的地区。村落形态上有各种类型，有沿山坡、沟谷线性或树枝状、放射状分布的，也有因地形阻隔多以团块组团分布的。在布局上，陕北榆林、延安的传统村落因为大多地处黄土高原丘陵沟壑区，以窑洞建筑为主，往往高低错落，呈阶梯式布局；陕南秦巴山区因地势落差较大，平地较少，传统村落多依地形，在山坡或河流沟谷等合适的位置选址，呈自由散落式布局。在街巷空间上，同样受地形影响，此类村落的道路往往蜿蜒曲折，沿沟道枝状生长或沿山坡盘旋而上。

表3-8　陕西传统村落的布局基因识别表[①]

序号	村名	村落形态	整体布局	街巷空间
1	铜川市耀州区孙塬村	集中式，方正	紧凑围合，格网式	一纵五横
2	渭南市韩城市党家村	组团式	一村一寨，上村下村，村寨合一	棋盘式格局，丁字形路口
3	榆林市绥德县贺一村	随山就势，线性分布	高低错落，阶梯式布局	街巷多平行于山势，沿沟道枝状生长
4	榆林市佳县神泉村	随山就势，线性分布	高低错落，散落式布局	沿沟道枝状生长或沿山坡盘旋而上
5	榆林市米脂县杨家沟村	组团状和条带状	高低错落，沿沟依山布局	沿沟道枝状生长或沿山坡盘旋而上
6	咸阳市三原县柏社村	组团式	散点式布局	窄而狭长，弯曲不直
7	咸阳市礼泉县袁家村	集中式	布局紧凑，沿主干道布置	东西延伸，主次分明
8	咸阳市永寿县等驾坡村	集中式	纵横向均匀排列，整齐有序	纵横交错的棋盘式格局
9	安康市旬阳县中山村（郭家老院）	散点式	鱼篓状格局	沿河沟，一条道路贯穿
10	渭南市富平县莲湖村	集中式，不规则长方形	紧凑式布局	三主街十巷道，街宽巷窄，丁字形相交
11	渭南市合阳县灵泉村	组团式	一村一寨	东西走向，共5条主要街巷，棋盘式格局

① 本表以前四批中国传统村落名录为研究对象。

续表

序号	村名	村落形态	整体布局	街巷空间
12	渭南市澄城县尧头村	组团式	村寨合一，新旧分离	伞字形
13	榆林市佳县张庄村	随山就势，树枝状分布	高低错落，阶梯状布局	沿沟道枝状生长或沿山坡盘旋而上
14	宝鸡市麟游县万家城村	集中式，方形	布局紧凑，坐北朝南，整齐有序	棋盘式格局
15	渭南市合阳县南长益村	集中式	三面环深沟，进出西面一条道	棋盘式格局
16	渭南市韩城市清水村	集中式	结合地形，布局严谨，格局完整	东西一条主街贯穿
17	延安市黄龙县张峰村	随山就势，线性分布	高低错落	呈直线，较窄
18	汉中市宁强县青木川村	条带状	川字形风水格局	沿河流两岸布置、主次分明
19	榆林市绥德县艾家沟村	随山就势，线性分布	高低错落，阶梯状半月湾布局	道路沿崖壁铺设
20	榆林市绥德县常家沟村	随山就势，线性分布	高低错落，阶梯状布局	沿沟道枝状生长或沿山坡盘旋而上
21	榆林市绥德县郭家沟村	随山就势，组团式	高低错落，阶梯状布局	沿沟道枝状生长或沿山坡盘旋而上
22	榆林市佳县沙坪村	随山就势，线性分布	高低错落，阶梯状布局	依山就势，道路沿河谷铺设
23	榆林市佳县峪口村	集中式	S形太极图布局	依山就势，环形道路
24	榆林市佳县泥河沟村	条带状	以河流、山势为依托，成拱卫之势	依山就势，蜿蜒曲折布置
25	榆林市子洲县张寨村	随山就势，线性分布	高低错落，阶梯状布局	依山就势，道路沿崖壁铺设
26	安康市石泉县长兴村	组团式	依照地形条件，灵活布局	依山就势，自由式蜿蜒曲折
27	安康市紫阳县营梁村	条带状	依山傍水，滨水式布局	因地制宜，依山水之势呈自由式布局
28	安康市旬阳县七里村庙湾村	组团式	八卦形风水布局	蜿蜒曲折
29	安康市旬阳县万福村	组团式	依山势，坐北朝南，灵活布局	依山水之势，中字形

续表

序号	村名	村落形态	整体布局	街巷空间
30	安康市旬阳县湛家湾村	集中式	一村一寨,上中下三湾依地形修建	阡陌纵横,道路曲折蜿蜒
31	西安市蓝田县石船沟村	条带状	随形就势,沿河流布局	沿河流,一条道路贯穿
32	西安市周至县老县城村	组团式	防御城镇格局	T字形
33	咸阳市三原县东里村	集中式	布局严谨,格局规整	棋盘状
34	咸阳市彬县程家川村	集中式	船形布局	三横两纵棋盘状
35	渭南市华县辛村	集中式	长方形沿道路布局	东西向单一主干道路
36	渭南市大荔县大寨村	集中式	紧凑式布局	棋盘式格局
37	渭南市大荔县东高垣村	集中式	紧凑式布局	棋盘式格局
38	渭南市合阳县东宫城村	方形	紧凑式布局	棋盘式格局
39	渭南市蒲城县山西村	集中式,方形	小城堡建筑布局	村庄坐东朝西,东西向干道
40	渭南市韩城市相里堡村	组团式	紧凑式布局	棋盘式格局
41	渭南市韩城市西原村	集中式	紧凑式布局	棋盘式格局
42	渭南市韩城市王峰村	组团式	依地形地势布局	依山就势,自由式蜿蜒曲折
43	渭南市韩城市柳枝村	集中式,方形	紧凑式布局	棋盘式格局
44	渭南市韩城市郭庄砦村	组团式	一村一寨,紧凑式布局	棋盘式格局
45	渭南市韩城市柳村	集中式	村寨合一,紧凑式布局	棋盘式格局
46	渭南市韩城市薛村	组团式	一村三寨,紧凑式布局	棋盘式格局
47	渭南市韩城市张代村	集中式	紧凑式布局	棋盘式格局

续表

序号	村名	村落形态	整体布局	街巷空间
48	延安市宝塔区石村	集中式	依山沿河布局	棋盘式格局
49	延安市子长县安定村	集中式	依山沿河，阶梯状布局	主次分明，东西向沿河流延伸
50	汉中市城固县乐丰村	集中式	紧凑式布局	棋盘式，东南西北四街整齐分明
51	榆林市绥德县虎焉村	随山就势，组团式	散落式布局	沿沟道枝状生长或沿山坡盘旋而上
52	榆林市绥德县梁家甲村	随山就势，线性分布	高低错落，散落式布局	沿沟道枝状生长或沿山坡盘旋而上
53	榆林市米脂县高庙山村	随山就势，线性分布	条带状沿沟分布	沿沟道枝状生长
54	榆林市米脂县桃镇村	随山就势，线性分布	条带状沿河依山分布	沿沟道枝状生长或沿山坡盘旋而上
55	榆林市米脂县黑圪塔村	随山就势，树枝状分布	高低错落，沿沟依山布局	沿沟道枝状生长或沿山坡盘旋而上
56	榆林市米脂县寺沟村	随山就势，树枝状分布	高低错落，沿沟依山布局	沿沟道枝状生长或沿山坡盘旋而上
57	榆林市米脂县岳家岔村	随山就势，线性分布	高低错落，沿沟依山布局	沿沟道枝状生长或沿山坡盘旋而上
58	榆林市米脂县白兴庄村	随山就势，树枝状分布	高低错落，沿沟依山布局	沿沟道枝状生长或沿山坡盘旋而上
59	榆林市米脂县刘家峁村	随山就势，树枝状分布	高低错落，阶梯状布局	沿沟道枝状生长或沿山坡盘旋而上
60	榆林市米脂县镇子湾村	条带状	高低错落，阶梯状布局	丁字形主干道与沿山坡盘旋而上的小道
61	榆林市佳县木头峪村	条带状	依山傍水，布局齐整	井字形
62	榆林市清涧县高杰村	随山就势，放射状	从中心区沿沟线性放射布局	沿沟道枝状生长或沿山坡盘旋而上
63	榆林市子洲县眠虎沟	随山就势，线性分布	高低错落，沿沟依山布局	沿沟道枝状生长或沿山坡盘旋而上
64	安康市汉滨区双柏村	条带状	顺山势，分散分布	一条道路贯穿
65	安康市汉滨区天宝村	散点式	沿沟谷，自由分散分布	依山就势，自由式蜿蜒曲折

续表

序号	村名	村落形态	整体布局	街巷空间
66	安康市汉滨区双桥村	组团式	依照地形，沿沟谷灵活布局	沿河谷一条道路连接各组团
67	安康市汉滨区王庄村	散点式	依照地形，灵活布局	依山就势，自由式蜿蜒曲折
68	安康市汉滨区高山村	组团式	依照地形，灵活布局	依山就势，自由式蜿蜒曲折
69	安康市汉滨区马河村	组团式	依山傍水，沿马河分布	沿沟谷，一条路贯穿
70	安康市旬阳县牛家阴坡村	条带状	顺山势，分散分布	街巷单一，一条道路贯穿
71	商洛市镇安县云镇村	条带状	船形八卦布局	井字形

中国传统村落
文化抢救与研究

文化区系列

Chinese Traditional Villages

第四章

中原传统村落的物质文化景观

第一节
村落选址原则及特征

传统村落传承了丰富的历史文化信息，是人地关系的重要载体，村落作为人地之间的桥梁和载体，总能与周边的地域环境和文化圈层产生良性互动，从自身反映出地域与文化的印迹。中原文化厚重绵长，包容性强，是多种文化交织的发生地，也是整个中国文明区的缩影。传统村落的选址和空间格局呈现着人、村、地三者的关联与互动，中原百姓有着浓重的山水情怀，对环境有着深刻的理解。在实际的村落营建中，先民们始终秉承着一种尊重自然、无为而治的哲学思想，在选址中以"尊重自然，因势利导"为基本原则，以顺应自然的具体方式来适应周边环境和未知世界，寻找最利于生存发展的模式。

村落是人地关系平衡与和谐的综合体现，村落选址是村落与周边环境互动的结果，不仅体现着村落与自然的对话，也体现着文化对自然的呼应。在社会文化因素及自然环境因素的双重影响下，中原传统村落的形成以和谐的人地关系为终极目标，多元的文化、多样的环境造就了多种颇具特色的传统村落选址实践。在处理村落与山水间的关系时，往往以尊重自然、因地制宜为主要原则，同时考虑交通、经济等因素。通常来讲，近山、靠河、地势平坦的地理条件比较适合传统村落的发展。近山便于就地取材、从山中采石伐木，且遇到战乱之时可以暂避山中。村民在考虑村落选址与河流的关系时往往比较谨慎，靠河具有便于灌溉、捕捉鱼虾等生产生活优势，然而易遭遇洪灾，因而在处理与河流关系时，尽量利用河流有利的一面，规避其可能带来灾难的一面，往往选择近水但地势较高的地方作为村落中心，以防止洪水摧毁村庄。概而述之，中原传统村落选址在尊重自然、因势利导主要原则下，根据自然资源、社会条件的不同形成了如下四种模式：

一、背山环水，负阴抱阳

中原地区历史悠久，文化底蕴深厚，在村落选址上深受传统思想影响，中原先民们首选在背靠山、前面水的地方修建村落，即"负阴抱阳"，沿着山势团状或带状展开，与山体有机地融合在一起。部分分布在山谷中的村落，也会考虑谷底河流作为水源地及泄洪通道。山水交融的选址有许多生产、生活及安全防御的优势。从生产生活上来讲，山前的平坦地可以开垦田地进行农业种植，作为粮食的主要来源，山上种植果树、经济作物作为生产及经济来源的补充；水源既能作为饮用水，又能作为灌溉用水，水中的鱼虾还能够作为食物补充。从安全性上来讲，背山环水、负阴抱阳的村落选址能够建立起较强的防御体系，山体和河流是天然的屏障，能够有效阻挡外来侵扰，具有平原村落所不具备的天然屏障优势。

豫南的传统村落选址是此种模式的应用典范。信阳、驻马店等地坐落在大别山和桐柏山两大山脉的北麓，地貌主要以山地为主，水资源也非常丰富，水系以淮河为网络展开，山水交融，山和水是传统村落营建布局、有利发展的前提条件。传统村落分布在这个区域的浅山区、山区与水域交融之处，区域内较大的支流如浉河、竹竿河、白露河、史灌河、沙颍河等水系皆起源于桐柏山、大别山主脊，汇流而下，沿线分布着众多的传统村落。丰富的山水资源为村民的生存发展带来了契机。传统村落依山而建，水流其中，选址在山中的块状地带，能够有效利用山中石块等地域材料进行村落宅院等方面的建设，方便就地取材，同时也可利用山体有利的地形地貌建立安全防御体系。水是村落构景的重要组成部分，村前的坑塘、河流既构筑了村落的水域美景，在功能上又是日常生活取水的重要渠道，构成村落网络化排涝体系的终端。以信阳市新县周河乡的大湾村为例，始建

图 4-1　信阳新县周河乡大湾村

于清康熙年间，山水资源丰富，文化底蕴丰厚，整个村落空间布局合理，体现了天人合一的建筑思想，建筑工艺精湛，村落尚存颇具规模的明清遗存，如张氏焕公祠、大圣庙、观音庙等。

二、沿河盆地，趋利避害

中原文化区有黄河、长江、海河、淮河等流域，沿河面积较大，河岸两侧以带状方式分布着众多的传统村落，此种布局下的传统村落能够有效利用水资源发展水上运输，往往具有商业活力强、经济模式多元化的特点。河流对于村落百姓的生产生活有利亦有弊。有利的一面在于，河流水系有利于农田灌溉和日常生活等，在以前陆路不便之时还可作交通运输之用，在古代水运是重要的交通手段，能够为沿河百姓带来商业价值；同时，河流还可用作安全防御，例如引水入壕就是行之有效的防御体系。有弊的一面在于，河流水源存在隐患，可能带来洪灾等自然灾害。"河南境内之川莫大于河，而境内之险亦莫重于河，境内之患亦莫甚于河。"[1] 因此，沿河地带的传统村落选址总的原则是趋利避害，沿着河流的一侧或者两侧岸线建设村落，顺应河道的走向呈带状或者靠近河流呈现团状，尽可能利用河流有利于生产、生活及通航运输之处，在村落中设置码头、龙王庙等公共设施，同时村落选址尽可能位于较高位置，规避其可能带来的自然灾害。

豫西南的南阳盆地河流资源丰富，处于长江、淮河、黄河三大

---

[1] 顾祖禹.读史方舆纪要[M].上海：商务印书馆，1937.

水系交汇地带，区域内主要为长江的支流丹江、湍水、白河、唐河等，其中荆襄古道水运航程为"中古时代南北天然水运航线上最长最盛者"，淮河的部分流域也能通航，这几条河流如放射状的树枝，最后向南汇集到了一起。目前南阳盆地的传统村落主要分布在一些山中官道、河流沿线，以及陆上交通与水运交通的聚集处。该区雨水充沛，日照时间长，气候资源非常有利于农作物的生长，适宜以农耕文明为基础的传统村落生长、发展。同时，由于该区水系资源丰富，水运航线几乎辐射到了南阳各个角落，水运交通以丹江、唐河、白河、湍水为基础形成，对外交通发达，来往流动性比较大，促进文化的交流和融合，形成了依附于水运航线、开放商业为主导的村落。除此之外，一些著名的陆上交通沿线也分布着村落，比较著名的有方城道、三鸦路、武关道、宛郧道、东南道等，如"三鸦路，在今南阳府北及汝州之南，中有石山、鲤鱼山、拓禽山，即行人往来趋西洛之便路也"，[①] 三鸦路向北通洛阳，方城道向东北直通郑州、开封汴梁，这形成了一条帝都的沿线脉络，而与之相联系的向南的体系脉络，在汉代就已经确立下来，从长安向南，经南阳、南郡、长沙、桂阳诸郡而至南海郡。

　　沿河盆地地势较低，往往选择近路、靠山、近水的地方营建村落。村落选址首先考虑陆运、水运交通因素，交通要道上往往分布着传统村落。村落大多聚集在一些重要的集镇、官道、驿站、水岸码头等位置。同时，沿河盆地与河流、山体结合紧密，河流既可以担负水运运输功能，又可以解决村落的灌溉和人畜饮水问题，却也面临着洪灾的风险，因此村落选址时也考虑如何利用地形地貌特点

---

① 顾祖禹. 读史方舆纪要[M]. 上海：商务印书馆，1937.

及地域材料以趋利避害，营建村落时注重村落防洪、防水的处理，往往选择靠山而建，选择细碎石头进行房屋营建，外侧糊泥饰面，便于遭遇洪灾时暂居山中避难。

沿河盆地传统村落的选址类型主要有两类：第一类是位于山中的阶梯地带，顺应着山势以带形或者团状的形状展开，利用山中小块平坦地带进行村落营建，与山体有机地结合在一起，其典型代表有南阳的吴垭村、杏山村、土地岭村、转角石村等。"垭"在当地就是指两山之间谷地中较高、较平坦的区域，吴垭村四面环山，坐落在山中的垭口上，背靠着平缓的山体，房屋多取材石头。

图 4-2 吴垭石头村

图 4-3
邮票上的荆紫关镇

第二类是位于沿河地带呈带状或团状而建，沿河村落依靠河运，商业发展相对较快，村落的空间布局及功能也随之而变，其典型代表有河南淅川荆紫关镇的中街村、南街村，邓州市构林镇的古村等，其中荆紫关镇的中街村、南街村、北街村三个村子，分别对应着紧邻丹江上、中、下游的三个码头，曾在清代形成了一条六百米长的商业内街，临街商铺、会馆、庙宇等建筑类型丰富，商业规模达到巅峰。

三、黄土塬上，窑居风格

中原文化区的西部包括关中、晋南、豫西等地区，该区长期干旱少雨，地形地貌复杂多样，以黄土塬最为典型，长期风化腐蚀，村落往往布局在黄土塬的阶梯台地上，形成了地坑院、窑房院、靠崖窑院村落等颇具特色的村落类型。这类村落的选址优势在于黄土塬上地形平坦利于村落的建设，塬上四周落差大，阶梯性清晰，能够建立起完善的防御体系，且可利用黄土的直立性特征挖掘窑洞融入宅院中。不过，这种地形地貌的村落选址劣势也很明显，窑洞颇具特色，但上下搬运困难、灰尘较多，现在许多窑洞已经坍塌或修建成观赏景观而不再作百姓居住之用。而且，由于降雨稀少，村落选址会尽量靠近水源，解决灌溉及日常生活用水问题，而当村落由于建设用地缺乏及水资源缺乏无法容纳更多的人口时，就只能择址另建新村。

黄土塬区的村落选址主要遵循便利、安全原则。具体而言，村落会选择近水、近路、居高、向阳、近城之地。第一，由于雨水稀少，村落会尽量择水而居，以解决灌溉、生活用水问题，例如在伊水、洛水交汇处的平坦地带，散布着大量的村落；第二，村落选址尽量近路，指邻近官道，以便于发展商运经济，无论水运官道或陆运官道，均是村落的重要选址地，良好的交通能够为村落的生存发展带来诸多便利条件；第三，村落往往选址于地势较高的塬上或山前高地等，尽量接近川、塬等区域；第四，村落选址于向阳地带，分布于山南，而不会选址于山北阴影区域；第五，村落往往选址于近城的地方，靠近主城区的平坦区域是村落分布最为密集的区域。黄土塬区的村民会根据地形地貌巧妙地选址以利于生存、生产和生活。陕西的黄土塬主要分布在咸阳市北部大部分地区、宝鸡市麟游北部以及南部部分地区和铜川市王益区等部分地区。河南的黄土塬主要分布在洛阳、三门峡等地。一种是地坑院村落，位于黄土塬的台地上，主要集中于陕州区、灵宝一带，此种村落空间分布均匀，黄土直立性好，窑洞成为主要的居住类型，村落中随处可见窑洞的身影，例如庙上村、刘寺村等。另外一种位于小块黄土塬上，在选

图 4-4　庙上村

图 4-5
杨公村

址时会考虑利用塬与周边环境的情况，建立防御屏障，例如杨公村、城村村等。

四、平原地带，网络布局

中原文化区的平原地区主要分布在豫中、豫北、豫西南、渭南中部等地区。在生产力、生产工具等处于非常低下的状态下，百姓选择村落时会对自然环境有着更高的依赖，会更多地考虑村落与山势、水系的关系。平原地带的村落一般会选择近山、靠河、地势平坦等地，以便适宜生产力低下的村落生存。村落选址过程是生产力不断提升的过程，体现着百姓适应环境能力的逐步提高。史前村落选址中出现了从山内到山前再到平原地带的转移过程，围绕山体是最初级、最容易生存下来的一个潜在条件，后来逐渐向沿河谷地及平原地带转移。平原地带的村落选址一般受到海拔高度、坡度、与河流的距离、气候条件、土壤条件等方面的影响，例如海拔高度在500米以下为宜，距离河流以500米以内为宜，坡度越小越平坦的地方越适宜生产生活。

豫中平原地区的传统村落主要位于环嵩山地域带中，主要有两种聚居地。一种是山口冲积平原，处于距离山体近、靠近河流的山口冲积平原和浅山区，包括郏县、宝丰一带的北汝河冲积平原以及郑州的巩义、上街一带，如山头赵村、冢王南村等。这类传统村落规模较大，人口较多，周边耕地面积大，靠近山体又距离山体有一定距离，地势平坦；另外一种是地势平坦开阔、无山可依的豫东黄淮平原区，然而由于受到"黄河夺淮"洪水的影响，该区域的传统村落空间格局不够完整,加之城镇化的影响,即便有些宅院保留下来,其传统空间价值也十分有限,例如漯河的裴城村,其浓缩了黄淮平原地区传统村落选址的典型特征,选址在地势较高的地带以免遭洪水影响,村中以村中心十字街最高,十字街与村口处的高差在3米以上。

平原地区村落选址的另一个重要影响因素是交通网络。传统村落选址还会考虑交通条件,多选择在官道或相对繁华的区域,有些村落本身就是官道的一部分,分布着会馆、驿站等建筑。登封西南侧的大金店就是官道沿线中的一处重要驿站,是许昌到洛阳官道沿

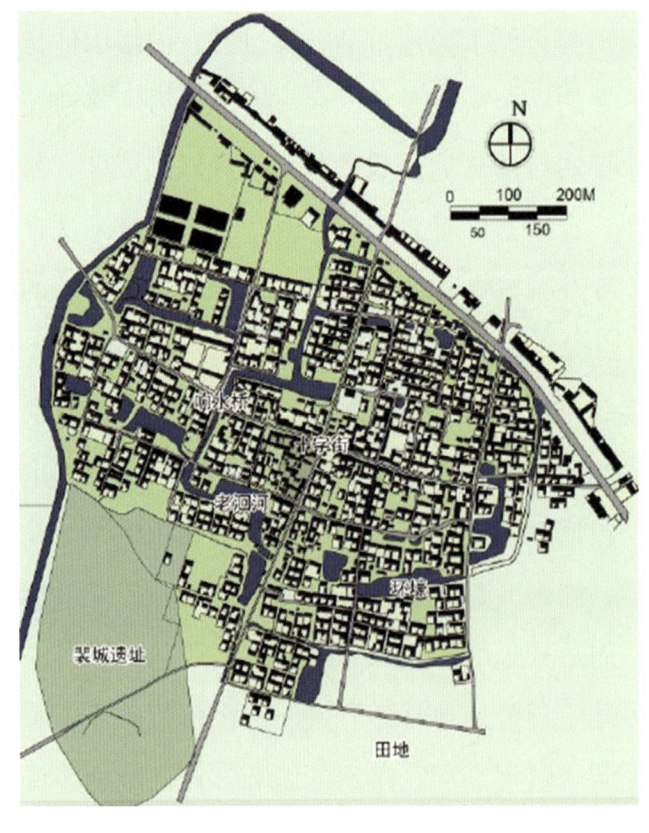

图 4-6
裴城村选址

线的重要节点，该官道串联了金中、金西、金东三个村子，呈带状分布，街道两侧布满了商业设施以及大型宅院，商业氛围浓郁。另一典型案例是位于平顶山市汝州市蟒川镇东南 5 千米的半扎村，位于两山中间的平坦洼地上，"半扎"的意思即为半途驻歇之地，曾是襄洛官道上的一处村落，现在的村落尚存山陕会馆、关帝庙、戏台等食宿娱乐设施。

渭南中部的关中平原面积约 1.17 万平方千米，属于渭河干支流的冲积和黄土的沉积形成的富饶的平原地带，包括宝鸡中部地区、咸

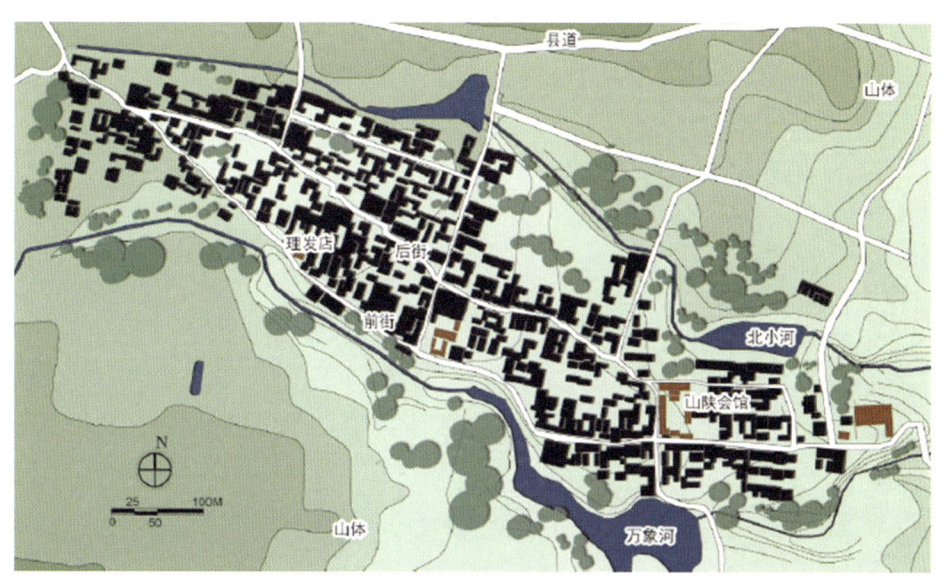

图 4-7 半扎村空间格局①

---

① 摘自《半扎村保护规划》。

阳南部地区、西安北部地区以及渭南的中部地区。关中地区早在远古时期已有了"穴居"聚落沿渭河流域分布,气候、地势、土地资源等优良条件使该区成为传统村落聚集的绝佳之地,加之古老文明的影响,该区的平原型村落选址遵循尊重自然、善于就水、重于靠田、四乡开路、路网密集的原则。位于西安市长安区子午街道办事处南部的秦岭山脚下的南豆角村是该种类型村落的典型代表,其距西安市中心45千米,地处渭河三级阶地之上,是从关中进入子午古道的最后一个村庄,南北旅客很多都要在此歇脚,因此也被称为"守住子午道北口的千年古村"。

图 4-8　南豆角村

第二节
空间格局与空间类型

　　传统村落是中国五千年农耕文明活态的人文硕果，村落空间融合了物质文化遗产和非物质文化遗产因素。村落空间形态是村落生产过程中所呈现出的整体性空间表现形式，包含一个村落的全面实体组成、实体环境以及各类活动的空间载体，可分为有形部分和无形部分。有形部分反映着村落的物质形态，包括村落的选址格局、街巷空间、院落空间等，无形部分意指村落的社会、文化等各要素的空间分布形式。其中，传统村落有形的物质空间是无形形态的外在表现形式。换言之，村落的空间形态具有物质性和精神性的双重属性。一方面，村落的空间是切切实实存在的，宅院、街巷、村落的公共活动场所等，它们都有着围合界面、空间尺度等；另一方面，空间的尺度、材料和界面的不同会带来心理上的差异，即便对于同一村落空间形态，不同人群也会产生不同的精神感受，形成差异化的空间感知。

　　中原文化区地处中原腹地，历史文化厚重绵长，地质地貌类型丰富，孕育了空间形态种类众多的传统村落，例如窑洞式村落、石板房村落、堡寨式村落等，村落中的整体风貌、民居建筑、布局形态、街巷风貌丰富多样。根据村落选址及其空间特征，中原传统村落的空间格局主要有带状、环状、团状三种类型。

一、空间格局

（一）带状格局

村落的空间布局反映出人们营建村落时对自然环境、社会环境、经济发展环境的适应方式，具有独特的地域性，中原文化区的传统村落以带状分布较为常见，与环境融合，整体感强。带状分布的村落空间布局具有如下特征：第一，村落沿着山中谷地一字形展开，整体形态呈带状，例如一条街巷从头串联至村尾，村落公共建筑沿街分布，承担主要公共活动；第二，村落依附官道、河流而存在，或以

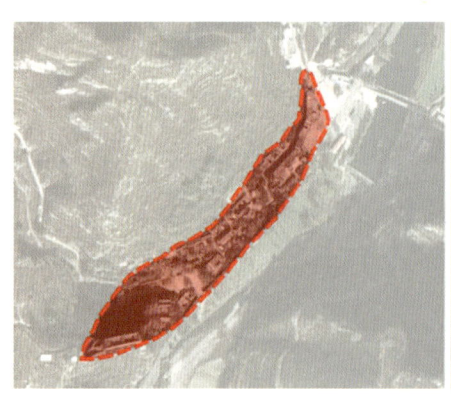 

图4-9　九渡村带状格局①

---

① 张孟辉.豫北焦作市太行山地区传统村落空间形态探研[D].郑州：中原工学院，2019.

官道、河流为边界，内部主街巷与官道平行布局或合二为一，宅院紧凑地分布在街道两侧；第三，村落中心区并不明显，仅从形态上无法辨别出村落中心所处位置。带状村落一般会沿着河流、古道进行线性舒展，前提是河流与古道较为平直，无曲折，村落分布的整体形态呈现出典型的条带状，例如豫北的九渡村，村落沿着丹河峡谷，受丹河河道的限制，形成了典型的带状形态，南北跨度较大，并向西侧蔓延至山体之上。

河南信阳新县周河乡东北部的毛铺村即为依靠河流而建的带状村落，淮河重要支流白露河从南至北穿村而过，汉潢古道贯穿村落

图 4-10　毛铺村

形成一条长达600米、宽约50米的民居古建，十几座宅院并联在一起沿古道、河流而建。信阳市光山县文殊乡的东岳村也属于带状分布的典型代表村落，东岳河流穿村而过，一条古商道如中轴线一样纵贯村境，古道与民居间有大面积的水塘相隔，民居宅院沿古道呈现出清晰的带状分布，水塘也呈带状分布，古官道、水塘、村落平行布局，呈现出有序的带状格局。除此之外，还有豫北的一斗水村，原是清口官道上的一个著名驿站，后来逐步发展演变成一个村落，其空间结构呈现出典型的带状格局。

图4-11 东岳村

（二）环状格局

环状格局下的村落常见于浅山区，村落环绕着山麓、湖塘等现状环境要素来布局，并以山体、水面等环境要素为中心呈现出半圆状或环状，村落街巷分主街巷与支巷，空间结构以"主街巷—次街巷—巷道—院落"呈现出"一字鱼骨形"环状层层相连。环状格局下的村落具有三个特征：第一，村落与山体、水塘等形成清晰的边界，村落主要的界面以此环绕来展开，例如村前有池塘，沿着水塘四周是进入村落的主街巷道路；第二，村落在空间上根据山体的走向、地形地貌特征呈现出半圆状来布局，村落整体形态往往沿着河流与山丘间的平缓地带延伸发展，村落空间被挤压在山体前的有限生存空间里，对山体形成半包围的态势；第三，村落并无明显的中心，尽管村落也可能有祠堂之类的公共建筑，但这些公共建筑并不居于村落中心区域，村落整体上往往以山体或山体前的平坦区域或村前水塘等自然要素为中心来布局。

环状格局的村落典型为信阳商城县冯店乡的四楼湾，从村落入口处空间—主巷道—村落大门—次要巷道—院落呈现出鱼骨形环状格局。另一典型村落是新县丁李湾村，村落建筑环绕村中水塘北岸呈弧形，呈现出月牙形布局。

（三）团状格局

团状格局下的村落在整体形态上往往非常紧凑，呈现出近似圆形的形态特征，是平原型村落空间分布的典型格局。团状村落尽管与周边山水等环境充分结合，但其自身具有较强的内向性，村落或

图 4-12　四楼湾

图 4-13　李湾村鱼骨形村落空间格局[①]

---

① 张东. 中原地区传统村落空间形态研究[D]. 广州：华南理工大学，2015.

村落核心街坊就像一个完整家族的宅院,村落内部街巷等空间紧凑布局,空间层次多为"村落广场—入口空间—院落",层级清晰,入口空间中心感强,村落公共广场、街巷、院落等串联在一起,形成团状聚落格局。

团状格局下的村落空间具有如下特征:第一,村落中心感强,宗祠、庙宇等公共建筑居于村落中心,道路系统比较规整,往往是横平竖直的"十"字形或"井"字形骨架体系;第二,村落用地规模、人口规模往往较大,村落具有内向性布局特征,内部空间体系完备,空间层级划分非常清晰,且紧凑地布置在一起,街巷院落化,联系着宅院、祠堂、庙宇等不同的村落物质实体,便于形成抵御外患的强大态势,且村落与耕地间具有较好的位置对应关系;第三,村落内部功能片区紧凑而富有秩序,村落空间布局呈现出家族式布局特征,每个片区往往是由血缘宗亲较近的家族组合而成,各个功能组团之间由道路网络分割,甚至整个村落就是一座大的院落,尽管内部也是一户一院,但院落之间相通或只是象征性地分开而不互相侵扰,体现出完整、系统性的空间格局。

团状格局下的典型村落有许多,例如位于河南焦作山阳区的寨卜昌村就是平原型团状格局村落的典型,村落公共建筑及民居紧凑、规则地分布在一起;河南信阳罗山县的何家冲村也是团状格局村落的典型代表,是何姓家族在明嘉靖初年始建、清光绪年间又扩建的村落,整个村落只有一个大门能够进入,村落内部虽然也是一户一院,但是每户院落之间没有完全封闭,只是有着象征性的分割或者高差变化,院落之间首尾相应、左右相连相通而又不侵扰。

图 4-14
寨卜昌村

陕西西安长安区子午街道办事处南部、秦岭山脚下的南豆角村是关中平原地区团状村落的典型代表，是从关中进入子午古道的最后一个村庄，村落空间兼具防御与生产双重功能，村落内聚性十分明显，公共服务设施布置在村落内部，其空间范围及布局深受农业生产的耕作半径影响，耕地围绕城外布置，合理的耕作半径形成了最大面积的耕作区域，整个村落呈现出村落、城墙、耕地圈层式布置的空间格局。陕西万家城村坐落于丘陵半腰的向阳坡面上，厚厚的黄土沉积为生产以及生活提供了良好的物质基础，整个村落呈西高东低的团状，村内现存的公共服务设施如学校、卫生室等均位于村落入口处，村民居于村落中心区域，房屋布局呈现街区型特征，边缘受地形影响不规则，但整个村落呈现出团状集聚形态。

第四章 | 中原传统村落的物质文化景观

图 4-15
南豆角村

图 4-16
万家城村村落
空间格局图

二、空间类型

传统村落中的建筑主要分为公共建筑与私人建筑。传统村落的公共建筑布局于村落公共空间中，无法独立于公共空间而存在，且很大程度上受到了公共空间布局方式的影响，公共建筑的建造往往受制于村民对公共空间的认知。公共空间具有两种表达形式：一种是物质空间，即实体空间，如建筑大小、体量、造型等；另一种是感知空间，即虚体空间，如人们对建筑所产生的感受，如高大与小巧、宏伟与渺小、开放与封闭等。建筑的外部形态由外门窗、墙体、屋面、屋檐、台阶以及周边环境等要素组成，其所表达的空间关系由其造型和组织所呈现的结构关系决定。

传统公共建筑主要包括以祠堂、庙宇等为代表的宗教建筑，以戏台为代表的演艺建筑，门楼、牌坊等地标建筑，以井房、涝池为代表的生产生活服务建筑，以城墙为代表的防御建筑。传统村落的物质性公共空间主要由点状空间、线状空间和面状空间所构成，三者结合构成了村落完整的公共空间体系。

（一）点状空间

点状空间指的是村落的中心点、临界点等所限定出来的空间区域。简单来讲，点状空间就是人们活动、交流和休闲的场所，通常具有领域感和标识性功能，有的还具有划分内外的边界作用。一般而言，点状空间具有一定的凝聚力、辐射力和影响力。"点"具有凝聚村民的作用，指的是祠堂、中心广场、庙宇、宅院、古井、百年古树等，是村民愿意前往的地方，无论从地理位置还是心理地图上而言，都能够统领村落，是"集体无意识场所精神的体现"。王昀认为"在聚落中心一般都分布着具有公共意义的建筑物，如寺院、广场、村长的家、水井等"，这些公共建筑往往凝聚人心，呈现着村民对村落的认同感。张玉坤认为，"空间的中心是从外部来体验的，通过对象的反射，人才有自我意识和知觉，这个对象也就是中心"。例如，庙宇就是中原文化区村落中的神性中心，聚集着大量祈福祈愿的村民。陈志华分析了庙宇作为村落公共空间中的点状空间的三个原因：第一，庙宇香火旺盛，在村民居住区容易引起火灾；第二，庙宇人流量大，且往往有戏台，在居住区会影响村民日常生活；第三，风水因素。另外，水井也是点状空间，且往往作为情报中心会聚村民。

1. 宗祠

在中原传统村落中，宗祠往往是村落重要的公共活动中心，是乡土建筑汇总的礼制性建筑，其地位无可比拟。宗祠的建筑形制和体量大小均可以体现出其在村落中的重要性，同时宗祠也是村民眼中的宗族中心。村落内的祭祀、红白喜事、宗族内部决策等重大事项往往也都在宗祠内部举行，宗祠几乎是各种重要活动的举办场所。同时，宗祠并非孤立存在，旁边往往有小型广场、戏台、绣楼等。

图 4-17
党家祠堂

陕西灵泉村党家祠堂和河南郑州方顶村方氏祠堂都属于村落大姓的祠堂，方顶村的方氏祠堂坐落于整个村落最高的村口处。

需要提及的是，近年来，随着城镇化的快速发展，许多传统建筑、民居随之改造，然而，祠堂作为维系乡愁的重要载体却往往被重修或修复，足见其具有重要的群众基础。例如郑州市金水区呆村宋氏宗祠的建设在村子拆除前就被提上了村委会的议事日程，根据《呆村村志》的记载，该祠堂是一座典型的中式坡顶建筑，初建于1822年，后在呆村拆迁改造过程中被拆除，并先后于1989年、2013年重修。

2. 戏台

中原传统村落的戏台往往不是孤立存在的，通常设置于宗祠、庙宇入口处或附近，是古典戏曲文化的传承空间。戏台一方面用于村民祈福、庆祝时的表演，另一方面用于村民世俗生活娱乐的表演。

图 4-18
宋氏宗祠

河南焦作修武县北部太行深山区的一斗水村和双庙村中，都出现了在庙宇的入口设置戏台的现象，借助内部院落空间形成了观演空间。村民在特定的祭祀节日里，会搭台唱戏，祈求风调雨顺，五谷丰登。山西村落的戏台比较特别，除了设置在祠堂、庙宇附近外，还设置于各地的晋商会馆中，有的晋商家族在自己的庭院里还备有专门的戏台以供家人或族人随时赏戏，例如在榆次常家大院、太谷县曹家大院、祁县渠家大院等豪宅大院里仍留存着戏台。

在传统时代，由于村民的娱乐方式比较少，戏曲演出往往会聚集全村村民前来观看，甚至临近村落的村民也会被吸引而来，所以戏台前会有一个宽广的广场空间用来容纳前来观看演出的村民。然而，随着时代发展，满足人们精神文化需求的媒介越来越多，娱乐方式也愈来愈丰富，戏台也就随之衰落了，现存戏台已寥寥无几，往往作为纪念性空间而存在，河南鹤壁盘石头村的戏台即为此种情况。

图 4-19
祁县渠家大院戏台

图 4-20
盘石头村戏台

图 4-21
孙塬村戏台

图 4-22
灵泉村戏台

陕西铜川孙塬镇孙塬村的戏台是保存比较完好的一个，位于老村的入口处。经过后世的修整，基本上保持了原有的形式和规模，戏台前还有一个中型广场。陕西灵泉村也保留了较为完整的戏台。山西寿阳县宗艾镇下洲村的古戏台现位于村民委员会的院落里。

3. 牌坊

牌坊俗称"牌楼""门楼"，起源自古代的里坊门，是为表彰功勋、科第、德政以及忠孝节义所立的建筑物。牌坊放置的位置较多，村落入口处的牌坊主要用以标明地名，宫观寺庙以牌坊作为山门，也有些牌坊置于祠堂前，属于祠堂附属物，用以昭示家族先人的高尚美德和丰功伟绩，兼有祭祖的功能。中原传统村落中现存的牌坊绝大多数是当代重建建筑，或是仿建建筑，历史遗留下来的牌坊少之又少。即便是后世重建或仿建的牌坊，仍然起到一种标识地名、歌功颂德、崇尚美德的作用。

河南漯河裴城村的南北大街南半段有两处牌坊，分别为节孝坊、忠义坊，牌坊上的石刻匾额上有"皇恩""圣旨"字样，这两道牌坊是为表彰村中彭王氏的贞节而设，节孝坊两侧有对联"万代垂铭教，千载抚纲常"，村中也一直传承了讲忠义、守孝道的优良传统。陕西韩城党家村入口处的牌坊是按照历史资料重建的，其布局位置与历史上的牌坊位置已经有所不同，但其形制和选址却是遵循古制，建筑式样符合关中大部分牌坊的重檐歇山顶风格，与村落

图 4-23
裴城村牌坊

图 4-24
党家村牌坊

图 4-25
下洲村牌坊

图 4-26
丁村牌坊

风貌和景观特色比较一致，不仅标明了地界，也为村落景观增添了独特的元素。山西寿阳宗艾镇下洲村的牌坊属于石质牌坊，前置两头石狮，庄严肃穆，而襄汾县丁村的牌坊则凸显了独特而复杂的建筑式样。陕西富平县莲湖村文庙前的牌坊是文庙建筑序列的起始点，前置红色栏杆，体现了文庙内外空间的分界线，其标志十分强烈而显眼。

4. 水井

中原地区降水量小，河流较少，且多为季节性浅河道，凿井成为人们生产、生活用水的主要水源。中原地区的水井制度凸显了特色鲜明的地缘关系，在建构社区空间、规定社会秩序、管理社区人口、营造公共空间、影响村际关系等方面均发挥着重要作用。可以说，水井是中原文化区村落发展中的一个革命性元素，使村落能够脱离河流而单独存在。

历史上，水井是人们日常生活中必不可少的重要节点空间，和人的生活息息相关。有的村落甚至以水井作为村落中心，水井位置往往又比较隐蔽，外界不能轻易找到。河南登封卢店镇刘家沟村的一口古井就隐匿于街巷中，虽然现已干涸，但村民仍然十分珍视这口古井，在街巷中间为其单独留下空间，对应一条窄窄的巷道，本村百姓熟知古井位置，而外来的人则需要深入村落内部、仔细寻觅才能发现这口古井，当地村民认为这样的布局主要是考虑到全村饮水的安全。

在中原地区，传统村落中的水井不仅数量众多，而且是村里重要的公共空间节点，有的村落井房里还供奉有神仙。村民对用水问题高度重视，民间也保存了大量的井、池、渠等碑刻，也为我们理解村落水井制度及文化提供了丰富的资料来源。陕西韩城市党家村的井房有13个，分布于村内的各个角落，为村民的日常生活提供了

图4-27
党家村水井

许多便利。党家村最大、最长、最老的四合院"双旗杆院"旁边凿于元代的水井,深度约 15 米,据说这口井的历史比党家村建村史还要悠久,是为灌溉农田而修建,后来成为村民的饮水井。

(二)线状空间

线状空间主要是指村落中街巷、道路、村墙、水渠、河流等沿线空间,主要承担着交通、交往、联络、商业、日常活动等功能,是村落的空间骨架。线状空间是村民流动及社交的主要载体,是组织村落活动、道路交通的物理空间。不少村落内还建有村墙,村墙一方面承担着防御功能,另一方面也是村民活动的地方。线状空间中的道路是村民日常生活及邻里交往的重要空间。作为公共空间,线状空间约束着人们的行为规范,体现着道德观念,是一道限制性红线。人们建造自家宅院时会根据街巷界面自觉选择退让,不会多侵占街巷空间,遵守约定俗成的规矩。

1. 街巷

街巷是线状空间的主要组成部分,作为村落空间的骨架,关联着村口、宅院、庙宇、宗祠等一系列节点空间,既是村落内部的交通空间,也是人们生活的公共空间,同时还具有引导风向、分隔住区、安全防范的作用。根据宽窄,道路可分为街和巷,人们对其使用频繁,几乎每天都会走出家门,进入街巷,去田间地头或者其他地方。中原文化区的村落街巷取材多种多样,有的是麻石或者鹅卵石,也有的是泥土路,还有的村落现在铺设了水泥路面,生活便利了,却失去了村落的传统韵味。从村落规模来看,在较小型的村落里，街巷通常是村民日常聊天、活动散心的场所；而在较大型的村落里，街巷则表现出其公共性的特点，可能是祠堂、庙宇的集中之地，也可能是作为过境道路使用。

街巷空间受地形地貌及村落空间格局影响较大。中原文化区地貌较为复杂，既有山水、黄土塬，又有平原、盆地，一般而言，村落的街巷以"十"字形或"井"字形为主，然而许多村落的街巷也并非垂直通畅，而是较为曲折蜿蜒，且有些地方街巷比较狭窄，形成了多样化的线状街巷空间，空间层次及尺度都很丰富。有的街巷与宅院杂糅在一起，没有明显的界线，例如豫南的街巷具有院落化的特点，街巷与院落间没有明显边界，而整个村落像个大宅院一样，村民相处得非常融洽，农忙季节的早饭阶段，家家户户都会敞开大门，村民或做饭、收拾家务、整理农具，或坐在大门口吃饭聊天。

中原地区受到战事影响，不少村落为了抵御外敌而将街巷设置得比较狭窄，空间转换节点也较多。例如，豫中平原型村落临沣寨中的街巷类型较多，巷道系统中有许多单向支巷和窄巷，有的仅有一人之宽，具有较好的防御性，而有的街巷则设置自然，通达性较强，构成村民日常交流、交往的流动空间；豫西的三门峡灵宝尹庄镇杨公村位于独立的一块塬上，四周都是峭壁，村内街巷空间很窄，只有一条窄道与外界联系，宽度也不过两三米。

第四章 中原传统村落的物质文化景观

图 4-28　山西吕梁西湾村（左一）、
晋中许村（右上）、临汾丁村（右下）街巷

图 4-29　陕西韩城党家村街巷

图 4-30　河南三门峡杨公村黄土塬街巷

2. 村墙

中原文化区从古至今经常处于征战中，许多村落为了防御劫匪而筑有城墙，一方面是作为隔绝内外的界面，另一方面也给人一种坚固的安全感和内向封闭的空间感。随着时代的变迁，村墙早已不再因防御功能而存在，然而其所标记的历史印痕、传统气息往往引起当代人的缅怀遐思，承载着"乡愁"。堡寨聚落是一种典型的防御性村落聚落形式，其主要特征为村落外围环绕墙体，村落功能为防御外敌或战争，曾经在黄河流域的村落中大量分布着，考察山西县志村落统计数据可知，清雍正年间的《山西通志》记载宁武有43个堡，嘉庆年间的《介休县志》记载了 39 个堡和 9 个寨，《偏关县志》有老营堡、华林堡等 19 个堡寨。如今，虽然这些堡寨多数已经消逝、损毁，但在中原文化区的部分地方仍有少量存有村墙的村落，成为一道独特的线状空间风景。

陕西的许多村落都有村墙，如合阳县灵泉村、富平县莲湖村、铜川市孙塬镇孙塬村等，其中灵泉村的村墙相对来说保存最为完整，其村墙三面都是沟壑，只有西南一侧为平原地带，建筑村墙后，十分有利于对匪患的防御。豫中地区村落的边界多为人工修建的环壕和寨墙，往往是挖好环壕之后从壕内取土营建寨墙，几乎每个平原村落都可看到环壕和寨墙，环壕结合寨墙是最有利的防御工事，也往往是平原村落建立的第一道防线。河南平顶山郏县堂街镇临沣寨的村墙较为典型，根据资料记

图 4-31　河南平顶山郏县堂街镇临沣寨的红石寨墙

载，寨墙大约6.7米高，共由38层红石块砌筑而成。采用外石内土的结构，底宽5米、顶宽3米、外侧宽60厘米的墙，用长60厘米、厚15厘米左右的红石块砌成，石块间用白灰勾缝，石头全部采集于东侧的紫云山，内侧全部由取自寨河的土夯实而成；临沣寨的寨墙非常显著而且保留完整，墙面凹凸不平但有很强的雕塑感，寨墙外侧向内有点收分，寨墙与环壕一起形成了划分村落内外的边界，共同镇守、保卫着村落的安全。

山西临县西湾村下临湫水、上依绝壁，形势险峻，村落的主体部分建在两座石山中间。村落建筑坐落于30度的斜坡上，整个村

图 4-32 山西临县西湾村"壁垒式"聚落

落由五条南北走向的竖巷分隔开，寓意为五行金、木、水、火、土，代表着陈氏家族的五个支系，且各个支系的人分别依这五条巷子聚居，每条竖巷里的宅院都可以互相贯通，只要进入一座院落，即可走遍全村，是村民血缘关系的空间体现。而且，这种设计也主要为了安全和防御外敌，一旦村子有突发事件发生，村民可快速地集体转移和防御。村落外围曾建有村墙，现已塌毁，巷子两侧建有石头护墙，整个村子犹如一座壁垒森严的堡垒，折射出村民对外防御、对内聚合向心的传统心态。

（三）面状空间

村落的面状空间是相对点状、线状空间更大的公共性开敞空间。中原传统村落在其生长中形成的面状空间种类有限，一种是以地坑院为主要民居的村落在地表上所形成的平面空间，由于地坑院位居地面以下，在地面上便形成了大片的面状空间，然而这样的空间没有秩序性和方向性，相对均质而没有边界，也难以形成强有力的会聚中心；另一种是村落中面积较大的开敞性公共空间，没有建筑的主导但边界清晰，承担着某些功能，如晒场、广场等，往往聚集大量村民而成为较强的会聚中心。

1. 地坑院村落地表空间

地坑院村落具有"进村不见房，闻声不见人"的特点，地坑院建于地面以下，院落周边仅建有高出地面二三十厘米的矮墙，地坑院之间相距10—15米，整个村落在地表形成了一个巨大的平面空间，地面建筑较少，只是通过种植槐树、梨树、榆树、石榴树等进行空间点

图 4-33　河南三门峡陕州区张汴乡北营村

缀。村民在地表空间可以自由行动，然而由于村民家里的婚丧嫁娶等仪式都在自家地坑院中进行，地坑院落之间相互联系较少，因此地表空间没有明确中心，会聚村民的空间感染力也较小。

2. 晒场

对于以农业为主要产业的农村来说，晒场用于加工粮食作物，是非常重要的生产场地。中原传统村落中晒场的类型较多，以前多用夯实泥土作为平整场地的材料，随着时代的

图 4-34　晒场

进步，现在的大多数晒场用水泥来作为场地平整材料。同时，由于粮食加工方式多样，未必都需要经过晾晒，许多晒场也兼做村落广场使用，也有将村内的学校操场或者戏台广场作为晒场使用的，没有严格的限定。

3. 广场

村落广场承担着举办公共活动、日常社交的功能，具有较强的凝聚力，属于重要的面状空间。村落广场通常由空地广场空间和道路交叉口空间两部分组成。空地广场面积相对较大，或者在宗祠、庙宇、戏台等点状空间附近形成，或者在村落入口处形成，民俗节庆庆祝、婚丧嫁娶等村落公共活动一般在这些空地广场举办。道路交叉口空间以"丁"字交叉口为主，"十"字交叉口数量相对较少，村民常常聚在此休憩、聊天，是公共邻里活动的常用场地。

图 4-35
陕西党家村涝池

4. 涝池

涝池有利于储水,在干旱地区的传统村落中涝池的开凿比较普遍,且在一定程度上对村落建筑的布局有影响。中原传统村落选址以依山傍水为佳,在缺水的地方开凿涝池可弥补缺水的遗憾,暗合风水布局理念。在重要建筑前开凿涝池,也有风水含义,例如陕西党家村上寨的涝池与神庙相连之处是党家祠堂,其布局正是背山面水的风水局。

三、宅院空间

中原文化区的宅院以四合院为主,同时受自然条件的影响形成了类型多样的宅院。受中原主流文化影响,中原大部分地区传统村落的宅院比较注重礼制，中轴对称，重装饰，宅院中各种房间功能模式相对比较固定。在皇家、官式影响下，宅院空间无论是界面、庭园布置及装饰都非常精致，村落普通宅院达不到皇家、官式或富商大院的考究程度，但在整体布局、装饰、文字、木雕、砖雕、石雕等方面也非常重视，力图做到精美、雅致。同时，又受各区域自然环境及人文因素影响，许多地方形成具有典型地域特色的宅院，如合院、地坑院、窑房院、垒石院、竹木房等。

（一）合院

中原地区的宅院以三合院、四合院为主，传统院落多为狭长院落和多进院。合院受中原传统礼制文化影响较大，层级分明，以四合院为例，主要有正房、东西厢房、耳房、倒座房、后罩房合围成"口"字形状。正房一般坐北朝南，是四合院中地位最高的房间，在房屋高度、深度、面积等方面都比其他房子高大。正房一般为三间，中间供放家里的祖宗牌位，按照长幼尊卑和以左为尊的传统习俗，祖父母住在左侧即东侧正房，父母住西侧正房。东西厢房的房顶高度比正房矮，由子辈居住，东厢房住年长的子辈而西厢房住年幼的子辈。正房和厢房都可以有耳房，耳房地位不高，儿子有了后辈可以居住耳房。倒座房是四合院最南端的房子，采光差，一般是仆人居住，后罩房与倒座房相对，但相对隐蔽，一般也由仆人居住。耳房、倒座房和后罩房，都是既可以住人也可以放东西。

中原地区还广泛分布着以商业为主导的"前店后院"式四合院宅院，沿街部分作为商业空间，其后作为居住空间。此种模式的宅院分布甚广，仅河南就有豫中商业四合院、豫西南荆紫关地区的商

图 4-36 普通四合院

业四合院、豫南信阳地区的商业四合院以及豫北官道上的商业四合院等。这些商业四合院在空间利用上也有细微区别，例如在重视礼制的豫中地区，几乎所有院落都要留有专门的宅院入口，位于沿街店面的一旁，以比较明显的方式区别于商业空间，刻意抬高门头以强化宅院大门的重要性，甚至不惜牺牲商业空间，将大门设置在正中间；而在重商轻农的豫西南地区，宅院入口则与店铺重叠，由店铺直接进入院落内部，沿街店面成了整个宅院中最重要的房子，甚至取代正房。

（二）地坑院和窑房院

在黄土塬区形成了以地坑院、窑房院为特色的宅院，地坑院是结合黄土层而营建的一种具有典型地域特色的院落。在陕西淳化县、旬邑县、彬县、长武县以及河南三门峡陕州区、山西平陆县等地均有分布。陕州区村落的地坑院非常集中，形成了大规模的地坑院村落，地坑院不费一砖一瓦，直接向地面以下开挖，形成了正方形或者长方形的地下院落，具有冬暖夏凉、防尘、防风、防潮、隔音、安静

图 4-37　地坑院和窑房院景观

等特点。窑房院作为窑洞和合院的结合，也是地域环境下的产物，利用直立的塬壁，进行水平方向上的开挖窑洞，塬壁前的平坦地块进行房屋和院落的建设，窑洞洞口前会形成一个狭长的院落，作为窑洞的前导空间，一进院落一般根据靠崖窑的尺度呈"T"字形或者狭长的长方形，而窑洞作为储存空间或者居住空间。

（三）天井院

有些地方将窑房院或地坑院也称为天井院，然而豫南地区的天井院却另有所指。豫南雨水较多，村落宅院以天井院为主，即在院落入口处、主房前、房屋的转折处等营建一处或多处尺度较小的天井用以通风和收集雨水，天井的地面远低于室内地平面，雨大的时候天井宛如一个雨水收集池，这里的水会通过地面砌筑的水道快速地排到外面。豫南丁李湾村就是天井院村落的典型，全村大大小小共有天井院几十个，建筑类型以类徽派为主，院里埋设着石头砌筑

图 4-38
河南丁李湾村日月潭及类徽派古民居

的排水管道，一旦下雨，全村的雨水都会汇聚在村前的日月潭中，形成全村的水网系统，以防止雨水对村落的侵扰。

（四）垒石院

中原地区的许多山区建有以石头为基本原材料的宅院建筑，例如陕南镇巴、安康、西乡山区，豫西南山区、浅山区，豫西、豫北山区等地均有垒石院。豫西南山区、浅山区的村落以垒石院为主，院落类型多为三合院、单进或多进的四合院。受楚文化圈层的影响，豫西

图 4-39　河南南阳内乡县吴垭村

南地区重商轻农、因势就利，受到礼制约束很弱，与农业为基础的村落有较大的区别，与中原主流文化有所差异，宅院设计不合礼数，以实用为主，结构简陋，略显粗糙。以河南南阳内乡县吴垭村为例，该村落以石头村著称，宅院从正房、东西厢房、门房、院墙均采用当地的细碎石头铺就，无差别地进行营建，缺乏装饰，形成了石屋、石墙、石桌、石凳等系列石头建筑。

第三节 农业景观

农业景观是世界上最为广袤的景观，泛指农业区域内能够成为审美对象的各种农业要素，是与农业生产相关的土地及土地上物质与非物质要素的集合。农业景观既具有农业环境视觉特征，又兼具生态价值、经济价值与美学价值，包括与农业生产相关的植物、水体、道路、建筑等物质要素。而且，农业景观体现了人与自然间的动态关系，会随着人类活动及土地特征的变化而变化，是自然与社会系统互动的动态反映。

中原地处黄河中下游，是中华民族的重要发祥地，许多地方气候温和，土地肥沃，雨量适中，适于人类生存和发展，这为农耕文明的出现及发展提供了客观条件和优势。

近年来，中原地区的考古发现硕果累累，丰富的文化遗存与文献相互印证，表明中原地区在夏商周时代甚至更早时期已处于以农业为主的历史阶段。20世纪70年代在中原地区发现的距今约8000年的磁山—裴李岗文化遗存中，许多窖穴里有大量已经腐朽的粟的遗迹，还发现了石斧、石铲、石镰以及石磨盘、石磨棒等数量众多、形制规整的农具。1991年在河南扶沟县西店村黄土岗上发现的一件石磨盘是目前裴李岗文化石磨盘中最大的一件。这些考古发掘说明中原地区的农业文化在很早的时候就很发达。随着时间的推移，中原传统村落经由人们一代代的发展创造，已形成了丰富的农业景观。

一、枣林枣园，枣缘村落

中原文化区的许多地方都种植大枣，有名的枣园景观有三片，陕西佳县泥河沟村千年古枣园、河南灵宝川塬古枣林和河南新郑孟庄古枣区。2014年4月，陕西佳县泥河沟村千年古枣园被联合国粮农组织列入"全球重要农业文化遗产"，是全国乃至全世界最古老的枣树林。河南灵宝川塬古枣林地处中华民族发源地、中华道教文化发源地和古代主战场，由明清古枣林和古枣树群落组成，2015年10月入选"中国重要农业文化遗产"。河南新郑红枣又称鸡心枣，古枣树主要位于孟庄镇中部村落。新郑裴李岗文化遗址出土的枣核化石证明，新郑红枣已有8000多年的栽培史，春秋时期就有"桃枣荫于街"之说，新郑市堪称大枣的发源地之一。

（一）陕西佳县泥河沟村千年古枣园

陕西榆林市佳县朱家坬镇泥河沟村地处黄土高原腹地黄河中段晋陕峡谷西岸，是典型的黄河沿岸土石山区，属半干旱大陆性季风气候，适合种植大枣。古代先民们依靠泥河沟周围丰富的酸枣资源，创造性地把山地酸枣引入黄河滩地，不断培育，改良品种，形成了独特的古枣园和农艺传统，并将红枣融于当地民俗传统文化之中，形成了独特的枣文化。村落家家户户都种枣，村民的收入也主要源自红枣，红枣占村民收入的80%以上。村落以古枣园为资源保护核心区和农业耕作区，以聚落为生

图 4-40 泥河沟村全貌

活区，延伸出以"枣"为中心和标志的耕作技术、枣信仰、枣习俗、枣礼仪等文化体系，被称为"枣缘社会"，也被誉为"天下红枣第一村"。

2014年，联合国粮农组织将佳县古枣园认定为"全球重要农业文化遗产"，对其评价颇高："位于黄河中游的佳县是大枣栽培历史最为悠久的地方，枣树成为当地家庭的'救命植物'。在植被稀少的高原地区，枣树具有保护环境的重要作用，能够防沙和促进水土保持，被视为全球创新、可持续发展和适应的典范。"古枣园是泥河沟村村民在适应自然环境的过程中，创造出的人与枣林和谐共生的文化体系，是生物多样性和文化多样性保护的天然基地。

泥河沟村有400多年的枣树栽培历史，是中国枣树原产地、驯化和规模化种植发源地。古枣园现存古枣树1100余株，包括野生型、半栽培型和栽培型3个酸枣品种群、13个枣的品种群共35个地方品种。村里拥有一棵距今1300多年历史的"枣树王"，被《中国红枣志》誉为"活化石"。

图4-41
千年古枣园

(二)河南灵宝川塬古枣林

2015年10月,河南灵宝川塬古枣林入选"中国重要农业文化遗产"。灵宝具有5000多年的种植历史,并有1800余年的历史记载,关于灵宝种植枣树的文字见于《三国志·魏书·董卓传》。河南灵宝川塬古枣林地处中华民族发源地、中华道教文化发源地和古代主战场,这些赋予古枣林独特的文化价值、军事价值和医药价值。著名的《道德经》产生于该地中心的函谷关,该地自古以来便是兵家必争之地,古枣林所处之地正是战时屯兵主要场所,赋予该地特有的军事价值。早在数千年前,大枣已成为当地的重要种植作物,同时也是重要的救灾食物。历代积累下来的枣医药和养生文化成为中华医药的重要部分,而灵宝枣的特有医药功效又赋予该项遗产以独特的价值。除此之外,灵宝枣品种特有的根蘖苗、防风固沙、抗旱耐涝等特征,为当地品种种性的保持和生态保护与治理提供了重要技术。

图 4-42
河南灵宝川塬古枣林

河南灵宝川塬古枣林主要由明清古枣林和古枣树群落两部分组成，其中明清古枣林地处兵家必争之地的函谷关和中华民族摇篮的黄帝铸鼎塬及其周边的 5 个乡镇，枣树品种为著名的"灵宝大枣"。灵宝大枣在唐宋年间就有栽培，以色艳果大、肉厚核小，味甘性温、益肝补脾而闻名于世。大王镇是灵宝大枣的原产地和主产区，全镇共有大枣林 2 万亩，其中明清古枣林 4000 亩。大王镇后地村是遗产地中心区，该村拥有 500 年以上的古枣树 59619

图 4-43 河南灵宝川塬古枣林丰收盛况

株,拥有300—500年间的古枣树3445株,拥有100—300年间的古枣树2343株。古枣林的另一部分古枣树群落零散分布于灵宝市全市居民的房前屋后,枣树品种以历经数千年传承的地方品种"小灵枣"为主。灵宝市共有100年以上古枣树36.9万株,其中明清古枣树34.7万株。这些古枣树树干老态龙钟而枝叶繁茂,郁郁葱葱,丰收季节满树红枣果实累累,犹如万千红宝石挂满枝头,不仅具有较高的观赏价值,更具极大的生态价值。

(三)河南新郑孟庄古枣区

河南新郑的红枣种植历史悠久,品种众多。1978年,在裴李岗文化遗址发现了8000年前的炭化枣核,说明当时在新郑一带,先民们就已开始种植大枣。春秋名相子产执政时,便有"桃枣荫于街"一说,表明当时郑国都城内外街道两旁已是枣树成行。在新郑民间发现的汉代铜镜上刻有"上有仙人不知老,渴饮礼泉饥食枣"的诗句,表明在汉代,人们已经认识到大枣的药用价值。到了明代,新郑枣树种植已形成相当规模,明代高启留下"霜天有枣收几斛,剥食可当江南粳"的诗句。

当前,新郑大枣产业的发展已更趋区域化、规模化、科学化,枣树面积已发展到15万亩,品种达30余个,除灰枣和鸡心枣这两个优良品种外,还有早熟的品种六月鲜枣、奶头枣、八月炸枣(又名落花红)等,中熟的品种有齐头白枣、铃枣、结不俗枣、新郑红枣、麦核枣、黑头羊枣、木枣等,晚熟品种有九月青枣、马牙枣等,反季节的品种有雪枣、冬枣等。新郑年产红枣3000万公斤,被国家林业和草原局命名为"中国红枣之乡",是财政部扶持的"大枣保护基地"。

图 4-44
中华枣树王

新郑红枣以其皮薄、肉厚、核小、味甜备受人们青睐,其主产区位于孟庄镇中部三旺马、曹庄、麻线张、石槽王、栗元史、洪府、酒孙、冯辛庄等 8 个村,其中 500 年以上古枣树有 1497 株,300 年至 500 年古枣树有 4066 株,100 年至 300 年古枣树有 14617 株,该区域已被规划为古枣树郊野公园,作为枣树保护区。该区的古枣园中有一棵号称"中华枣树王"的枣树。"枣树王"在 19 世纪末曾遭受雷击,树冠主干部分和树身西南面的树皮被击毁;1997 年,林业部专家来新郑考察，经测定，该枣树树围3.1米，生长期树冠14米，论证该枣树树龄在800年以上，为名副其实的"中华枣树王"。

二、古樱桃林，传统种植

河南新安栽培樱桃的历史源远流长，已有3000年历史，文字记载可以追溯到东汉时期。据《古今图书集成》记载，从汉代起，直到明清，新安樱桃一直为朝中贡品。隋唐时，新安樱桃随着洛阳的繁华闻名遐迩。武则天赞曰："人间鲜花属牡丹，美味佳果堪樱桃。"她特封樱桃为圣果，并令其在独树村广为繁衍，被传为千年佳话。新安古树最长树龄已有1400年，现已经认定的千年樱桃古树有30株，百年以上樱桃古树有500余株。新安樱桃个大肉肥，色泽红润，味甜甘美，为樱桃中的极品。2017年6月，历史悠久的

图4-45
河南新安樱桃

河南新安传统樱桃种植系统成功入选第四批中国重要农业文化遗产名单，新安已成为令人向往的"樱桃谷"。2017年12月22日，农业部（现农业农村部）正式批准对"新安樱桃"实施农产品地理标志登记保护。

樱桃树生长的环境要在向阳背风、沟壑纵横的地方，新安县地处欧亚大陆桥上，北暖温带大陆性季风气候特征，境内自北向南有黄河、青河、畛河、金水河、涧河等主要河流，其沿岸均有河谷川地分布，沟壑纵横，清流曲绕，最宜樱桃生长，这里的气候及地理特征非常有利于果树储糖、挂果、生长，该地所产樱桃以色艳、味浓、肉厚、水分多而闻名。新安县以五头镇的马头、大洼、独树和磁涧镇的礼河、掌礼、奎门等村为中心，形成了长约17公里的樱桃种植带，总面积达3.06万亩，其规模为豫西之最，2007年，这片樱桃种植带被命名为"万亩无公害樱桃基地"。樱桃园为沟壑区提供不可替代的生态系统服务的同时，也成为当地农户生计收益的有益补充。

中国传统村落
文化抢救与研究
文化区系列

第五章

Chinese
Traditional
Villages

中原传统村落的
非物质文化景观

第一节
民间信仰

民间信仰作为各个民族民间文化的一种较深层次的思想观念，是每个民族在漫长的历史发展过程中，在物质资料生产和社会生产生活实践经验积累过程中逐渐形成并积淀下来的世界观、价值观和人生观，它直接或间接地影响着人们的行为。[1] 民间信仰属于民间意识形态，包括信仰、仪式和象征三个不可分的体系。在长期的历史过程中，传统的信仰、仪式和象征不仅影响着占中国社会大多数的一般民众的思维方式、生产实践、社会关系和政治行为，还与上层建筑和象征体系的构造形成微妙的冲突和互补关系。因而，对民间的信仰、仪式和象征的研究，不仅可以提供一个考察中国社会文化的基层的角度，而且对于理解中国社会文化全貌有重要的意义。

一、民间信仰的概念

民间信仰是指民间流行的对某种精神观念、某种有形物体信奉敬仰的心理和行为，可看作是那些在民间广泛存在的，属于非官方的、非组织的，具有自发性的一种情感寄托、崇拜以及伴随着精神

---

[1] 甘海涛. 社会主义新农村建设中的民间信仰问题研究[D]. 武汉：华中师范大学，2009.

信仰而发生的行为和行动，即民众中自发产生的一套神灵崇拜观念、行为习惯和相应的仪式制度等。中原地区的民间信仰主要是指俗神信仰，具有非宗教信仰的性质。这种信仰在中国具有悠久的历史，而且比佛教信仰和道德信仰更具有民间特色。中原俗神信仰的一个典型特征，就是把传统信仰的神灵和各种宗教的神灵进行反复筛选、淘汰、组合，构成一个杂乱的神灵信仰体系。不问各路神灵的出身来历，有灵就香火旺，鲜明地反映了中原世俗信仰的多元性和功利性，具有多教合一、多神崇拜的特点，在实质上可以看作是一个由人至神和由神至人的社会互构过程。①

二、民间信仰的产生

有关民间信仰最早来自以河南为中心的中原文化辐射区的证据，历史可追溯到春秋战国时期。女娲的神话最早出现在公元前 4 世纪，她被塑造成人类的创造者；陕西境内也有对周人祖先姜嫄、公刘、太王等的祭祀，也有对各种山川自然物的崇拜，如华山神、太白山神等。以女娲神话为代表的中原神话，就像一个巨大的根系，从中衍生出一个个古老的民俗。

最早的神是无形的，其形象也非常模糊。它起源于"万物有灵"的自然崇拜，自然崇拜产生之后，人们又有了灵魂崇拜、祖先崇拜、英雄崇拜和帝王崇拜等多重信仰形式，他们将自身社会生产劳动的经验和生活体验融入对世界的认识和改造当中，使得神性世

---

① 梅霞林. 浅析中国的民间信仰[J]. 湖南科技学院学报, 2006, 27 (1): 93-94.

界充满了人类的情感和希望的寄托，先后经历了从神到人，又从人到神，人神混杂，最后再从神到人的转变过程。

中原地区的神其实就是中原地区的人，反映了中原地区形象的社会生活，体现了中原文化在整个民族文化发展中的特殊地位。在中原地区的历史上，伏羲氏、女娲氏、盘古氏、神农氏、黄帝氏、炎帝氏、燧人氏、夸父氏、尧、舜、禹等神话传说人物对后世人们的精神生活都有直接的影响，成为中原地区民间信仰产生和发展的文化基础。

三、民间信仰的特征

在中原地区，民间信仰包括流行于民众之间的神、祖先、鬼的信仰，庙祭、年度祭祀和生命周期仪式，血缘性的家族和地域性庙宇的仪式组织以及世界观和宇宙观的象征体系。这些民间信仰体现出中原地区的社会政治、经济、文化等特点。

（一）民间信仰的复杂性

除官方所祀之神外，古代中原地区的自然信仰沿袭不衰，各地鬼神崇拜、人物崇拜盛行。民间诸神的庞杂性体现在中原地区的民间信仰体系中，神灵无处不在，从家庭、宗族，到村落、行业，各种群体都有自己信奉的神灵。民众出于各种需要塑造和供奉各种神灵，一些神祇崇拜、鬼灵崇拜和灵物崇拜由此而生，形成了复杂的民间信仰系统，广泛存在于当地社会结构和社会生活的方方面面，发挥着多种多样的社会功能。

（二）民间信仰的功利性

中原地区的民间信仰在一定程度上反映了中原地区以农耕为主的生产方式，无论哪种信仰崇拜方式，水神、火神、土地神、鸟神、兽神、龙王、玉皇、树木神等都是为农业生产服务的。中原地区民众祭拜这些神都是为农耕顺利，祈求五谷丰登、风调雨顺，可以说农耕社会的特点贯穿于中原地区的民间信仰中。农耕社会强调的家长制、伦理长序、道德规约也融入民间信仰当中，反映当地民众的生活，形成了中原特色的民俗文化。

（三）民间信仰主体的公众性和散在性

受中国传统文化重集体不重个人的影响，民众大多缺乏个性和自我意识的独立表达，个人的信仰、思想及行动都有从众倾向。中原地区各地民间信仰的信众与其他地区的信众一样，大多往往不是出于自愿选择，而是在其家庭、宗族世代传承影响下接受群体共同的信仰。散在性则是指民间信仰的信众虽然多，但缺乏独立、自愿的信仰组织，成规模、有系统、有组织的信仰活动不多，多为个人自发行为。

（四）民间信仰的双重性

民间的信仰、仪式和象征等文化现象都具有双重特性：一方面，它们颇类似于原始巫术和万物有灵论的遗存并且与"世俗生活"分不开；另一方面，它们又与宗教现象有相当多的类似之处。

历史上，封建政权对民间的宗教式活动采用的是自相矛盾的态度：一方面，为了避免民间非官方意识形态的发展，对民间的祭祀活动实行排斥的政策；另一方面，为了创造自己的象征并使之为民间接受，有时选择性地对民间象征加以提倡。这种"分而治之"的政策，当然导致封建政权对民间信仰的系统化意义的否定。而与民间社会有密切联系的民间佛教徒和道士，因依赖民间的祭祀和巫术活动为生，所以对民间的"神圣行为"较为支持。作为民间信仰的主要实践者的一般民众，因为缺乏自我界定的力量并且视自己的宗教活动为世俗生活的一部分，所以也不把它们看成"宗教"。[①]

四、民间信仰的对象

民间信仰是社会意识形态的民俗事象，其内容非常丰富，种类繁多，且渗透于日常生活的方方面面，具有多样性和地域性的显性特征。中国人对神的信仰崇拜，主要源自中原传入的神灵、仙佛、糅合本地传说的地方神仙，形成多神信仰。

---

① 王铭铭.社会人类学与中国研究[M].北京：生活·读书·新知三联书店，1997.

（一）山西民间信仰诸神

山西历史上是农耕文化与游牧文化的交融地区，民间信仰和崇拜的神灵包罗万象，五花八门，大体可归纳为神祇崇拜、鬼灵崇拜和灵物崇拜。

1. 神祇崇拜

民间信仰中的神祇，范围十分广泛，既有天地万物人格化的自然神，也有神话传说中的祖先神和其他神物，还有成佛成仙的宗教神，以及众多的动植物神。

（1）人格化的自然神

天地爷。又称"天老爷"，民间认为是一个主宰宇宙万物的全能大神，全能全智，至高无上。以山西的民居院落为例，在坐北朝南的正房外壁上，设有天地爷的神龛。讲究的人家拥有砖雕或木雕的龛位，一般人家是用红纸折叠成牌位，上面写有"天地三界十方万灵真宰"的字样，最省事的是买一张套色的天地爷神像木版画。

土地爷。实际上就是宅院之神，亦称"宅神"。土地爷一般设在正对街门的影壁墙上，多数在影壁上嵌有小神龛，里面有两个陶俑，一为土地爷爷，一为土地娘娘。有的院落没有土地爷的神龛，则用红纸折叠一牌位，上写"土地爷之神位"。

日月星辰之神。山西民间有对日、月、星辰的信仰和崇拜。祭日在农历二月十五；祭月在农历八月十五中秋节；祭星辰在农历正月初八，再就是农历七月初七，妇女们祭牛郎织女星，向天乞巧。

山河之神。山神是一山之主，因山名各异，因而山神也不相同；河神又称"水神"，近河的村庄都建有河神庙，所祀神灵有二郎、大禹、舜，汾河之神是台骀，晋祠的水神是水母娘娘，洪洞的水神庙供奉的是明应王。不靠河流的村庄则祀奉井神。

祖先神。有名的望族，一般建有祠堂，供奉历代祖先。最为著名的是山西忻州代县的杨令公祠，俗称"杨家祠堂"。祠内塑有杨业、佘太君等像22尊，祠对面还有楼台三间，称"祭台"，即杨氏宗族祭祖的地方。有些家族绘有"神纸"，排列每代家庭成员姓名，糊裱成轴，平时珍藏，过年时请出来张挂祭祀。

明贤神。即关羽，关羽被民间视为"忠、勇、仁、义"的楷模，无论士农工商，莫不信仰，民间称为"关帝"。明清以来，晋商将关公视作保护神，在全国各地大建会馆戏楼，祭祀关羽，以至于当地群众把山西会馆称为关帝庙。近年来，关公信仰在海外日益兴盛，海内外华人纷纷来山西运城朝圣，祭祀关公。

其他。在山西，将历史上的功臣贤士尊为神祇，加以信仰的还有很多，如：唐尧、虞舜、大禹、姜太公、后稷、介子推、狐突、程婴、尉迟恭、狄仁杰、薛仁贵、傅山等。各地都把出生于本地、生前有益于人民群众的著名人氏，死后都尊为某方面的神而信仰崇拜，如尉迟恭成了门神，大禹成了河神。

（2）行业祖先神

鲁班。木匠、瓦匠和打绳等匠人，都奉鲁班为祖师。山西的太原双塔、应县木塔、大同云冈石窟等古建筑，都流传在建造时鲁班先师"显圣"帮助解决难题的传说。晋祠、悬空寺有鲁班庙。民间祭祀鲁班的日子是农历六月十六，被工匠们叫作"鲁班节"。晋北地区碹窑洞时，拱顶最后合龙的那块石头被称作"鲁班石"，要用心雕刻。合龙口放鲁班石时要摆供烧香，鸣放鞭炮，感谢鲁班保佑，窑洞碹成。

煤神。山西煤炭储量大，产量为全国之最，被誉为"煤海""煤乡"。凡是有煤窑的地方，过去大多供奉窑神爷，即煤神。所供窑神是哪一位神祇，说法不一。多数地方所供的是老君爷，祭祀日期是每年农历的腊月十八。以前，阳泉、晋中、晋东南等地的煤矿工人，都要在锣鼓唢呐声中向老君爷跪拜祈祷，窑主还要宣读祭文，赞美老君爷的恩德，祈盼老君爷保佑，多产煤、不出事、全矿平安。大同一带所供煤神则是太岁爷，传说是殷纣王的太子殷郊，祭祀日期在每年的冬至；保德一带所祭煤神是曾任明朝五省总督的当地人陈奇瑜，祭祀日期在每年农历腊月十九。

戏神。山西被誉为"中国戏曲艺术的摇篮"，地方小剧种有50余个，比较大的剧种有晋剧、蒲剧、北路梆子、上党梆子等。戏曲艺人供奉的祖师爷是唐明皇，俗称"老郎神"，相传唐明皇既能打鼓，还能唱小花脸，常和大臣们在宫内的梨园内演唱，娱乐消遣。

其他。此外，酿酒业、造醋业奉杜康为祖师，理发剃头业奉罗真人为祖师，吹鼓手行业奉师旷为祖师，屠宰业奉张飞为祖师，医药行奉华佗、孙思邈为祖师等。

（3）宗教神

山西民间所信奉的神祇，另一大类就是宗教神，主要来自佛教和道教，但佛教诸神中影响最大的不是释迦牟尼，而是观世音。相传观世音一能降雨济世，二能送子护嗣，塑像往往是一手抱一个婴儿，另一手拿一只插有柳枝的花瓶。道教信仰诸神主要是三清——道德天尊、元始天尊和灵宝天尊等。此外，还有上八仙、中八仙、下八仙之说。晋南芮城县的永乐宫为全国著名的道教宫观，供奉着吕洞宾，其他地方也有不少吕祖庙。吕祖、观音、关帝是山西民众最为信奉的三大神灵。

（4）动植物神

龙王。龙是我国古代传说中的神异动物，封建时代的帝王自视为真龙天子，用龙作为权力的象征。民间信仰的龙王是居住在大海龙宫里的龙的家族，统领水族掌管兴云布雨。旧时乡村普遍建有龙王庙，若遇天旱，则组织群众祈雨。

牛王与马王。牛、马是农家的牲畜，可帮助人进行农业耕作，因此被视为牲灵。民间过去都建有牛王庙、马王庙。阳曲县一带有马王庙四座。代县有牛神庙，每年农历五月初五祭祀，还有庙会。晋东南一带把每年农历七月十五定为牲口节，这一天，牛、马、驴、骡都不能使役，休息一天，还要给好吃好喝的，蒸制花馍供献。每年春天，农家还在墙壁上贴春牛图。

谷神。晋南地区稷山县、万荣县、新绛县都有稷王庙，供奉谷神后稷，因其教民众播种五谷而被尊为"谷神"。一般农户在农历正月二十的小填仓节和农历正月二十五的老填仓节祭祀谷神。有的地方农历七月十五也祭祀谷神。五台县一带，上坟祭祖后，要从地里拔几棵青苗带回家，用五色纸缠绕，立置窗前，供奉蒸制的面人，节后将其移置房顶，根朝里穗朝外，俗称"祭五谷"。

花神。牡丹花神俗称"牡丹仙子"；荷花神称"荷花仙子"，相传农历六月二十六是荷花仙子的生日。

树神。造型奇特、树龄悠久的松树、柏树、槐树、枣树、梨树等，被称为树王，视作树神，严加保护，不敢砍折，并常有人前来祈祷，保佑平安，有的还给树王挂红布匾。最有名的当属洪洞县的大槐树，被全国各地的移民视作祖宗根系所在，常有人来寻根祭祖。太原晋祠圣母殿侧的周柏，每年农历七月十二庙会期间，新婚夫妻要抚摸周柏以求子，生子后的第二年要来还愿，挂红布条。

2. 鬼灵崇拜

神与鬼，都源于灵魂观念，其界限的划分，是以善恶为标准的。

（1）城隍爷

俗称"城隍"，本是古代神话中守护城池之神，多被民众奉为当地的城隍爷，后为道教所信奉。

（2）阎王爷

阎王，亦称"阎罗"，意为"地狱的统治者"或"幽冥界之王"，原为印度古神之一，后为佛教所沿用。临汾市蒲县东岳庙，供奉东岳大帝黄飞虎，传说他讨伐商纣有功，道教尊其为东岳大帝，总管天地人间吉凶福祸，并执掌幽冥地府十八层地狱。

（3）五道将军

过去山西乡村的十字路口（或村口、路边），往往建有一座过街小庙，俗称"五道庙"，供奉五道将军，传说是东岳大帝的属神，掌管人的生死和荣禄，可保佑一方民众。在民间，从人死后到安葬，家人都要到城隍庙（或阎王殿、五道庙）送灵祭祀，希望死者到阴间不受惩罚，转生为人，与人间割断亲缘，不要再回到人间作祟。

3. 灵物崇拜

民间受万物有灵观念的影响，认为许多动物、植物都有灵气，都能给人以吉祥或祸殃，因而受到人们潜意识的崇拜。

（1）动物类

动物类的灵物，首推四灵：麟凤龟龙，尤其是龙。民间认为龙能兴云布雨，保佑五谷丰登，龙王庙分布广泛。此外，还有狐狸、蛇、喜鹊、蝙蝠、虎、鱼、鹿、鸡、羊、猪、鹤、狮、象等动物崇拜。

（2）植物类

松柏象征长久、长寿。春节时搭柏叶楼，烧柏叶，有驱邪避祸之效，但枸树宜栽种于坟墓和野外，家宅不宜栽种。山西民间有桃、柳、石榴、莲藕、枣、栗、花生、牡丹、柿子、菊花、佛手、葫芦、荷花、南瓜等植物崇拜。

4. 其他崇拜

民间将石头视作镇宅之物，在民居宅基的墙根处，街衢要道的路口、巷口，常嵌有一块石头。有的还雕刻有兽头，以禁不祥之物。晋南风俗，订婚时主家所送礼物里要有棉花，在棉花里要放一块小石头和一双并蒂石榴，表示"实留"，取多留子孙之意，石头又有了生殖寓意。

此外，山西民居中，家家在堂屋正中桌柜上都放有掸瓶或花瓶，取平安如意之意。古铜钱、镜子、朱砂、红布、红纸都寄托着人们驱邪纳福的信仰崇拜。

（二）河南民间信仰诸神

在河南民俗文化中，敬神重礼是一大重要特征。究其原因，一方面是远古图腾崇拜传统的遗风，另一方面，也是受伦理道德观念影响的结果。古代先民中，黄河流域的华夏族崇拜龙，商民族崇拜凤（或燕）。同时，由于生产力低下，超自然力的"神"的主宰无处不有，于是"尊神事鬼"便成了人们生产、生活中祈福禳灾的重要活动。

1. 天体日月星辰崇拜

天体崇拜，在黄河流域有悠久的历史。河南安阳殷墟卜辞中就有王室祭祀日出日落的仪式。天体崇拜作为一种文化，同时也在民间延绵，尤其是与道教相互渗透，造出一个天神代表——玉皇。山西、河北、河南、陕西玉皇庙比比皆是，山西五台山建有玉皇阁。

2. 地宗山石水火崇拜

中原地区山川祭祀首属黄河。河南称黄河为金龙大王，河南济源建有济渎庙，规模宏大，香火鼎盛。民间神祀还有一特点就是凡近山之地都敬山神，凡靠水者都敬水神。

3. 自然精灵崇拜

动植物精灵的崇拜，从麟凤龟龙、蝙蝠、喜鹊，到狐狸精、黄鼬精、蛇蝎精、鲤鱼精，再到花草树木，均作为神灵来祭奉。

中原各省都奉祀花神，并以农历二月十二为花神生日。河南更视牡丹为花王。最常见的是乡间神树，每见树龄长、形状奇特者，则视为神树，红布匾挂满树身，香火供品长年不断，十分兴旺。

（三）陕西民间信仰诸神

陕西民间信仰由于历史发展序列较长，比起其他地区来更具有古老、复杂的特点，存在着较明显的区域差异。陕西以秦岭为界，南北各有不同的神祇崇拜。北部地区普遍存在府君崇拜，南部则是原杰崇拜。且这两个地区内部还可再各划分为两个亚区，即北部分为陕北亚区和关中亚区,陕南地区分为汉中亚区和兴安亚区。

1. 北部民祀区

北部民祀区普遍存在对崔府君的崇拜。崔府君是自宋代以来在中原一带很有影响的神祇,主要掌管民间生死,被称为冥府府君。陕北和关中各地的府君庙非常普遍,府君信仰遍布陕西的秦岭以北地区。

（1）陕北亚区

陕北亚区包括榆林、延安及绥德地区,所供奉的神祇中,比较重要的是送子神阿姑圣母和水神龙王。"俗尚鬼神,而信祈祷"是陕北地区民间信仰的特点。

陕北亚区民间信仰中,送子娘娘受到特别的重视,较之关中地区,其祭礼及庆祝活动要隆重得多。阿姑圣母神,就是送子娘娘,是主子嗣的神,靖边地区直接称之为送子娘娘,每年农历四月初八到娘娘庙供献花果,求子许愿。最可称道的是,民众还给阿姑神添了另一项职司:祈雨。

祈雨是当地生产、生活中至为重要的神事活动。由于陕北干旱少雨,每年农历六月初六,当地民众都要"备酒肴祭空求雨"。作为民间司雨的龙神,也就成了陕北地区民众重点祭祀的对象,因而龙王庙成了陕北地区民间信仰的一个标志。与关中地区不同的是,陕北地区一般由专职巫师祭坛做法,主持祈雨活动。这种在现实生活中依赖巫师,通过巫师做法事来联系人与神的习俗,在陕北各地极为普遍,无论地近关中的宜川,还是处于边塞的横山,都有祈雨的信仰风俗。

（2）关中亚区

关中亚区包括西安、凤翔、乾县及汉中地区。该亚区民间信仰的特点是对太白山神的崇拜。每逢旱灾，人们都要到太白庙中祷告、祭拜，这是关中区别于其他地区的重要特征。同时，关中地区民众祭祀神祇的形式与陕北不同，多以聚会迎赛的形式来娱悦神灵，以蒲城南北二赛为例，南赛在五更村，祀东岳；北赛在延兴，祀尧山圣母。

除了赛会娱神和崇拜太白山神这些共同特征外，关中民间信仰还存在着一些较明显的内部差异，西部地区盛行周人祖先崇拜，而东部地区则无集中的信仰神祇。关中西部地区的周人祖先崇拜起源极早，自古以来祭祀兴盛，岐山、扶风等地建有许多周人祖先及其传说人物的庙宇：姜嫄庙、太王庙、太姜庙、太任庙、周公庙、仓颉庙、郊禖庙等。

2. 陕南民祀区

陕南民祀区位于秦岭及其以南地区，该地民间信仰的特点：一是深受川、楚文化的影响，巫风盛行。地处秦巴山地的汉水、丹水流域，具有典型的亚热带地区鬼神崇拜的风俗特点，但巫师在信仰生活中的作用很微弱。二是自明清以降各地普遍存在对明代官员原杰的崇拜。陕南各地普遍建有原公祠，祭祀明代官员原杰，这一信仰是秦岭以北地区所没有的。有些地方在祭祀原杰的同时，也祭祀其后任吴道宏或蓝章，因此祠名也随之演变为二公祠或三公祠。陕南各地不仅修建原公祠，定期祭祀原杰，而且还有以原杰为名的赛会，显示了原杰在当地的名望之隆盛。

除了陕南地区共同的信仰特点外,其东部和西部民间信仰也存在着差异:东部汉水下游及商州地区对水神杨泗将军的崇拜;西部汉水上游对汉初君臣的崇拜比较普遍,庙宇众多,因此陕南地区可再分为汉中亚区和兴安亚区。①

(1)汉中亚区

汉中亚区位于汉中盆地的东部,对汉初君臣的祭祀比较盛行。汉高祖庙、祭祀萧何的酂侯庙、祭祀张良的留侯庙、祭祀韩信的淮阴侯庙与曹参庙广有分布。除对汉初君臣崇拜非常普遍外,汉中还多祭奉三国人物,尤其对诸葛亮的祭拜最为虔诚。武侯祠遍布汉中各县,其中以定军山诸葛亮墓所在地的庙宇最为兴盛,内里多有名人碑铭。

(2)兴安亚区

兴安亚区即今安康商洛地区,对吴楚水神杨泗将军的崇拜较盛行。陕南地区多水运航道,河运的兴盛再加上汉江地区降水较多,涝灾常发,故对水神的祭拜就显得十分重要。除修建杨泗将军庙用以祭祀外,这一地区还定期举办盛大的赛神活动,水神的诞辰日一般定在农历六月初六。

---

① 张晓虹.明清时期陕西民间信仰的区域差异[J].中国历史地理论丛,2000,15(1):185-214,251.

第二节
乡规礼俗

中原传统村落因其独特的地理位置，有其独特的宗法礼教。宗法是以血缘关系为基础，标榜尊崇祖先，维系亲情，在宗族内部区分尊卑长幼，并规定继承秩序以及不同地位的宗族成员享有不同的权利和义务的法则。宗法是中国古代社会构成的重要方式。

历史上，中原地区黄河流域的著名宗（家）族有很多，如山西闻喜的裴氏家族、明清时期曾垄断大半个中国经济市场的晋陕商人世家等，他们对中原地区乃至整个中国的历史与文化发展都产生了深远的影响。近代以来，传统乡村社会发生了巨大的变革，整个社会的重心由乡村向城市转移，越来越多的民众脱离了原有的宗族组织，乡村宗族组织呈衰落局面，有些地方的宗祠被拆毁或改作他用。改革开放后，宗族形式虽有所恢复，但随着大批民众离开农村进入城市，宗族的地位也随着历史的演进日渐式微。

乡规礼俗主要包括宗族祭祀、家族礼仪、乡规民约、乡贤文化等。

一、宗族祭祀

宗族祭祀是理解宗族的一个重要窗口，它不仅能反映宗族内部的房支结构关系，也能检验一个宗族在地方社会中的位置，"包括与异姓宗族的关系。宗族祭仪同样可折射出国家与地方社会的互动。观察宗族祭祀仪式不仅是对祭祀组织、祭祀活动、祭祀功能的考察，同样要高度重视宗族祭祀与特定地理文化空间的关系以及文化表达"。①

祖先崇拜是宗法制度的重要核心观念。建立系统完善的祭祀祖先制度和仪式是尊祖、敬宗、收族的重要内容。中原传统村落宗族祭祀仪式可分为祠堂祭祀和坟墓祭祀两种。祠堂祭祀整个家族都要参与，费用由家族成员分摊，时间一般为农历正月初一和始祖祭日。而坟墓祭祀则逐渐转化为个体家庭近亲的祭祀，日期大多集中在清明。以山西曲沃家族祭祀仪式为例，咸丰二年（1852）十月，靳氏立"靳氏大祭时祭纪略碑"。该碑现嵌于曲沃县曲村镇靳家祠堂西厢房墙壁上。石碑为青石材质，高 178 厘米，宽 80 厘米。碑左下部已漫漶不清。全碑行文 24 行，竖排，满行 89 字，楷书首题"靳氏大祭时祭纪略"。这块碑对于了解清代中国北方乡村宗族祭祀仪式具有重要学术价值。从碑文题目可以看出，靳氏将宗族祭祀仪式分为大祭和时祭两部分。宗族祭祀仪式不仅反映了族内不同房支间的关系和相关观念，透露出它与地域社会里其他宗族的关系，也反映了基层宗族与国家的关系。

清明祭祀各地风俗不一，宗族祭祀活动主要有添新土、插彩旗、放鞭炮、烧纸、叩拜等，有的还特意在坟前种树，取荫庇子孙之意。山西万荣通化村庞户在西腰社有本家族的祠堂，祠堂里有本家族的神祇，里面还存放着写有"庞户"字样的桌椅碗筷等公共财产。各社每年农历正月初一在祠堂祭拜祖先，买上香码、烟酒、麻

---

① 杜靖. 大、小首人制度：山西曲沃靳氏宗族祭仪研究[J]. 民族论坛，2016（7）：46-56.

花、炮等祭品，由全体男性成员到祠堂祭拜。祭祀结束后，麻花、水果等供品就分给晚辈们吃了。分麻花是一个家族的民俗活动，这一行为本身包含了仪式与生活、传统与现代多种社会关系的转换，家族成员在交际过程中看重的是家族结构之上的现代理性的人际交往，更注意对"帮助"关系的培养。

当然，由于中原地域广泛，民众观念、习俗和审美情趣不完全相同，祭祀活动必然也有差异。

二、家族礼仪

自古以来，我国的宗族文化就十分繁盛。中国古代以家为本位，家与族相伴而生，家受族制约，历来将家与族并称为家族，是社会的基层自治单位。学术界关于宗族、家族的含义理解不一，对宗族、家族概念基本上都是从血缘共同体角度出发定义，但在日常生活中，"家族"与"宗族"并无区别。根据以上分析及结合本小节的实际情况，本小节使用的宗族是指由多个拥有共同男性祖先的家庭组成的宗族地缘组织。宗族成员主要指五服之内的亲属。

以其血缘性、聚居性、等级性、礼俗性、农耕性、自给性、封闭性、稳定性等诸多特点建立起独特的团体，依靠世代相承的血缘系谱关系界定宗族内部严格的社会规范和权利与义务，以族法家规处理宗族内部的财产、赡养、婚丧嫁娶问题，解决各种纠纷，以实现家族的和谐运行和乡村秩序的稳定。20世纪以来，社会急剧变迁，宗族的外在文化形态几近销声匿迹。然而在中原地区，依然存在着宗族法处理乡村家族社会事务，调整宗族内部关系的情形，依然有宗族礼仪被世代遵循。为维护自身利益、稳定家族社会秩序，在国家法律、纲常礼教和民间习惯基础上加工整理制定出以家规、家法、家训等为代表的行为规范或准则，依然在家族内部具有普遍约束力，并以习俗礼仪的形式逐渐渗透到家族生活的各个领域，约束族人行为，指导族人的日常生活。

维系家族的各种道德关系，主要依靠家庭的教化、家长的权威和各种家规的约束。对中原文化区来说，家族礼仪采用的是父权家长制，家长是家的代表，家属仅受家长的支配。家长对内有监督家属、管治家财、处理家政等权利和义务；对外为一家代表，具有公法上的责任，统率家人，以尽人民对于国家的义务。中原地区的乡村自近现代以来大都是以户为单位组成一个大家庭，改革开放前一般是成家的兄弟与父母同居，多为四世同堂的家庭。祖父为户主，承担对外责任，同时享有治财管家权、子女主婚权、分家权、子女继承权等涉及家庭生活各方面的权利。

以山西为例，民间有关家法家礼的普遍习俗大致有如下几种：

（一）上慈下孝

所谓"上"，是指上辈长辈。在一般家庭中，指父辈、祖辈，少数的家庭有曾祖辈或高祖辈。所谓"下"，指下辈晚辈，即子辈、孙辈，少数家庭有曾孙辈或玄孙辈。作为上辈，对自己的下辈要爱护、仁慈，不能动辄打骂；作为下辈，对待上辈要尊敬孝顺，在生活上要关心父母及长辈的饮食起居和疾病痛苦。

（二）兄弟和睦

家庭中除父母与子女血缘关系最近外，具有天然血亲关系的便是兄弟姐妹了。作为至亲同胞的兄弟姐妹，其相处原则便是团结和睦、兄亲弟悌、长幼有序。在实际生活中，因兄弟之间分财产不均而导致纠纷的很多，仅靠基本的伦理道德是不够的，因此当儿子娶妻成家后，父母往往按照财产平均原则，析财分灶，各立门户就成了山西普遍的民俗事象。从治家到分家的习俗，既反映了父子关系，又体现了兄弟关系，其直接的社会作用就是维系了家庭秩序的稳固和家族的兴旺。

（三）夫妻恩爱

民间习俗中的夫妻关系是你恩我爱，白头偕老，实实在在地过日子。在嫁娶方面，虽然有媒人介绍，要听从父母的意见，但男女双方掌握最终的主动权，要两厢情愿，不能强扭硬绑。结婚后，要互敬互爱，持家致富。此外，家庭中婆媳、姑嫂、妯娌也有相处的习俗和一些不成文的家规家法。

先有家，再有族，然后有国。在广大农村地区，以血缘和地缘关系为基础形成的家族在农民生产生活中发挥着十分重要的作用。村民对宗族有一种比较强烈的认同感，传统根深蒂固的家族观念使宗族具有较强的凝聚力和向心力，族人在生产生活中形成了不同层次的合作。在中原地区的许多传统村落里，很多家族活动涉及整个家族，这时就需要一个能够调动全族人员、统筹安排、保证家族活动顺利进行的"权威"人物——家族长。家族长的产生是由族众共同推举一位家族中德高望重、品性良好、办事能力强的人为家族长。家族长一般终身连任，在族内行使族权，地位至高无上。村落里的家族长在日常族务中起着十分重要的作用，特别是在祭祖、主持红白喜事、调解族内和族际纠纷、担任中间人和公证人等方面有着很高的"威望"，只要是家族长出面事情一般都能得到很好的解决。家族长的权威亦主要来源于乡村道德和舆论对家族成员的约束，有时村庄权力阶层也会利用家族长的威望做一些难度较大的说服、动员工作。

家法族规由宗族通过合族公议的形式制定，用来调整家族内部矛盾和宗族社会秩序，是族人必须共同遵循的行为制度准则。所谓"国有国法，族有族规"，家法族规在民间宗法社会的作用不言而喻。家族法规一般体现为各种成文和不成文的宗约、族规、族训、家训等。成文的宗约家规一般记载于宗族家谱中，作为同族子孙后代都应遵循的道德和行为规范，而不成文的家规、家训通常通过口碑相传的方式保存下来，以教育和警示子孙后代。较有代表性的家礼家规之书如司马光的《涑水家仪》、颜之推的《颜氏家训》、朱熹的《朱子家礼》等。

此外，家族礼仪还通过修订家谱、家训、家法族规等方式来实现尊宗敬祖、孝敬老人、做人诚信、勤俭持家、邻里和睦、家庭团结等教育、警示族人的功能，规范着家族成员的行为。家族礼仪在婚姻、丧葬、分家析产、继承、解决纠纷等方面也发挥着重要作用。

三、乡规民约

中国农村社会的历史发展中，乡规民约一直是乡村秩序构建和维持过程中不可或缺的元素之一。改革开放后，我国农村社会进入前所未有的巨变时期，社会利益发生明显分化，差异化、多元化的利益诉求对农村社会治理模式和手段提出了新的挑战。面对挑战，农村社会应采取政府组织、村社组织、农村村民等多元主体的合作治理方式。现代乡规民约的生成具有行政嵌入和乡村内生的二元性，乡村治理的多元合作主体都需要借助现代乡规民约来寻求乡村秩序构建过程中民间资源的支援和支撑。乡约制度是为进行农村基层社会控制应运而生的，正如杨开道在《中国乡约制度》中所说的"是由士人阶级的提倡，乡村人民的合作，在道德方面、教化方面去裁制社会的行为，谋求大众的利益"，有"组织""规则""身份""处所""活动"之意，为化解农村社会矛盾，适应新农村社会生活方式，农村社会管理创新成为必然。在现代新农村社会秩序构建过程中，乡规民约这种传统的自治手段依然发挥着不可替代的作用，只不过其中已经融入现代民主法制的些许要素。国家也通过一系列的政策和法律推动现代乡规民约的发展。根据这些法律的规定和政策的引导，在坚持合法、民主、可行等原则的前提下，我国农村地区普遍制定了现代乡规民约。但是，现代农村已打破了传统农村的熟人网络，主要靠道德规劝和舆论引导来执行的乡规民约，在农村社会控制中难免由于传统与现代的碰撞而产生新的矛盾和问题。总体来说，乡规民约普遍具有地域性、契约性、规范性、内生性、广泛性和教化性。[①]

具体而言,乡规民约是传统村落中乡民必需的村落管理机制,内容丰富,文本通俗易懂,分别从农业生产、村境、村落安全、环境风水等方面规定着民众的生活秩序,同时也体现着民众朴素的生态环境意识。最有名的是陕西蓝田的吕氏乡约,其强调"德业相劝、过失相规、礼俗相交、患难相恤"的内容具有传统的道德伦理价值,乡约本身实际上也可看作是一种以教化为目的的村落自治组织。还有陕西韩城党家村"泌阳堡"《中地亩粮石分数条规碑记》记载的规约条文:"议靠墙不许挖坑堆粪土瓦块,议城周围崖下不许取土斩草伐木,议城上不许倒炭渣恶水并无事闲游,议城周围倘有损伤公中修补,议设湾地南边与开第除东□出路五尺,议周围崖下俱有石畔不得□行移易,议堡中分地年久不能无变通定要先尽堡中有份之家,议堡中不许招安闲杂匪顽之人。"文本内容简单明了,浅显易懂,便于传播,诸如这样的乡规民约可谓不胜枚举,可以说这也是传统乡规民约的一大特点。

四、乡贤文化

乡贤文化是在漫长的社会发展和历史进程中,围绕在乡村宗族治理、民风淳化、道德伦理维系等事物中发挥重要作用的乡绅而形成的一种文化。乡贤文化扎根于中国乡村,它既是劳动人民勤劳和智慧的结晶,更是中华民族传统文化的重要组成部分。

---

① 卞辉.农村社会治理中的现代乡规民约研究[D].咸阳:西北农林科技大学,2014.

乡贤文化的主体是乡贤。"乡贤"一词系指在民间基层本土本乡有德行、有才能、有声望又深为当地民众所尊重的人，因而"乡贤"有地域性的限制，有知名度的因素，有道德观、价值观的考评。地域性、知名度、道德观，这是构成"乡贤"的三个基本要素。在中国许多乡村，乡贤不仅仅具备渊博的知识、崇高的品质和良好的道德修养，更多的是靠他们的文化和思想影响乡邻。也正因如此，不少地方在推进乡村文明建设中非常重视传承传统乡贤文化，通过建设乡贤文化展示馆、组织乡贤文化交流活动等形式，积极传承和弘扬乡贤文化，用乡贤文化涵养乡风文明、提振乡村精神面貌。

中原乡贤文化有着深厚的历史渊源和时代特色。其萌芽于中原远古的"尚贤"社会意识，夏、商、周三代访贤和用贤的社会事实，则促成了其快速成长。上古祭祀"乡先生"和汉代"生祠"的出现，又为中原乡贤文化的形成奠定了一定的社会物质基础。汉代以来统治者的尚贤，使其得到了稳步发展。明清朝廷明文规定举荐和祠祀乡贤，又使中原乡贤文化的发展有了制度性的保障，进一步促其成熟，以至影响了民国时期中原地区民众的价值观，影响了新中国乃至新时期的中原新乡贤的人生观。可以说，中原乡贤文化在不同的历史时期有着不同的影响，具有特殊的历史意义和时代价值。

乡贤文化的核心是尚贤。历史上凡是对国家和人民有功的人，中原人民都要为其建立庙祠以祭奉。河南开封的社稷坛就是古人祭奉上古贤人的地方，还有文庙、忠义祠、节孝祠、关帝庙、尉迟公祠、三贤祠、包孝肃公祠、岳忠武王庙等。

近些年，开展新农村建设的政策背景推动了各地乡贤文化的兴起，通常是县级基层地区，通过研究本地历代名流时贤的德行贡献，用以弘文励教，建构和谐社会的文化理念与教化策略。乡贤文化既与地域文化、方志文化、姓氏文化、名人文化、旅游文化等密切关联，"你中有我，我中有你"，但又不同于这些文化类型。如河南鲁山县从选乡贤、用乡贤、颂乡贤、学乡贤四个方面重视发挥新乡贤文化的引领作用，着力创新载体，培育乡贤文化，把能为乡亲、为百姓办实事、办好事，有崇高的奉献精神和较高的道德威望，热心家乡公益事业，投身当地文化建设，对家乡有突出贡献，受到群众公认；有文化修养，崇德尚贤，诚实守信，助人为乐，做事公道正派的优秀乡村干部、道德模范、致富能手等贤人推举出来。通过培育乡贤文化，将乡贤纳入村民议事会、红白理事会、孝善理事会等组织，并组建、成立各种乡贤团，如乡贤协调团、乡贤宣讲团、乡贤创业团等，发挥乡贤在乡风文明督导、邻里志愿互助、扶贫助困、脱贫致富、矛盾纠纷调解和慈善公益等方面的作用，推动美丽乡村建设。

第三节
生活习俗

民俗文化是人类在不同的生态、文化环境和心理背景下创造出来，并在独特的历史发展过程中积累、传递、演变成的不同类型和模式的文化。民俗文化是一个国家民族精神的重要载体，是民族文化的主要组成部分。在被誉为中华文明摇篮和礼仪之乡的中原地区，勤劳勇敢的中原人在长期的生产、生活中形成许多风尚和习俗，并代代相沿，积久而成丰富多彩、特色鲜明的中原民俗文化。中原地区民俗文化不仅包括衣、食、住、行等方面的生活习俗，日常社会交往方面的通礼习俗，生育、婚丧等人生仪礼，春节、元宵等岁时节庆习俗，而且还包括作息起居、生产劳动、工商贸易、民间节会、民间工艺、民间艺术等各个方面的习俗风尚。

中原民俗文化具有典型的根文化特征，对中国民俗文化乃至民族文化都有着重大的影响。西周时期在中原形成的婚仪"六礼"，逐步演化为提亲、定礼、迎娶等固定婚俗，并延续至今。与生产生活密切相关的岁时风俗，如春节祭灶、守岁、吃饺子、拜年，正月十五闹元宵，三月祭祖扫墓，五月端午节插艾叶，八月中秋赏月，九月重阳登高等，大多起源于中原，并通行全国。中原民俗还创造了民间的生活形态和艺术品，太昊陵庙会、洛阳花会、信阳茶叶节、马街书会、开封夜市等古代的民间节会至今不衰。中原因其"中天下而立"，民俗文化广泛影响了周边地区乃至海内外华人。

一、人生仪礼习俗

（一）童礼

童礼是人生仪礼中的一项重要内容，包括得喜、添喜、坐月子、报喜、洗三、满月、百天、周岁等一系列的仪式活动。

1. 得喜

中原地区的人们一直将家族的添丁进口视为家族兴旺的重要

标志。妇女怀孕，人们称之为"有喜""得喜"。怀孕期间，孕妇要受到各种约束。如古时候山西吕梁地区，妇女一旦怀孕便不准外出，据说是为了躲避凶邪；古时候山东有些地区，遇到雷雨天气，孕妇要手持红布，躲在屋里辟邪。孕妇也不能参加婚礼和丧礼。在河南有些地方，如遇到至亲丧礼必须参加时，孕妇要腰系红带子"破解"。

2. 添喜

婴儿出生，俗称"添喜"。陕西子洲一带，母亲要在女儿临近产期之前送去一件小红裹肚；武功一带，则是母亲要蒸一笼包子去探望女儿，让女儿倒坐在门槛上吃下去，称为"解怀"；河南一些地方，孕妇如果不能在自己家中分娩，经房东同意，可以立当房契约，从而获得暂时所有权，待婴儿满月后再议。在山西晋南地区，孕妇分娩时，娘家要送一把谷草或秫秸，婆家则准备一捆谷草，让孕妇靠卧在上面，称为"坐草"。在河南一些地区，除准备谷草外，还要装一袋煤渣灰，让孕妇分娩后坐。中原地区各地都有孕妇不能回娘家生孩子的禁忌。

3. 坐月子

孕妇分娩后，三天之内不下床，一个月之内不出屋门或街门，中原地区称之为"坐月子"。为了防止生人误入产房，陕西、河南的一些地方在孕妇分娩后，要在窗台和门外用灰撒一条线；山西浮山等地则在产房窗户上头显眼的地方挂一个筛面的箩，上面贴一块梅红纸，不仅告诫生人不要进屋，而且有"圈箩"之意，祝愿婴儿好养易活；陕西商州一带产妇分娩后要马上喝一碗加红糖的锅黑水

（锅黑即锅底黑粉末）。"坐月子"期间，山西、河南一些地方，产妇要喝熬下"能清得照见人影"的米汤，据说是怕过早吃又干又硬的食物伤了脾胃。

4. 报喜

婴儿出生后，中原地区都有挑红报喜的习俗。陕西韩城一带，婴儿落地后，祖母要立即给灶君上香，报告家庭增加了人口，同时在大门插上谷草。山西各地一般是在产房或大门上挂一块红布，上面附有弓箭、铜钱、大蒜、大葱、红枣、栗子、花生等物，这一习俗称为"挂红子""挑红"。定襄一带也有类似的讲究，当地称为"挂红字""看葫芦"，一来报喜，二来兼有辟邪和象征的寓意。向产妇娘家报喜也是生育仪礼中重要的组成部分。各地一般都是派弟兄去，也有女婿亲自去的。河南义马生男孩第三天报喜，生女孩则是第五天报喜。去时要带各种礼物，如鸡蛋、馒头、酒等。山西阳泉等地都用公鸡，所不同的是，生男孩鸡头朝前，生女孩鸡头朝后。

5. 洗三

婴儿诞生的第三天，中原地区还有"洗三朝"的习俗。人们用槐树枝、艾草煮水，请有经验的接生婆为婴儿洗身。一边洗，一边唱祝词。洗完后，用姜片、艾草团擦关节处，并用葱打三下，取"聪"的谐音，以示祝福。这一天，河南还有向本家族和街坊邻居送喜面的风俗。河南北部一些地方称这种带汤的面条为"酸汤"。山西闻喜等地，亲友探视产妇多送一种发面饼。主人家往往设酒招待，席间产妇把婴儿抱出来给客人看，亲友乡邻要给婴儿见面礼，数目不等。山西晋南地区，婴儿出生后第三天，婆婆要特意做"展腰面"给产妇、助产婆和亲友乡邻吃，表示从这一天起，产妇不再躺卧而可以坐起来了。在这一天，河南有些地方所生男孩要认干娘。到了第十二天，干娘来给做"小满月"，赠送精致的小篮子，取"栏"谐音，希盼婴儿能长大成人。

6. 满月

满月指婴儿出生后满一个月。为孩子办满月酒，是全国大多数汉族人普遍的育儿习俗，中原地区也不例外。做满月时，亲友要送各种贺礼，从馒头、糕点到衣物、鞋帽、被褥等。陕西潼关等地庆贺孩子满月，外婆家要送"产旗"，以细竹为杆，以金纸做成箭头，下面挂以红丝为弦的竹弓，弓或弓弦上悬挂绸缎被面、毛笔、墨锭等。"产旗"不送进屋内，而是依次靠在大门外的墙上，让人们参观。山西闻喜、万荣一带，姥姥家要带去一束谷草，分为数小把，交叉用黄泥粘在门楣墙上，中间再钉上一柄木勺、一双筷子和一个碗，称为"撤草"。婴儿满月当天，山西、陕西等地还讲究让一位儿女双全的长辈抱孩子出门，称为"出行"。如果见到的第一个人是上有父母，下有子女，本人有妻子或丈夫的"全人"，这个人就要接过孩子，将其送回产妇家，主人即以红包相谢。河南一些地方，则由姥姥用大红布把婴儿包住，到石磨场或石碌碡场绕转三圈，意谓让孩子经风雨见世面。婴儿满月之后，家人要择吉日给婴儿剃头。山西一些地方还要在婴儿脑门上留约一二寸见方的胎毛，取"髦"谐音，表达望子成龙成为俊杰之意。河南有些地方，婴儿满月之后都要由母亲带着回姥姥家住几天。婴儿去时抹黑鼻子，回来时抹白鼻子，俗称"黑奶奶，白姥姥"。陕西潼关等地，婴儿从姥姥家走时，姥姥要给婴儿脖子上戴一串"扎牙馍"，祝愿孩子早长乳牙。

武功等地，姥姥则要蒸一个大圆圈套小圆圈的馍，祝愿外孙一路平安，到家后无病无灾。

7. 百天

百天，指婴儿出生一百天。民间以长命百岁为吉祥语，人们把婴儿能平安度过百天，看作是此前的担惊受怕告一段落，企盼婴儿能长大成人。婴儿出生百天时，家人要请客庆贺，至亲们都要前来送礼，比较亲近的乡邻朋友也来庆贺。山西晋中、晋南等地除送衣物外，还要送"套颈馍"以祈求婴儿吉祥长命。"套颈馍"有的地方又叫"牛曲连""囫囵""串铃"，形状如圆圈，有套住、拴住之意。

8. 周岁

周岁，是婴儿出生满一年，民间也叫"一生"。周岁这天，除请客庆贺外，还要"抓周"。抓周，又称"试儿""试周""撞生日"，是一个很古老的习俗，颜之推的《颜氏家训》中有详细记载。不过，以前是以其预测孩子性情、志趣和前程，如今则成了渲染喜庆气氛的一种形式。山西有的地方，姥姥、姨姨、姑姑都要给孩子送"兽鞋"，送鞋一般在三双以上，均取奇数，忌用偶数。

（二）开锁

也叫"圆锁"，一种地方性的成人礼仪式，是河北、河南、山西、山东和陕西等北方五省和内蒙古部分地区的一种风俗。当地的小孩子在过12周岁生日的时候要大办宴席予以庆祝。开锁，其目的是要给那些即将成人的孩子打开智慧的锁链，让这个年龄段的孩子从幼年的蒙昧中解脱出来，踏进少年的里程，向着聪明才智的方向发展，向着成人成才的方向发展，让孩子感到自己已经脱离童年，产生加入到大人行列中的信念，自立起来，摆脱依赖心理。开锁前，先要在家里的祖宗牌位前摆设一定的祭供物品，像各种糕点、果品、菜肴，馒头、米饭也可供祭。供桌上，点燃香炉里的香。全家老少聚集到祖宗牌位前，燃香磕头自不必说，长辈要在开锁的孩子前训示，然后，开锁人向祖宗祷告，被开锁人要在祖宗牌位前跪拜。之后，开锁人（一般由被开锁人的舅舅担任）用钥匙打开事先挂在被开锁人脖子上的锁（锁上有十二层红布围裹的标记，一年一层），这样，开锁仪式即行宣告结束，然后全家人聚在一起摆设一顿家宴，以示庆祝。圆锁仪式一般在中午举行。时辰一到，就把所有送来的羊和礼品都摆在院中央的大桌子上，把头绳拴的锁子戴在孩子的脖子上，同时再戴上一条铁链子，用铁锁将铁链的两端锁在一起，先面对天地爷烧香叩头，再向家长叩头，最后孩子的母亲要头戴毛巾站在孩子身边，陪着孩子叩头，而后用三个姓的人为孩子开锁，开锁的三个人一般是由家中长辈、舅舅、干爹来担任，开锁时口里要念三句话——"一开，聪明伶俐；二开，学业有成；三开，满堂富贵"，然后共进午餐。圆锁仪式规模的大小要根据自家的经济实力和社会交往而定，但圆锁的形式和操作的程序基本相同。圆锁要看吉日举行。这一天，首先，要带上3—5个面粉蒸的大羊，羊的眼要连接在一起，不能断裂，形成圆形；蒸15个小羊，4个羊馒头和一条用五尺多长红头绳、17个小铜钱（一岁一个钱，天一个地一个）拴起来的"锁子"，以示长大成人后，要像羊一样，人旺性温。其次，还要带上被子、毯子、衣服和一些有关的礼物。其余亲友相应赠送。亲友多以钱物作贺礼，姥姥家的礼品格外重，有蒸食、衣裤、长命锁等。是日，在院里摆供、烧香、放炮，过12岁生日的子女要穿新衣，戴长命锁。长命锁一般由姥姥家送，用一根红线穿12个铜钱做成，以示12年锁圆，孩子长大成人。

（三）婚礼

中原一带民间的婚礼程序都遵循着周代确定的"六礼"，即"纳采、问名、纳吉、纳征、请期、亲迎"这六种礼节。尽管各省之间存在着差异，但婚礼程序总的趋势是随着时代风尚的演进由烦琐变得简化。

1. 议婚

婚姻程序的最初阶段，包括"求婚""过帖""相亲"等内容。中原各地一般都由男方家长托嘱亲友、邻里或媒人前往女方家里提亲，相当于"六礼"中的"纳采"，河南一带叫"保媒"或"说媒"，陕西有些地方叫"夹媒"。如果是女方看中了男家，主动托人到男方家里提亲的，河南一带叫"倒说媒"。如果女方家长答允考虑结亲，男方便托人或由媒人到女方家中询问女方的名字和出生时日，以便"开八字"，请人"合八字"，相当于"六礼"中的"问名"。山西各地有叫"换婚单"的，也有叫"取四柱"的。男女双方"八字"相合后，两家即择吉日互换庚帖，男女双方分别写下各自的姓名、生辰、行次、籍贯以及曾祖父母、祖父母、父母三代姓氏。至此，亲事算初步定下来。在具备订婚条件的情况下，男女方两家还要"相亲",又叫"相门户""看屋里",现在相亲的主角大多由双方家长变为男女当事人。

2. 订婚

订婚时,男方大都要按照双方议定的结果往女方家中郑重地送去聘礼,相当于"六礼"中的"纳吉"和"纳征",山西雁北一带叫"下茶"。在山西、陕西的一些地方,男女双方定亲以后,双方家里都要择日举行"吃面"仪式。日子一般选在逢三、六、九的吉日,通过吃面仪式,双方的婚姻关系正式确立。山西晋南吃面的婚俗中,还有一些有趣的讲究。宴席上,男家必备饺子,意取"捏嘴",表示就此打住,不要再开口要彩礼了;女方家则准定有"臊子面",意取"拉长",表示彩礼少了不行,自然是多多益善。这一讲究至今遗留在当地的订婚仪式中,不过其本意早已不再是双方在彩礼数额上讨价还价了。陕西武功一带在订婚时,男方要给女方家送"盒酒",内装各色菜肴八样,好酒两瓶,作为定亲的凭证。山西等地订婚时还讲究互换"龙凤帖",寓意婚姻美满天长地久。

3. 请期

订婚之后男方家长就要开始张罗娶亲了。首先要选定迎娶的日期,然后通知女方。在河南一带,称"请期"或"下通书"。山西晋南、大同等地,则称为"要好""看好"和"送好"三个步骤,所谓"要好",就是选一双月双日的吉日,由媒人到女方家中求取女方的生辰八字和属相。"看好"就是男方家请阴阳先生或算命先生依据男女双方的生辰八字和属相,选定"行嫁月""吉日良辰"以及喜神所在方位,同时还要推算迎亲、送亲之人在属相上的忌讳。所谓"送好"，就是最后选定举行结婚仪式的吉日后，正式写成婚书送到女方家中。

4. 催妆

婚嫁日期确定后，男女双方便进入繁忙的婚前准备阶段了。男方要收拾新房，女方要整理嫁妆。由于地域、物产、习俗的不同，中原各地亲朋好友送喜礼时均有各自不成文的规矩和讲究。山西晋南产棉花，于是准备十几床的被褥在当地是司空见惯的事情。山西大同等地，男方要给女方家送面粉、肉，俗谓"离娘面""离娘肉"。

5. 铺房与哭嫁

收到女方的嫁妆后，男方家加紧了迎亲的最后准备。张灯结彩，贴大红喜联，门前院内高搭喜棚；洞房内粉刷一新，摆设齐整，窗户上张贴喜庆的窗花。洞房布置的最后工作叫作"铺房"，一般是在婚礼前一天的傍晚，新娘的兄弟姐妹或嫂子、婶子等人来送陪嫁品时，随即铺设，也有男女两家人共同铺的，也有男方家人单独铺的。一般"铺房"的人，必须是上有父母、中有家室、下有子女的人。新娘出嫁前，中原各地都有"哭嫁"的习俗，人称"媳妇哭，娘家富"。在陕西一些地方，时兴"坐亲"，女儿在出嫁的前一夜，要通宵坐在母亲身边，一边哭泣，一边倾诉离家前的最后一次心里话。母亲也陪着哭，并百般叮咛，对女儿说一些结婚以后应该注意的问题，劝女儿不要牵挂家里等。

6. 迎亲

指的是新郎或男方派人前往女方家迎娶新娘的仪礼。在河南义马一带，祖父母已经去世的男方还要请本族长辈领着新郎到祠堂或敬奉祖宗牌位的本家叩拜，将祖父母牌位请到家里供奉，参加喜庆大礼，称为"请爷牌"。陕西韩城一带，临娶前一天晚上或结婚当日早上，男方还要派人去女方家中祭祀祖先，当地称"祀先"。迎娶新娘进门的时间，中原各地也有不同的讲究。许多地方通常是在中午，但也有一些地方是在晚上。迎娶新娘的交通工具，常见的还是轿车。在河南的一些地方，民间多用太平车迎亲，车上扎拱形车棚，前头用红毡遮蒙，后头用被单悬挂，车前还要拴上一只大公鸡。随着时代的发展，现在中原地区无论是偏僻的山村，还是交通便利的乡镇，中高档的小汽车作为婚车已经是非常普遍了。迎亲队伍到了女方家后，女方的家门往往特意紧闭、关锁，让新郎和迎亲人在门外久等，各地为难迎亲人的婚俗也不一样。在山西榆次一带，招待女婿时，除一应酒菜外，还要烙一种薄饼；当女婿的，进入女方家后，一定要"偷"十几张饼，当地人称"得富贵"。新娘梳妆打扮后，迎亲乐队就吹打起"催妆乐"，催促新娘快点出阁上车轿了。上车轿前，新娘要向列祖列宗的牌位叩拜告辞，同时也向父母亲行"告别礼"或"辞娘礼"。迎娶新娘的车轿上路后，各地也有许多不同的讲究。路上碰到桥、井、庙宇、古树、拐弯处，有些地方要贴喜字帖；有的地方帖上要写"青龙"二字，称为"撒青龙帖"；有些地方有送亲的"夹毡客"，凡遇到上述这些地方，均用红毡或红布一挡，让车轿过去。即使到现代，人们为了省事且讨吉利，也会在这些地方多贴张小块见方的红纸，旨在防止鬼祟邪怪的袭扰。

7. 拜堂、入洞房

车轿来到男方家村头，鼓乐大作，男方接客的闻讯前来迎接，迎亲的人对着车轿放一挂鞭炮，然后车轿面对喜神所在方位落定或停下。山西沁县一带，讲究把花轿落在一床红被子上；在河南，此时还要找两个男孩或女孩，手持麻秆或谷草扎成的火把绕车轿一圈或对头绕三圈，称为"燎轿"或"驱鬼邪"；陕西关中地区，人们要绕车轿撒一圈白灰，称为"围轿"。新娘在下车轿后步入大门时，各地都有新娘跨马鞍、过火盆的婚俗。新娘进院后，便要举行"拜天地"的仪式，仪式开始时，由礼生或司仪唱导"一拜天地，二拜高堂，夫妻对拜，送入洞房"。在山西大同、晋中一带，"拜天地"时，新郎拜，新娘不拜。这种"女尊男卑"的现象在陕西关中地区的"拜天地"仪礼中也有表现。"拜天地"后新人就该入"洞房"了，也就是新婚夫妇的卧室。新郎新娘入洞房后，讲究朝着喜神所在的方位坐下，称为"坐帐"。这时，有人端来红枣、栗子、花生等撒在新郎新娘身边，边撒边念诵祈子求福之类的祝词，叫作"撒帐"，其意在于表示欢庆祝愿与驱邪避煞。

（四）寿礼

寿礼作为人生仪礼中的一个重要内容，是以祝祷长寿、祈求福佑为主要内容的民间礼俗。在民间传统习惯中，人们往往在诞辰纪念日举行一些贺诞祝寿活动。贺诞俗称"过生日"，祝寿俗称"庆寿"。两者区别在于前者过生日的对象一般在50岁以下（有的在40岁以下），而后者的对象则在50岁以上。年龄越大，礼仪越隆重。

在山西，寿礼一般是从50岁开始，逢50岁、60岁、70岁、80

岁都会很隆重地庆贺一番。过去祝寿礼仪比较隆重，要布置寿堂，正堂内高悬"福禄寿"巨幅中堂，两侧为大红洒金寿联。亲朋前来祝寿，需要带贺礼。有送钱的，有送绸缎布料的，近亲要送肉和全藕，并系以红绫，还有必不可少的寿酒和寿桃，寓意"寿久"。亲戚到齐后，时近中午先请老人暂到邻居家小坐，然后众亲友将老人在鼓乐声中迎回，先烧香祭祖，接着请老人坐在太师椅上，如二老都长寿，即并坐上座；如失去配偶，要请与老人同性别且年龄相仿又相知的人专门陪坐，孙媳在椅子后侍立，子孙磕头祝寿，亲友祝寿。接下来是寿宴，宴席名为"八仙庆寿"，八碟八碗。民间讲究"早面午席"，即早饭要吃长长的面条，寓意"福寿绵长"，午饭是设席宴。无论早面午席，都必须上蒸好的面桃，每人吃时将涂红的桃尖摘下放入一个盘中，敬献给老人，名曰"献寿"。现在给老人祝寿风气仍十分盛行，但较过去要简单多了。

在河南，一般人过生日叫"过生儿"。"过生儿"时全家一般吃捞面条，并为过生日的人煮鸡蛋吃，俗谓"滚运气"，条件好的要添些新衣物。人过60岁即"花甲"之年后始祝寿。生日这天，嫡亲儿孙、晚辈或其好友携带礼品前来为老人祝寿。寿礼一般为鸡蛋、点心、寿糕、寿酒等。老人把点心之类分给子孙吃，俗谓给寿星"咬灾"。午饭前，老人着新装端坐堂上，晚辈及宾朋分别向其行礼，祝其健康长寿。午宴一般要有"长寿面条"或"高寿扁食"。花甲庆寿谓之小庆，70岁、80岁时为大庆。66岁时比较隆重，女儿要送六斤六两猪肉，还要蒸66个小馒头。老人庆寿忌庆73岁和84岁，其时往往少说一岁。

陕西的民间惯俗，无论男女，一般都从60岁开始祝寿（亦有少数人从50岁开始做寿的），以后年龄每增加一个整十数，称为"上十",每届"上十"之年,要做一次大寿。祝寿的活动有繁有简,视生活条件和身份、社会地位而定。一般人家,均邀亲友来贺。子孙要提前筹备筵席,招待前来祝贺的亲友。除了逢十的整寿要大庆,逢五之数也要小庆一番,民间称"十年一大庆,五年一小庆"。其他年岁之寿一般不大办,要办也只举行家宴,规模很小,不发柬请客。庆寿的规律是年龄越大,庆祝得越隆重,80岁大寿往往为寿礼之极,到了这样年龄的人,已有三四代子孙了,祝寿的隆重程度自然不同一般。有的儒雅之家办生日,讲究男子做"九"不做"十",因"十"为满数,《尚书·大禹谟》中云"满招损,谦受益",故宁亏毋满,在69岁时就要预做七十大寿,以取长寿吉利之意。而妇女则是做"十"不做"九",因"九"谐"绺"音,故而忌讳。百岁寿诞无论男女,都提前一年在99岁做,以示顺利闯过百岁大关。这些俗信,在陕西许多地方都普遍流行。

(五)丧礼

丧葬,也叫"殡葬",古代的仪式是先殡后葬。据考古发掘,中原地区早在两万年前就有了葬仪,至周代形成一套比较完整的丧葬仪礼,是中国重要的礼俗。汉人重土葬,讲究入土为安。整个丧葬仪礼都贯穿着"事死如事生"的基本精神,充满了温情脉脉的人情味和等次分明的儒家伦理思想。黄河流域中原地区因地域不同,其丧葬礼俗的内容略有差异,但总的来说,其仪程大致如下。

1. 初终

临终前,要准备好"老衣"。儿女要在老人身边守护,在老人咽气时将寿衣穿好。这一方面是怕死后尸体僵硬，不便穿戴；另一方面，则是认为没有来得及穿好衣服就咽气，是"光着身子走了"，亲属会感到十分遗憾和内疚。换衣之后，给临终者理发、梳头、洗脸、洗手脚，并在口中放一枚铜钱或一块玉，称"含口钱"。然后将弥留之人迁至正寝，内外安静，让其平静地慢慢过世。当认定死者没有气息后，洁身沐浴，便可停尸。山西大部分农村地区过去是将尸体放在一扇门板上，身上遮盖殓被，脸上盖一张白麻纸，叫作"覆面纸"。

2. 报丧

人死后，要将死讯迅速通知亲戚、朋友。报丧者到亲族家报丧时，要叩报丧头，闻丧者要为报丧者备饭，报丧者则须象征性地吃点东西。

3. 奔丧

出门在外的亲属子女接到讣闻要哭悼，然后问明死因等，不顾一切地上路，临到家时，出嫁的女子要一路哭着到家。

4. 小殓

即正式为死者穿寿衣。所穿寿衣的件数，讲究穿单不穿双，一般有三至七件，分单衣、夹衣、棉衣。但也有穿双不穿单者。

5. 大殓

即入棺。与小殓并称殡仪。入殓时间各地不一，多数为死者亡故后第三天，也有第七天，还有当天入殓的。民间一般将棺材陈于院内，棺内奠七星板，垫以干草，铺上褥子，讲究由死者的长子抱头、其他至亲扶抬死者的身体，出门时死者脚先头后，将死者的尸体至于棺内，先放脚后放头，放置平稳，覆以衾被。将死者生前所爱之物和一些衣物放在身旁，但不能放毛皮之类。有的地方是用七尺红布从头到脚蒙住尸体，红布必须由女儿置备，俗称"铺儿盖女"。孝子及其他家人一同痛哭，并且要举行大殓奠仪。大殓后的第二天，凡属五服之内的死者亲属都要按同死者的关系穿上相应的丧服，俗称"成服"。

6. 朝夕奠

即在每日日出前和日将落时各举行一次祭奠。要像死者生前平日早晚两次进食的例行，陈设酒果"侍奉"。如遇朔月，也要设馔祭奠，谓之"朔望奠"。

7. 出殡

也叫"送葬"，一般都是死者死后五日、七日举行，如遇特殊情况，则须推迟。吊孝和出殡之日，孝子孝女必须穿戴孝服。过去，孝服依据与死者血缘关系的亲疏而分为五种，父母亡时子女所穿的孝服最重，不缉边，以示无饰。近代古礼逐渐简化，除直系子孙外，不穿孝服，只戴孝帽，腰系孝带。出殡"服三"后，不再穿孝服，只是臂戴黑纱或孝牌。年龄不过12岁的孙子女要系红布块或红布条，以辟邪。其余凡参加葬礼的人，也要在扣结上系一小红布条。吊丧和出殡时，孝子孝女不洗脸不梳头，不施粉黛，以示悲哀至极，因此民间有"丑孝丑孝，越丑越孝"的说法。

8. 起灵

出殡中最隆重的仪式，一般都在午宴后举行，也有的地方是丧葬完毕后才开席宴客。午宴多不设酒。出葬前，由孝子孝女摁压食钵，即选一瓷罐，装入各种食品菜肴，轮流按压，边装边压，到满为止，上面用馒头盖住，再用一双筷子穿扎，食钵随棺下葬。钉棺时，司仪主持并将死者生前用过的一只碗举起摔碎，死者亲属放声恸哭。这时抬棺的人拥入灵堂，尽量平稳地将棺材抬出大门外放到彩架上绑好，扣上棺罩。司仪高喊"起驾"，灵柩离地而起，有专人或由死者的长子把烧纸的瓦盆摔破，意为让死者断绝尘缘。出殡队伍前，有开路之人边走边撒纸钱，再后是铭旌、挽联、纸扎、粗细乐班。男孝子一手拿哭丧棒，一手拖曳孝布，不停哭号，灵柩后面是孝女和女亲属，号哭不断，在村中主要大街上缓缓行进。出了村外，亲朋止步，孝子们向亲朋诸人"谢孝"，将棺罩除去，家人和至亲携带祭品、纸扎等，随棺前往坟地，其余人等返回丧家。到达坟地后，将棺木用绳索缓缓吊入墓坑，阴阳先生摆下罗盘确定方位。有些地方，墓内还要放弓、箭、五谷等。然后壅土填平，再堆一坟堆，将哭丧棒插在墓前，最后祭奠一次，烧化所有纸扎，孝子孝妇们绕墓三匝，将孝服翻过穿上，悄悄离开坟地返家。

9. 服三

指死者被埋葬后的第三天，家人再去墓地祭奠一次，有的是在埋葬后第二天，则叫作"服二"。

10. 尽七

也叫"斋七""烧七",每隔七天再到坟地祭奠一次,以五七或七七为重。过五七或七七,旨在为亡者的灵魂回家省亲,丧家孝子孝妇去坟头祭奠时,沿途要插用谷草秆或白纸糊制的小白旗。至此,丧葬礼仪全部结束。

11. 过周年

人过世满一年叫"周年",也称"忌日",家人到墓地祭奠叫"烧周年"。山西民间特别重视烧三周年,三周年后,孝子可以不再守孝了。因为是对死者的最后一次祭奠,其规模类似出殡,还请鼓乐吹奏,先到墓地将"神主"请回院内,上供叩拜,然后再送回墓地。多数地方是到坟地祭奠。此后,便如其他祖先一样,逢清明节、中元节、十月初一,予以祭奠。

如今,不仅中原各省,全国范围内从城市到乡村,都倡导火葬,但在一些偏远山区,土葬的习俗仍然延续着,只是比起古礼程序上简化了许多。

二、岁时节庆习俗

与生产生活密切相关的岁时节庆习俗,如小年祭灶、岁末守岁、过年吃饺子、拜年,元宵点灯盏,清明祭祖扫墓,端午插艾叶,七夕观星乞巧,八月中秋赏月,九月重阳登高等,大多起源于中原,并通行全国。中原地区各地的主要岁时节庆习俗,大多已和全国其他地方的节时习俗趋同,但有些地方仍延续着自己独特的习俗。

（一）春节

中原俗称春节为"过年"或"大年"。过了腊月初八，就开始准备年货。早在商周时代，祭灶王爷就是"五祀"之一。农历腊月二十三，俗称"小年"，这天，家家户户都要祭灶王爷。农历十二月最后一天，从东汉开始，中原人称之为"除夕"，这天，家家都要包饺子，而且包得越多越好；户户都要贴春联，这源于黄帝所创的桃符。初一都要吃饺子，主要取其"更岁交子"之义。拜年是春节期间的一项重要活动。大年初一、初二是家族内的拜贺，初三之后是邻里和亲戚朋友之间互相拜年，一直延续到正月十五元宵节。中原民间元宵节活动内容丰富，规模盛大，素有"小过年，大十五"之说。正月十五点灯盏是元宵节重要的祭神祈福活动。春节期间中原地区还有丰富多彩的踩高跷、划旱船、玩狮子、挂灯笼等"耍社火"的活动。它来源于古老的土地与火的崇拜，自秦汉以后，演变成为民间传统的综合性文化活动，并成为全国春节文化活动的重要内容。

山西是华夏文明的重要发祥地之一，也是中原汉民族与北方少数民族碰撞交融的文化区域，独特的地理文化生态孕育了特色鲜明的春节民俗。晋北地区是汉族与北方少数民族冲突交融之地，农耕与游牧在这里碰撞汇聚，春节民俗呈现出一种"混搭风"，有着鲜明的佛教文化色彩，如腊八节传说、打冰人习俗等。春节期间，晋北有些地方民众还会在寺庙摆放供品，找僧道代替本人向佛祖祈求新年福运。五台山是佛教圣地，寺院在腊八节要施舍腊八粥；现在五台山作为旅游景区，还会举办五爷庙庙会。春节期间，山西境内甚至全国各地来此朝拜的信众接踵而至，尤其是正月初一、十五，善男信女争相前来。点旺火是当地春节期间的特色节俗。每逢除夕和元宵节，家家户户院落门前都要用大块煤炭垒成一个塔状旺火，以图吉利，预祝全年兴旺好运。晋中地区春节民俗文化呈现出商业化特色，一些在外地经商的商人将其他地区的习俗带入家乡，如太谷宫灯，民间俗谣唱道："南庄的架火、太谷的灯，徐沟的背棍、铁棍爱煞人。"每到年节，形成了商户们正月挂灯、游灯、比灯的灯节习俗。晋南农业民俗特色鲜明，春节习俗体现着祈求风调雨顺、五谷丰登的求吉心理。春节期间，浮山百姓特意蒸制花馍来供奉神灵，其中别具特色的是枣山、枣糕、石榴馍等。晋南春节文艺形式多样，有背冰、跑鼓车、蒲剧等。晋东南的春节民俗中比较有特点的有迎神赛社和秧歌。迎神赛社是春节期间举办的社火活动之一，八音会和跑马排也是具有当地特色的传统春节竞技活动。晋西处于吕梁山脉和黄土高原重峦叠嶂的山区，偏远、交通不便，传统风俗与历史文化保存较好，一些古有的民俗文化受现代文明的冲击影响较小，所以这里的春节民俗在许多方面具有特殊意义。总体而言，道教信仰在晋西非常突出，代表性的就是北武当山，素有"三晋第一名山"之称，供奉真武大帝，因此当地春节民俗具有浓郁的道教文化色彩，一些代表性的春节民俗如盘子会、醮纸、伞头秧歌等，其仪式内容都与道教文化传统有关。晋西还有一些独特的春节民俗，如临县伞头秧歌、中阳剪纸、孝义皮影木偶、九曲黄河阵等。

  陕西不同的文化亚区也有着不同的春节习俗。春节前，不管陕南、陕北还是关中地区都有打扫室内外环境卫生，除旧迎新的风俗。陕南地区做扫除的时间一般在春节前腊月二十三；紫阳县有的地方在腊月二十三、二十四打阳尘，有的是腊月二十四、二十七忌打阳尘。腊月二十五以后，关中韩城、合阳一带人们便开始做肉菜、蒸馍、捏过年馄饨了。年馍种类很多，一般有蒸馍、碎馍（小馍）、花卷、包子、各种花馍（鸟、鱼、虫、兽等）、礼馍、献贴等。它形成民间饮食面花艺术的画廊，尤以合阳、华县、澄城县为著名。年三十，一切准备就绪，家家户户再次清扫院落街道，打水压面条，张贴春联、喜贴、窗花、家宅六神，设祖先牌位。陕南秦巴山区，室内贴字画，门上贴春联；陕北神木、府谷一带，三十时近傍晚，各家各户首先要把火塔（用炭垒）或火笼（用柴堆）点着扇旺，然后点灯笼；关中西府一带除夕夜也有"烤冬柏火"的习俗，实际是上古以火祭天的遗风；渭北高原过年尤重祭祖。大年初一，关中有的地方要请刚过门的新媳妇到各家吃饭，据说能带来好运；陕北神木、府谷一带还有"打醋坛"的讲究。新的一年开始自然是少不了祭拜祖先。新年第一天，宝鸡一带春节抢头炷香直到现在还是不少村子中非常重视的习俗。过年吃烙面是礼泉人的习惯。跑骡车是渭南人祖辈"祈年成"和庆丰收的习俗。陕北榆林过年时的民俗活动"九曲黄河阵"寄托了当地民众转出太平年的美好愿望。宜川胸鼓和壶口斗鼓是当地过年少不了的娱乐活动。正月初一，各地都讲究在家过节不出门，不走亲戚，出嫁的姑娘不能回娘家。陕南习俗，初一不动刀、不理发、不切菜、不砍柴、不剪裁，忌说砍砍杀杀的话，人们认为这都是不吉祥的行为，会影响到家人全年的平安和健康；关中地区初一讲究水火不出门，忌讳倒垃圾；陕北地区讲究初一不担水、不动针线，全家休息，不许说"忙"字，因为忙一天寓意忙一年。从正月初二到初四，人们开始相互串亲走友拜年。先是女婿拜丈人，外甥走舅家，然后大体以亲疏为序，亲朋之间相互拜年。拜年期间要盛情待客，待客饮食因地而异，待新女婿则最为隆重。韩城、合阳讲究吃过年馄饨，乾县、礼泉一带兴吃烙面，岐山、宝鸡、凤翔一带吃酸辣香的臊子面。陕南以酒菜、米饭为主，陕北多吃烩菜、麻花、油糕。

（二）二月二

中原地区长期为小农经济生产方式，历来崇拜能呼风唤雨的龙神。传说龙在农历二月初二抬头升天，古代中原人便把这一天定为"龙抬头节"。这一天要开展各种各样的活动，一来祈求龙王降雨，二来祈福消灾祛毒。

山西各地在这一天普遍有剃龙头的习俗。民间认为，这天理发会鸿运当头，俗称"二月二剃龙头，一年都有精神头"！有些地方还有引龙习俗，在晋西北叫"司钱龙"，家家户户提着装有铜钱的水桶到河边或者井边汲水，边走边洒取来的水，并将剩下的水倒入水缸。引钱龙时不准说话。在晋东南是撒灰引龙。在晋南的芮城县匼河，这一天有"亮宝会"，山民们把自己家中的珍宝都展示出来。据说，珍宝能驱邪消灾，使风调雨顺、五谷丰登。晋南永济运城临汾地区还有背冰亮膘的习俗。妇女们身着彩装，演唱民间小戏；男子们扮演天神、地祇、武将及文臣、八仙、俗神，或骑马坐轿、乘牛抬杆，或赤身裸体、腰系野藤，或着土布裤衩，身背铡刀、冰凌、粗檩、石磨，大展阳刚之气。"二月二"民间还盛行吃龙须、挑龙尾、揭龙皮、啃龙骨、吃枣山头，吃各式各样的面食。晋北地区人们喜食面条、粉条，名为"挑龙尾"，并要吃糕糊狼嘴和吃梨败火、打脏气。也讲究吃灶王爷前的枣山。一家几口人，将枣山切成几块，人均一份，最上面的山尖部分归家长享用。吕梁地区喜食煎饼，称为"揭龙皮"。晋南这天则一定要吃麻花、馓子，谓之"啃龙骨"。晋西北地区讲究青龙节大闹社火秧歌，垒砌旺火，盛况酷似其他地方的元宵节。

陕西关中地区广泛流传着"二月二，吃豆豆"的说法。二月二，陕西人的习俗要吃豆豆，炒豆子和棋子豆都是吉祥的小零食，寄托人们对美好生活的向往——龙神赐福人间，人畜平安，五谷丰登。人们在这一天还组织老老小小出门挖野菜，图个新春第一口。当地人把"二月二"这一天叫"补当"，意思是无论这一天有多忙，男女老少都要闲一天，再忙的活也不去干。

（三）清明节

祭祖扫墓是中原清明节俗的中心内容。清明时节上坟，最大的特点就是铲除坟头杂草，用新土将坟堆加高加固，习惯称为整修阴宅，表达儿孙对先人的哀思。

山西南部地区清明这一天，上坟时男女都到，表示所有后代都在怀念祖先。山西北部地区上坟多是男子的事情，妇女一般不到坟茔。大同、平遥等地，是日傍晚，旧俗是妇女们要在大门外放声大哭。山西南部多数地方上坟时不燃香、不化纸，要将冥钱等物悬挂坟头，有"清明坟头一片白"的说法。原因是寒食节习惯禁火，而清明节又在寒食节期间。山西北部多数地方却要将冥钱等物全部烧尽，理由是不烧尽就转不到先人手里。大同等地习惯白日上坟，晚上在家中焚烧冥钱冥帛。晋西北的河曲等地，旧俗上坟要带酒肴，祭毕祖先，便在坟地里饮食，意寓与先人共饮共食。晋南的闻喜等地，上坟时要用嵌枣糕在坟堆上滚来滚去，传说是为死去的老人抓痒痒。晋中的介休等地，上坟时供品为面饼，形如盘蛇。回家后将面饼放在院里，吹晒干以后再吃。老人们讲究可治病，其源盖出于寒食禁火的缘故。晋南地区上坟后，回家时要拔些麦苗，并在门上插松枝柏叶或柳条以辟邪。晋北地区多插柳条。还有的地方，在坟上也插一些柳条。河曲县清明节以黍米磨面作饼，称为"摊黄儿"。寿阳县清明节，男女儿童皆剪彩纸成串戴在头上，据说这是古代"彩胜"的遗风。翼城县民预先煮黑面凉粉，于清明节切薄片，淋上汤汁来吃。解州清明停止一切女红，据说此日动针线者，会成为盲人。平陆县清明节儿童头上以麦系发，祈求长寿。晋南地区清明节民间要蒸大馍，中夹核桃、红枣、豆子之类，称为"子福"，取意子孙多福，全凭祖宗保佑。家家还要做黑豆凉粉，切薄块灌汤而食。晋北地区，习惯生黑豆芽，并用玉米面包黑豆芽馅食用。在汾阳岚县一带人们会在清明节蒸制面塑"寒燕燕"。

在河南人们在清明节这一天有吃馓子、枣糕和鸡蛋的习俗。馓子是一种油炸的面食，过去叫"寒具"。现在清明节吃寒食的习惯已改变，但吃馓子的习俗仍沿袭至今，馓子深受人们的喜爱。枣糕也叫"子推饼"，河南有的地方用酵糟发面，中间夹上红枣蒸制而成，做成飞燕的形状，用柳条穿成串挂在门上，可冷食。还有些地方清明节有吃鸡蛋的习俗，如同端午节要吃粽子，中秋节要吃月饼一样。民间认为清明节吃鸡蛋，一年都有个好身体。

陕西各地除传统的上坟祭祖外，一些地方还有其独有的清明节习俗，如兴平市清明节，姻亲间以纸钱相赠，且互相拜墓。富平县每户人家于清明请名山之泉水，共礼一神。准备牲礼来祭祀，以祈求丰收，称为"游水"。大荔县清明祭扫后，折柳枝插门，并以纸钱贴于树干，据说如此可以防虫蚁。洛川县清明蒸馍为食，馍四周作鸟蛇之形的装饰。据说介子推上绵山时有鸟、蛇保护他，所以以此作为纪念。清明节前后，韩城农村还有两个习俗：一是娘家母亲要给出嫁不久的女儿送蒸食，叫"送清明节"。主要蒸食是一个大枣糕，另外，给女儿、女婿还要各送一个"子推馍"，有人也称"鸡蛋馍"，给女儿送的那个鸡蛋包在馍内，给女婿的那个鸡蛋镶在馍外，体现了古老的生殖崇拜。另一项习俗就是外婆给小外孙"送猫"。说是"猫"，实际是用上等白面蒸的老虎形状的大型花馍，一大一小，大的用面5斤，小的用面3斤。这种馍以虎为形，旨在镇邪，以猫为名，取其温顺，为孩子压惊。

（四）端午节

先秦时期中原便有了端午节俗。每到这一天，人们把采来的艾叶插在门上以避邪。中原端午节不仅有吃粽子、贴艾虎、悬菖蒲、饮雄黄酒等习俗，而且还流行一些消灾祛病、预防瘟疫的风俗。

山西晋北地区有饮雄黄酒的习俗，据说是纪念明初大将军常遇春之母。人们端午节包粽子，浸米时水里要放些艾叶。晋北习惯将艾蒿编成人形，悬于门楣，称为"艾人"。一些地方还盛行用碎布、细茭秆做成符节，缝在孩子衣服后背上，俗称"讨吃子"，取意人穷命大，希望孩子消灾免难。雁北地区的阳高县，在端午节有逛城墙的风俗习惯，当地称为"窜城墙"。晋中各地端午节过得相对早，有端午庙会和集市。端午节前家家户户门上贴上黄符、插上艾蒿，小孩子挂上香包，包好粽子，一直吃到初五，初五也吃凉糕。晋南地区则要将一些粽子用五色线捆绕，习惯将艾蒿编成虎形，悬于门首，称为"艾虎"。曲沃等地是用纸剪成老虎、粘艾叶，贴在门上，称为"贴门虎"。

在河南人们在端午节这一天也有吃粽子、喝雄黄酒的普遍习俗，还要戴香包。香包又叫香布袋，是用花布和丝线绣成鸟兽、鱼虫、花卉、五谷、人物等各种图像，并在里面装上雄黄、苍术、艾叶等中草药物。人们还要吃水煮蛋，水煮蛋包括鸭蛋和鸡蛋两种，鸭蛋一般是咸蛋，鸡蛋则咸淡都有。此外，有些地方还有吃煮大蒜的端午习俗。

陕西各地在端午节当天，除了家家挂艾草，点雄黄，吃粽子外，大人们还要把彩色丝缕拴在小孩的手腕、脚腕和脖颈上，据说可以避邪和防止"五毒"近身。这种彩色丝缕要戴到"六月六"才把它剪下来，丢进河里冲走，寓意百病也被带走。在节日当天孩子们还要佩戴香包，这种香包就叫"祛灾包"，还有五毒肚兜，其中含有更多的巫术意义。

（五）七夕节

每年农历七月初七这一天是我国汉族的传统节日七夕节。七夕节，源于最早流传于中原的"牛郎织女天河相会"的神话。因参加活动者都是青年女性，故又称为"乞巧节""女儿节"。在千百年的流变中逐渐产生了乞巧、祈佑儿童、祈婚姻美满、祈遂私愿等七夕习俗、仪式。

依照七夕节天上牛郎织女相会的情节，山西民间有扎像庆贺之俗，就是在街头巷口用树枝等物扎成一对青年男女像，代表牛郎、织女相会，并在像前敬献瓜果桃李以示祝贺。晋南地区习惯用当年产的新麦秸编成一座桥，配以牛郎、织女、男孩、女孩、老牛、喜鹊等编织物，置放案头。或用彩色纸，剪成上述景物，贴在墙上。祈祷后，拿七根绣花针，用彩色线来穿针孔，能够一次顺利穿过七个针孔者就被认为乞得了巧。曲沃县盛行男女孩童以星星草、香节投水乞巧。晋北地区习惯白天在院里晒一盆水，因微尘飘落，盆水的表面形成了一层薄薄的膜。将绣花针涂油以后，轻轻放置水面，能够漂浮者则被认为是乞得了巧。晋西北地区是在盆水中放置豆芽，将节前生好的豆芽，放置水面。在阳光照耀下，经过盆水的折射，水底倒影会显示出各种动态，或蜈蚣，或水蛇，或水狗，或小鸡。倒影显得越复杂越逼真，意寓乞巧越多。晋东南地区女孩子，七夕节要逮一只吐丝的蜘蛛，圈在匣子里。第二天观察蜘蛛的结网疏密状况，越密乞巧越多。与少女一样，少男在七夕节也要向牛郎讨教耕耘本领。晋南地区，习惯在木板或石板上覆土，土上制作茅屋小景，屋旁做成田园。田园中种粟生苗，称之为"谷板"。晋北地区习惯将小麦及各种豆类用水浸泡，促其生芽。七夕节，用彩线缠芽，称之为"种生"。晋西北牧童要为耕牛编戴花环，称为"老牛过生日"。晋东南流传有夜深人静，躺在葡萄架下偷听牛郎、织女说悄悄话的说法。七夕节，民间喜用白面或糕面加油、糖、蜜做成各种糖果，称为"巧食"。山西境内，家家要吃西瓜，喜欢在西瓜上刻画花纹图案，称为"花瓜"。

陕西黄土高原地区，在七夕节的夜晚也有举行各种乞巧活动的风俗，妇女们往往要扎制穿花衣的草人，谓之"巧姑"。不但要供瓜果，还栽种豆苗、青葱，在七夕之夜各家女子都手端一碗清水，剪豆苗、青葱，放入水中，用看月下投物之影来占卜巧拙之命，还穿针走线，竞争高低。同时还举行剪窗花比巧手的活动。在陕南汉中洋县，七夕节这天晚上有着一个独特的风俗，就是"烧鸡蛋"。从下午饭后开始，大家不约而同地自发准备一些秸秆、柴火笼起一堆堆篝火。大家都会提前根据家里的人数选好鸡蛋，家中有小孩的更要准备鸡蛋，并在鸡蛋上面写上名字，将鸡蛋一个个地包起来，放入篝火中，烧好后分吃。小孩子手里拿着烧好的鸡蛋嘴里边念叨自己的名字，口说"回来了"，被称为"叫魂"，祈祷孩子健康平安成长。

河南有些地方把农历七月初七称作"女节"或"女儿节"，在此日有迎女避节的习俗。当地传说织女是天帝的孙女，织女婚姻的不幸是天帝不愿孙女与牛郎长期生活造成的。每逢农历七月初七，人们就要把新出嫁的女儿接回家来，以免天帝发现女儿与女婿长期生活在一起，把他们像牛郎与织女一样强迫分开。当地的这个习俗充分体现了为人父母者希望女儿婚姻美满幸福的愿望，同时，也说明牛郎织女的传说不但深入人心，而且影响到了人们的日常生活。新乡一带的乞巧习俗是每年农历七月初七的前一晚，当地未出嫁的姑娘七人为一组，准备七样瓜果、七样油烙馍或甜烙馍、七碗小饺子、七碗面条汤，此外还要包七个大饺子，七种蔬菜做馅，内包用面做的七件针线工具。当天晚上，七个姑娘在瓜架下焚香烧纸，念完祷语，分吃面条汤，这个习俗叫"守巧"。

（六）中秋节

农历八月十五中秋节，源于古代中原地区的祭月迎寒活动。作为节日，西汉时已初具雏形，晋时已有赏月之举，到北宋时正式定名中秋节，至今长盛不衰。

山西人普遍称中秋节为"八月十五"，是民间仅次于春节的大节。中秋祭月，是山西民间悠久的风俗。祭月的主要物品首推月饼，月饼则分为祭月月饼（也称团圆月饼）和普通的食用月饼，祭月月饼讲究四个一斤，包含着"四平八稳，对称和谐"的意愿。晋西北祭月则用套饼，由大到小，垒起来像座宝塔，顶尖为一桃形月饼。繁峙县有一种特殊的球形月饼，是当地农家的独特创造，一般农家打月饼时，还专门为孩子们打制一些兔形小月饼，希望他们将来能够"蟾宫折桂"，步入仕途。山西月饼多以油和面做皮，馅子有红枣、核桃、豆类、柿子、果脯、红糖等。月饼形状以圆形为主，也有葫芦形、桃形或月牙形。中秋作为团圆节，山西人特别重视全家团圆，中午在一起吃顿饭（晋北人多吃鲜羊肉饺子），晚上一起拜月、祭月。出门在外的人要在这天黄昏前赶回来，出嫁女儿要在婆家过夜，新媳妇回婆家时要由女婿专程去接，以示隆重。八月十六起，娘家开始为出嫁女儿分送团圆月饼和其他月饼。晋东南地区，八月十五要请女婿上门，设酒招待。在泽州一带，中秋节的活动长至三天：农历八月十三发面、温柿子、备果品，八月十四做月饼，八月十五白天看望外婆、送月饼，参加庙会活动，晚上祭月、拜月、赏月。

河南各地也有自己庆祝中秋节的传统习俗。铁塔燃灯是开封地区中秋节的一项重要活动。燃灯是开封人民自汉代沿袭下来的习俗，每年的元宵节和中秋节其事最盛。南阳地区，旧时中秋夜设茶果、月饼于庭院，焚香祭月，称为"圆月"，以示秋季丰收，合家团圆之意。现"祭月"之俗不存，但八月十五吃月饼，走亲串友之俗日盛。汤阴一带过去家家都要"蒸月饼"，即白面里面放糖，蒸成圆饼状，再用木梳、顶针一类的工具按上几个图案，中秋夜月上树梢时，开始用月饼、水果之类供奉月亮。供过后，要把月饼分给家人吃，以图吉祥团圆。在巩义，节前人们向亲友馈送月饼，全家团圆，杀鸡为肴。晚上在院内设案，摆月饼水果等供品，女性面向月亮许愿，这叫"愿月"，当地还有"男不愿月"之俗。此外，在驻马店地区，八月十五还有吃糍粑的风俗。

陕西关中当地老百姓把月饼叫作团圆馍。在陕北，月饼也叫炉馍，皮比较厚。陕西西安一带，每到中秋节，当地每家都做馍，全家共吃团圆馍。馍有顶、底两层，中间加芝麻。馍上层用大碗拓一个圆圈，象征中秋之夜，圆中刻"石头"一块，上站一个吃蟠桃的"小猴子"。馍在锅里烙熟后，切成尖牙状，全家每人一牙，家人短期外出，则留下一牙。出嫁的姑娘，娘家则送馍上门，以示全家团圆不忘。中秋佳节，陕西人不论贫富，必食西瓜，还要切成莲花状，在中秋月圆之时，一边乘凉赏月，一边吃着解暑的西瓜，凉意宜人，更增一家团聚的天伦之乐。而且，吃月饼之余吃上块西瓜，清热解腻。久而久之，吃西瓜成了陕西人过中秋的习惯。

（七）重阳节

农历九月初九重阳节，由来已久，源起说法不一，古代中原民间多从南朝梁吴均《续齐谐记》中的"桓景避难"说。在这一天，有出游、登高、望远、插茱萸、饮菊花酒等风俗，故又称"登高节"。另外，在中原人的传统观念中，"双九"蕴有生命长久、健康长寿的意思。这一天还有许多以老人为中心的尊老、爱老、敬老活动。

在山西晋南地区，自古也有九月九日登高的传统习惯。而在晋北地区，过去年轻人常常出去打兔子或山鸡，属于古代北方少数民族骑马练射的遗风。赏菊也是重阳节的一项传统活动，金秋时节，正是菊花盛开的季节。不少人喜欢在这天饮菊花酒，多数是在酒中泡点干菊花。晋北一些地方，饮酒喜在郊外，结伴游山，称为"辞青"，意寓告别秋天。农历九月九日，农村妇女习惯休息一天，不干农活。嫁出去的闺女，习惯回娘家过节。有的地方在这一天吃枣糕，取意早日高升。晋东南地区及五台县等地，则习惯吃寿面。晋南地区有"九月九，家家有"的民谚，意思是说这一天家家户户都要改善生活。

河南民间过重阳节主要以亲朋好友联络感情为主，并不很重视节日的传说。在重阳节这一天，人们多炸油条，做绿豆饼和煎饼，或磨栗子粉或糯米粉拌蜜蒸糕，辅以枣泥。信阳一带，有吃汤圆的习俗。豫北有"九月九，卸石榴"的说法，当地有石榴树的人家，习惯在这一天采摘石榴吃。南阳等地，认为这一天是太上老君的生日。传说太上老君小名叫"哨"，九月九这天人们外出游玩时，忌吹哨，以示对太上老君的尊重。

在陕西广大农村，重阳节这一天，家家户户的门前都要插上青翠的茱萸，并且左邻右舍都要互相赠送，这已是沿袭数千年的风俗习惯。家里合饮菊花酒，尤其是老人喜欢喝茱萸酒。节日当天人们的主食多为臊子面和花糕馍。陕西南部的佛坪一带，每逢重阳的时候有吃糍粑的习俗，或用新玉米磨成浆汁，放进核桃仁蒸成玉米浆粑馍，调蜂蜜食之；咸阳长武一带，有蒸枣糕馈送亲友的习惯；陕北吴堡、横山一带，农家多食枣糕，重阳时节正是红枣丰收的时候，人们食枣糕予以庆贺。

（八）冬至

冬至是我国二十四节气之一，民间有"冬至大如年"的说法，也称"冬节""长至节""亚岁"等，饺子是中原地区乃至中国北方过冬至时的传统主食。

冬至除吃馄饨、饺子外，山西一些地方以糕为食，如和顺"迎冬就年"吃油糕，灵石吃黍米糕，平鲁有"闹冬"风俗，鸡肉蘸素糕配羊汤吃。大同讲究吃炖肉，有"冬至不吃肉，冻烂脚指头"的民谚，河曲有"拜冬"之俗，饮食娱乐，佐以羊羹，枣酿羔羊，系"明酒遗风"之意。晋东南阳城一带，则将老北瓜和小米焖成瓜粥。过去冬节还被称为"尊师节"，晋西北讲究炖羊肉招待先生，晋中一带向老师馈赠馒食，晋南村社要设酒席宴请老师。

陕西耀州一带称冬至为"交九"之日，是日黄昏，人们到城郊外烧化纸钱为先人增添冬衣、棉被。有的地方还延续拜师、祭孔的旧俗。陕北吴堡一带称冬至为"过冬"，家家冬至前一晚熬羊骨汤，叫"熬冬"。

三、居住习俗

中原地区，陕西、山西地处黄土高原，河南处于平原地带。受自然环境、社会因素和经济发展水平的影响，民居的建造风格和居住习俗也有差异。

以山西为例，民居有"北窑南房"的特点，但实际存在的传统民居形式远比这复杂得多，山区以窑洞为主，平川以平房为主，还有一些较为规范的合院式院落，主要以四合院、三合院分布得较广泛。

（一）窑洞

晋北及晋西北地区处于黄土高原地带，当地村民多居住在窑洞式民居里。在不同的区域存在不同的窑洞样式，主要分靠崖式、独立式和下沉式三种。靠崖式是沿着现成的沟崖和古河道岸壁，向内横挖洞穴砌砖或石券，再在外壁加砌砖石作为护壁而成的窑洞民居；独立式是在平坦地貌用土坯或砖石砌成的拱形房屋，居住起来冬暖夏凉，有的独立式窑洞可以建两层，下层是拱券，上层为木构平顶，是山西晋中地区一带人们喜欢的住宅建筑类型；下沉式窑洞适合于黄土塬区小平原地带，在平地上向下挖掘出正方形或长方形的深坑，再在坑的四面崖壁上挖出窑洞，和地面的四合院相仿，也分正房和厢房，这类窑洞院落也称地窑院，主要集中在晋南运城地区，以平陆县最有特色。

（二）平房

晋北、晋中一带的民居，墙为土砌或砖砌，屋顶是平的，可以晾晒粮食、存放谷物。前面采用木柱式，满面开窗，光线充足。有的房顶覆瓦，可以称作上栋下宇型房屋。忻州一带房屋的屋顶坡度较大，晋中一带的屋顶大多坡度稍缓。

（三）合院

通常可分为三合院或四合院，是山西常见的传统民居院落类型，其布局特点是以中轴为主体，院子三面或四面建有正房、厢房、耳房等。一般门窗开向院子，对外不开窗，形成一个封闭式的安静私密居所。山西合院式民居的院落一般为南北纵向偏长，横向方面，厢房向内靠近，厢房前沿超越正房边线，部分遮挡正房，这样冬天可以避开风沙，夏天可遮挡阳光。历史上的富商巨贾家的院落，还建有书房、花园、宗庙、祠堂等，如晋中祁县的乔家大院、渠家大院，灵石的王家大院和榆次的常家庄园，都属此类。

（四）石板屋

晋东南一带的太行山区村落，民居多以当地片石作为房屋的主要建筑材料，以片石呈鱼鳞状铺设屋顶代替瓦顶，以石块砌墙，砂浆水泥弥缝。片石朴实耐用，各色石板五彩斑斓，与周边环境相衬托显得协调统一。

四、饮食习俗

中原各省的饮食习惯和风俗具有取材丰富、烹调方法多样、食物种类繁多、地方风味独特的特点；从局部来看，又具有地域上的明显差异，形成了各不相同的饮食习俗。

山西人嗜好面食，兼喜汤饭。这个饮食习惯是在自然条件、历史源流等背景下形成的。山西粮食作物应有尽有，品种多达数十种。北中部盛产高粱、糜黍、莜麦、荞麦、稻子及各种豆类、玉米、沙米等。南部盛产小麦、玉米、谷子、稻子等。许多农家，一日三餐皆以面食为主，或稠或稀，或干或汤，粗细搭配，粗粮细作，细粮精制，烹制技艺十分丰富。晋中平川地区，农家的午餐几乎都以面条、面片等面食为主，或剔或揪，或擀或压，或拨或擦，造型各有特色。各种各样的面食，加上具有地方特色的浇头、佐料，使人感到吃山西面食真是一种享受。北部地区的黄米面糕和莜面栲栳栳，南部地区的白面馍，无论造型、口感都各有特色。当然，山西面食为人所赏识的还得数剔尖、拉面、刀拨面、刀削面，号称"山西四大名面"。其中，剔尖的普及率最高，特别是在晋中平川，几乎每个农家妇女都可以剔一手相当讲究的剔尖，白面剔尖可长可短，可粗可细。粗者空心柔软，细者心实滑利。拉面花样也很多，农家妇女以"小把拉面"见长，可拉成宽和窄、圆和扁、粗与细乃至三棱等多种。此外，山西民间百姓还有爱吃盐、醋的习惯。

河南地处中原区域的核心地带，是中华文明起源地之一，它的饮食文化折射中国传统饮食文化的同时，又彰显自身饮食文化的地域特征，在饮食结构、饮食惯例、节日食俗方面都有其地方代表性。河南是小麦的主产区，当地的主食以小麦为主，辅以小米、玉米、红薯、高粱、豆类等五谷杂粮，副食主要是当地出产的蔬菜、肉类和水果等。面食是河南当地人的主食，人们多吃以蒸、炕、烙、炸为主的馍类食品、面条、饺子和各种粥类食品。馍分"烙馍"和"蒸馍"两种，烙馍是和好的面在铁鏊子上烙制而成；蒸馍，又叫"馒头"，通过水蒸而熟，有花卷、碱面馒头、杂粮馒头、窝窝头、菜卷、包子等品种。河南人还爱吃油炸食品，如油条、鸡蛋布袋、油饼、肉盒等。面条有汤面条、卤面条、捞面条、焖面条等多种，其中最有名的是河南传统羊肉烩面，与洛阳水席、开封灌汤包并称为"河南三大名吃"。河南人嗜汤成俗，汤分甜咸两种，甜汤，如大米汤、小米汤、玉米汤、绿豆汤、面汤等；咸汤，如豆腐汤、鸡蛋汤、胡辣汤、羊双肠汤等。日常饮食三餐中，豫东地区称吃晚饭为"喝茶"，豫西、豫南和豫北称"喝汤"。豫菜是我国的重要菜系之一，分宫廷菜、官府菜、市肆菜、寺庵菜和民间菜几种类型。河南菜是既具有浓厚的地方风味，又兼收其他各菜系之长。其风味特点是：取料广泛，选料严谨；配菜恰当，刀工精细；讲究制汤，火候得当；五味调和，以咸为主；甜咸适度，酸而不醋；鲜嫩适口，酥烂不浓；色形典雅，纯朴大方。河南农村普遍流行大锅熬菜，口味以咸、辣为主。

　　陕北高原丘陵纵横，土地瘠薄，干旱少雨，适宜种植耐旱的谷子、高粱、豆类等杂粮作物；关中地势平坦，土地肥沃，号称"八百里秦川"，自古以来就是小麦产区；陕南雨量充沛，河渠交错，有丰富的水利资源，适宜种植水稻。由于各地的自然环境及粮食的生产情况不同，因而也就形成了各自不同的饮食习俗。大体上说，陕北和关中的饮食风俗是属于北方类型的；陕南的饮食风俗则与四川、湖北相似；陕西在口味上喜食酸辣，味道偏咸。陕北人崇尚俭朴，日常待客只有一个大烩菜，土豆、粉条、白菜、豆腐和肉一锅煮。待客的主食以羊肉臊子面、荞面饸饹、软米油糕或水饺为上品。关中妇女不擅长炒菜，常以炒鸡蛋、炒土豆丝、炒粉条之类供客人佐酒。待客的主食，西府以臊子面为美，东府以水饺为佳，长安人则常以米面皮子待客。陕南人喜欢吃大肉，有了客人定要烹制几盘几碗，常把大如巴掌的肉片埋在碗中米饭的下面，诚心诚意要客人吃下去。农村过红白喜事，一般都要摆宴席，宴席的格局各地差异很大。关中和陕北讲究"一汤""一席"，"汤"即吃臊子面或饸饹面，"席"就是用汤后再吃酒席。陕北横山待客流行"八碗"席。关中地区流行"十三花碟子"。汉中农家酒席有干席和水席之分，干席是以油炸食物和蒸菜为主；水席是以炒菜为主，通常盛行"八品八盘"，即八碗肉菜和八个干炸盘子或炒菜。陕西风味小吃种类繁多，各具特色。最能代表陕西饮食文化特色的风味小吃就是牛羊肉夹馍、泡馍了，历史上自清末先后出现了天锡楼、一间楼、义祥楼、同盛祥、鼎兴春、老孙家等十多家老字号牛羊肉泡馍馆。陕西风味小吃中的肉食，以西安"樊记腊汁肉"、西安"老童家腊羊肉"、凤翔"腊钱肉"、陕北米脂"驴板肠"最负盛名。面条中的风味小吃有岐山的臊子面、乾县的酸汤面、华县的大刀面等。陕北的剁荞面，汉中的梆梆面，在做法上并不复杂，但却因其风味独特而风行一方。

第四节 传统艺术

我国传统艺术遗产极其丰富，包括绘画、书法、音乐、舞蹈、戏曲、园林、建筑、雕塑、传统美术、传统美食等等，有着几千年深厚的文化底蕴。这是中华民族的宝贵财富，也是全人类的宝贵财富。中国传统艺术以其浓郁的乡土气息、淳厚的艺术内涵和生动的历史痕迹，越来越受到世界人民的喜爱和欣赏，成为人类共同的文化大餐。本节将主要从戏曲、舞蹈、民间美术等几个方面来介绍中原传统村落的传统艺术。

一、戏曲

戏曲是中国传统的戏剧形式，是由文学、音乐、舞蹈、美术、武术、杂技以及表演艺术各种因素综合而成的。据不完全统计，我国各民族地区的戏曲剧种有360多种，传统剧目数以万计。比较流行的剧种有：京剧、昆曲、越剧、豫剧、湘剧、粤剧、秦腔、川剧、评剧、晋剧、汉剧、潮剧、闽剧、祁剧、河北梆子、黄梅戏、花鼓戏等，其中在中原地区流传最广的大型戏剧主要是豫剧、秦腔、晋剧。中原地区的戏曲除了大型戏剧之外，还有许多带有明显地方特色的民间小戏，它们融语言、歌唱、舞蹈为一体，多方面地反映了社会面貌、风土民情，与大型戏剧相比，更具有民俗的特性。它们产生于民间，演唱和流传在民间，深为广大群众所喜爱，如道情戏、秧歌戏、皮影戏、木偶戏等。

（一）豫剧

豫剧起源于河南，是中国五大戏曲剧种之一，因河南简称"豫"，故称豫剧。豫剧从清朝末期至今已经形成四大声腔，即祥符调（以开封为中心）、豫东调（以商丘为中心）、豫西调（以洛阳为中心）、沙河调（以沙河流域为中心，即河南东南部、安徽北部等地）。豫剧以唱腔铿锵大气、抑扬有度、行腔酣畅、吐字清晰、韵味醇美、生动活泼、有血有肉、善于表达人物内心情感著称,凭借其高度的艺术性而广受各界人士欢迎。因其音乐伴奏用枣木梆子打拍,故早期得名河南梆子。2006年,豫剧被列入第一批国家级非物质文化遗产名录。

豫剧的传统剧目众多,其中很大一部分取材于历史小说和演义,如封神戏、三国戏、瓦岗戏、包公戏、杨家将戏和岳家将戏,还有很大一部分描写婚姻、爱情、伦理道德的戏。新中国成立之后,出现了不少描写现实生活的现代戏和新编历史剧,使豫剧事业又有了新发展,如《朝阳沟》《小二黑结婚》《泪洒相思地》等。

(二)秦腔

秦腔是中国汉族最古老的戏剧之一,起于西周,源于西府,核心地区是陕西宝鸡的岐山(西岐)与凤翔(雍城),成熟于秦。秦腔又称乱弹,流行于中国西北的陕西、甘肃、青海、宁夏、新疆等地,其中以宝鸡的西府秦腔最为古老,保留了较多古老发音。又因其以枣木梆子为击节乐器,所以又叫"梆子腔",俗称"桄桄子"(因为梆击节时发出"桄桄"声)。2006年,秦腔被列入第一批国家级非物质文化遗产名录。

秦腔所演的剧目数以万计,传统剧目大多出自民间文人之手,题材广泛,内容纷繁,有神话、民间故事和各种公案戏,脍炙人口的曲目有《三滴血》《周仁回府》《十五贯》《火焰驹》《大登殿》等。秦腔有吹火、变脸、顶灯、打碗、鞭扫灯花、踩跷、牙技、尸吊等技艺。

（三）晋剧

晋剧就是山西梆子，是中国北方的一个重要戏剧剧种，也叫中路戏，中国传统戏曲。因兴起于山西中部的汾阳、孝义、祁县、太谷及太原而得名。流传外地后，被称为山西梆子，后改称晋剧，也被称为中路梆子，其特点是旋律婉转、流畅，曲调优美、圆润、亲切，道白清晰，具有晋中地区浓郁的乡土气息和独特风格。晋剧的四大梆子——蒲州梆子、中路梆子、北路梆子和上党梆子均已被列入国家级非物质文化遗产名录。山西东南部主要是上党梆子，上党梆子以演唱梆子腔为主，兼唱昆曲、皮黄、罗罗腔、卷戏，俗称"昆梆罗卷黄"。约在明末清初，随着梆子腔的兴起而流行。梆子腔即以使用梆子击拍而得名。上党梆子在其发展过程中，形成了"泽府"和"潞府"两大流派。上党梆子中最负盛名的是表现杨家将的"杨家戏"、歌颂岳家军的"岳家戏"，演得慷慨悲壮，动人心弦。

（四）道情戏

道情戏是在道情说唱的基础上发展而来的，后来与各地的方言、词调结合，演变为民间宣传道家思想的一种艺术形式。陕西的关中道情，流传于乾县、礼泉、兴平、武功、周至等地。陕北道情流传在榆林、延安等地。山西有晋北道情，流传在大同、朔州一带，其中神池、五寨一带的叫"神池道情"，左云、右玉一带的叫"左云道情""右玉道情"。晋西北和晋南还有"临县道情""洪洞道情""永济道情"。曲目内容多以神话传说及当地历史故事为主。

（五）秧歌戏

秧歌戏源于农民插秧时所唱的歌曲，后来人们把秧歌和舞蹈、技艺、武术相结合，发展为地秧歌或高跷秧歌，每年农历正月民间举办"社火"时进行表演，俗称"闹秧歌"。秧歌戏主要流行于陕西、山西、内蒙古、山东等地，如陕西的陕北秧歌、韩城秧歌；山西的祁太秧歌、太原秧歌、繁峙秧歌、朔州秧歌、襄垣秧歌、壶关秧歌、沁源秧歌、泽州秧歌、广灵秧歌等。内容大多与人民生活密切相关，形式灵活，表演自由，亲切生动，幽默风趣。

（六）皮影戏

皮影戏由民间剪纸发展而来，是民间戏剧的一种。最初是用纸剪成侧面人形，后来逐渐以半透明的驴皮、羊皮、牛皮制作，上面画好人物造型、衣饰，剪好后涂上颜色，由艺人在幕后操纵演出。皮影戏源自古都西安，后流传于陕西、山西、河南等省，其中陕西华县皮影戏、华阴老腔皮影戏、阿宫腔皮影戏、山西孝义皮影戏，河南罗山皮影戏、桐柏皮影戏等入选国家级非物质文化遗产名录。

（七）木偶戏

木偶戏是由艺人操纵木偶表演故事的一种道具戏，又称傀儡戏。木偶戏最早发源于古都西安一带，按其制作和表演可分为杖头木偶和提线木偶，近现代广泛流行于山西、河南、陕西等省。陕西郃阳等地的提线木偶演出历史较久远，郃阳提线木偶戏于 2006 年被列入第一批国家级非物质文化遗产名录。山西孝义、浮山、芮城等地的木偶戏，河南汝州木偶戏也很出名。

二、舞蹈

舞蹈是人类最古老的艺术形式之一，从蒙昧的上古时代开始，中国传统舞蹈经过了多个阶段的发展和演变，逐渐形成了具有中国独特形态和神韵的东方舞蹈艺术。中原地区是华夏文化的摇篮，这里的民族民间舞蹈有着丰富的种类和悠久的历史。在中原地区发掘出的民间舞蹈种类越来越多，表演形式越来越丰富，并且都具有独特的地域特色。中原地区的民间舞蹈的表演形式多粗犷豪放、气势磅礴，具有雄壮之美，其舞蹈表现风格与地域特征有着密切的联系。中原地区的民间舞蹈以汉族舞蹈为主，并且种类较多。常见的有狮子舞、龙舞、划旱船、高跷舞、鼓舞等。

（一）狮子舞

狮子舞是由舞者身披狮子样式的服装，模拟狮子的形态和动作所跳的舞蹈。狮子一般由二人装扮，一人为前身，一人为后身，二人在道具中密切配合，完成狮子抖毛、舔毛、呼吸、打滚、搔痒、蹿跃及摇头摆尾等动作。常用的表演道具有桌、椅、长杆、绳子。经常使用的打击乐器为大鼓、堂鼓等。

山西襄汾的天塔狮舞是在传统打击乐伴奏下，由领狮人、两只大狮和四只小狮在9米高的天塔上进行表演。天塔由29条板凳叠摞搭建而成,共15层,中间无任何卯榫或物件钩连,且在整个表演活动中没有任何保护措施。表演者不仅要具备高超技艺,还要有大无畏的勇气,表演中动作大起大落,狮子眼、舌、尾活动自如,且能做出口吐条幅的绝活,给观众以惊、险、奇、绝、美的艺术享受。

狮舞表演分为文狮子和武狮子,河南郑州的狮子舞表演类型大多属于武狮子,动作粗犷豪放、威武壮观。表演内容有狮子抢绣球、上高架、爬绳、凤凰点头、盘中取果、口吐彩带等多种内容。至今流传在陕西城固的"狮舞"一绝"笑和尚耍狮",是神话传说中笑和尚与被玉皇大帝贬到人间赎罪的狮子的狮子舞表演,其表演令人啼笑皆非,又可见人性化狮子的精彩表演,是当地人在春节时最为期盼的节目。

(二)龙舞

龙舞又叫作"龙灯""耍龙""龙灯舞",是中原地区特有的民间传统舞蹈,也是地方民俗文化活动之一。舞者在龙珠的引导下,手握龙具,随着鼓乐伴奏,通过不断的运动和转换姿势来模拟龙的游、穿、腾跃、翻滚、缠绕、戏耍等造型动作。龙具由竹篾扎成圆筒,一般分3—10节不等,节下装有木柄,供舞者握持。龙舞表演一般有情节展现,如龙抢宝珠、龙摆尾、金龙盘玉柱等。舞动起来婉美曲折、左绕右转、时缓时急。此舞动作快幅度大,舞姿敏捷矫健,是中原各地传统的民间体育项目,也是汉族人岁时年节常表演的民间舞蹈之一,具有悠久的历史。

山西的龙舞多是火龙舞,龙头龙身内燃蜡烛或电灯。风火龙舞是流传于山西襄垣虒亭地区的一种独特的民间社火表演，以专门锣鼓乐器与鼓点配合"火流星"表演，其中龙鼓是整个活动的核心伴奏乐器，也是整个表演的总指挥。风火龙舞的表演内容多样，有神龙下界、二龙戏珠、龙困海滩、金龙盘玉柱、跳龙门、龙打滚、转八字、盘龙卧海、四斗门、龙吐须、龙喷火、上龙凳及翻龙桌等30多种阵法表演，融舞蹈、音乐、体育、杂技、武术于一体，极具民众性、娱乐性和艺术性。

（三）划旱船

划旱船是一种古老的汉族民俗舞蹈，此舞蹈具有浓重的地方风情和民俗特色，具有较高的观赏价值和历史价值。表演形式为边歌边舞，热闹非凡。从字面来看，划旱船是在陆地上进行的划船表演。

山西的旱船有两人的，也有多人的，旱船依船形制成木架，周围包上绘有水纹的棉布，上面装饰有红绸、纸花。乘船的少则一两人，多则四至七人，扮相多为姑娘、媳妇，有时扮成各种角色。引船的是一位艄公，跑旱船时，艄公划桨引船，在前头带路，做出各种各样的划船动作，而乘船者在表演中，往往是快速走碎步，这样能使船身保持平稳的状态前进，犹如在水面上漂动的船那样，颇为形象地塑造出水面行船的情景。乘船者三五成群，一线儿排开，与艄公默契配合，时起时伏，随着"波浪"旋转、颠簸，犹如水上跑船时的生动画面。在表演中，一般是一个艄公引多只船前进，也有的是双公划一只船前进，还有的是多船没有艄公，而由一只船在前边领头前进。在前进中，表演者要跑出各种平时训练好的套路，起伏波动、生动活泼。

河南开封地区的旱船大多是用竹、木制成船的形状，船身用彩布包裹装饰。表演时将船身套在舞者的腰间，舞者两手提着船的两侧，踩着碎步左摇右晃，如同坐在小船上一样。另一人扮作艄公，手拿着木质的船桨，在船后或两侧边走边做划船状，配上鼓乐伴奏，表演出划船、过河、挖船、转盘花、跑圆场等动作，边歌边舞，气氛热闹。洛阳一带旱船也称采莲船。采莲船多用竹、木或麻秆扎结而成，外面用彩布蒙住，船头、船尾、船帮上多饰以花朵，表演时，将船系在坐船人腰间，坐船人两手提着船两边的船舷，走着碎步，晃晃悠悠，犹如坐在船上；另一人扮作艄公，手拿船桨，在船的周围边走边划，如同行船于水上；船的后面或侧面还跟着一个媒婆打扮的人。表演细腻、活泼，具有戏剧性，常逗得观看的群众捧腹大笑。

陕西的跑旱船又叫"彩龙船"，在陕南比较流行，群众喜闻乐见。安康地区叫"彩莲船"，船用竹篾绑扎成精巧别致的鱼形、龙形、凤形、"龙头鱼尾"及"龙头凤尾"，头尾呈尖形并上翘。船体中部留容站一人的孔，上方为轿顶似的船篷，顶立一只白鹤，船篷四角拱翘，各挂红灯一只，船下用绸布围起。旗杆顶，鹤目均闪光，玲珑别透，整个船本身就是一件上乘的工艺品。表演一般为三人以上，坐船姑娘着红色彩服，束宫发，早先有男扮女装的；艄公老扮，也有少扮，持桨（或篙）；摇婆丑扮、俊扮皆可，耳垂大红辣椒或雷子火炮，手持大蒲扇。锣鼓伴奏，艄公接引彩船上场，摇婆子打趣，坐船姑娘踮小碎步操动船体颠动不停。表演程式不一，一般先表演"跑场"，后依次"拜四方""洪水跑滩""让水""上浪""浪里钻"等，后似被洪水冲进旋涡，左旋右转就"卧滩"了，艺术地再现了汉江上中游水流湍急、滩险浪大的行船情况。"卧滩"是彩莲船舞蹈的高潮，艄公与摇婆配合如何将船脱离险滩，"观水""淘沙""背船""推磨"等舞蹈在彰显舞者身手的同时也充分展现出安康人率真幽默的本色。

（四）高跷舞

高跷舞又名"踩高跷"，是一种传统的民间节俗舞蹈，多用于元宵节和其他重大喜庆活动。高跷舞历史悠久，早在中国先秦时期就已经在汉族民间流行。高跷是选结实的木料做成高低不等的棍子，高的数尺、低的几寸，将其捆绑在表演者的腿上即可进行表演活动。按照表演的难度，高跷有文有武：文高跷是随着乐器节奏扭摆走队形；武高跷则要表演各种技巧动作，如跳高、双叉、翻滚等。表演题材也掺杂"唐僧取经""白蛇传""扯犟驴"等故事。表演时配上唱词和道白，文武兼有，趣味十足。

高跷走兽是山西稷山阳城村一带独有的汉族舞蹈表演形式，每逢农历闰年正月二十九举办庙会时，为祭祀火神而献演，意为驱邪避妖，战胜灾难。高跷走兽是由两人表演的连体高跷，需要两个演员通力合作。主要道具是走兽，其兽头和兽身由技艺高超的师傅先做出模型，再用麻丝、麻纸、细绳、细竹、铁丝、布料等缝制和绑缚而成，并涂抹成五颜六色，经演员穿戴，外形雄奇威猛。演员足踩高跷，同演骑兽状，在锣鼓、花鼓等传统打击乐器的伴奏下边舞边行，气势很是壮观。

（五）鼓舞

鼓是一种表演的工具，到了今天，鼓已经成为象征着我们民族文化的代表性符号。其中较为著名的山西威风锣鼓、兰州太平鼓、陕西的安塞腰鼓、安徽的凤阳花鼓及河南的开封盘鼓并称为"中华五鼓"。中原地区各地还进一步演变出不同的鼓舞形式。鼓舞是民间在传统节日常举行的娱乐活动。

山西的锣鼓文化有着悠久的渊源。锣鼓乐在山西汉族民间音乐中光彩夺目，进入国家级非物质文化遗产名录的有翼城花鼓、万荣花鼓、土沃老花鼓、稷山高台花鼓、平定武迓鼓等。翼城花鼓，据史料记载，在唐朝的贞观年间就已存在，明朝达到鼎盛，到了清朝，这项活动才有了明确的记载。翼城花鼓的表演形式以广场表演为主，主要有以下几种：第一种是鼓手配有女苗子（旦角）和小丑的表演。先由鼓手带着女苗子和小丑跑各种队形，然后由鼓手独打一段花鼓，停打后，女苗子和小丑唱一段小曲，唱完后又开始重新表演，这种形式应变性强，表演时间可长可短。第二种光是一群男鼓手上场表演。此种形式干脆利落，动作快，鼓点急，边打边快速变换队形，整个表演从出场到退场一环扣一环，表演粗犷勇猛，一般在5分钟之内完成全部动作。第三种是踩高跷和杠上表演。鼓手踩着高跷打着鼓走圆场，技艺高的鼓手踩高跷劈叉，起来后继续表演。几个表演者抬着一根杠子上场，像猴子一样爬上杠表演造型，如"空中取酒""仙人过桥""蝎子倒挂""老虎大张口"等。根据表演者挎鼓位置的不同，翼城花鼓有高鼓、中鼓、低鼓之别，将鼓右高左低系于紧贴下巴处的称高鼓，将鼓稍斜挎于胸前的称中鼓，位置在腰部的为低鼓。

河南开封的民间盘鼓舞有着粗犷豪迈、磅礴大气的特点。经过1000多年的流传，盘鼓舞仍保留着昔日的遗风。开封盘鼓舞作为北方鼓舞的代表，也淋漓尽致地表现了北方人豪爽、苍劲的性格特点。此外，河南义马锣鼓也是具有中原特色的一种民间表演形式。鼓面直径约二尺，外张牛皮，双人抬，后边人击打。鼓槌长约一尺，头圆如蒜槌，尾缀红绸，按一定的鼓点击打，声震数里之外。表演时鼓队在人前开路，接着是锣、镲、钹，中间的社盘，又称"十二盘乐"，由十二面铜锣组成，相当于十二个音符。架为木质，框中挂着小锣，框下有手柄，表演者左手持柄，右手用小木槌敲击，发出清脆悦耳的声音，与锣鼓雄浑宏大的声音融汇在一起，音调厚重而又热烈。

鼓舞是陕西文化遗产的重要组成部分，历史悠久、风格独特、影响较大。流传深远的有陕北腰鼓、洛川蹩鼓、华阴素鼓、富平老鼓、勉县对鼓、渭南八仙鼓、乾县蛟龙转鼓、宝鸡刁鼓、陕南羊皮鼓、咸阳牛拉鼓，以及韩城的五支梅花鼓（又称五圆鼓）和气势磅礴的百面锣鼓，还有跑鼓、抬鼓、背花鼓、抬神楼、蹦鼓、胸鼓、转鼓、花苔鼓、月牙鼓、踢鼓、打丧鼓、陕南锣鼓操等。其中，安塞腰鼓是一种独具特色的民间大型舞蹈艺术形式，具有2000多年的历史。安塞腰鼓多采用集体表演形式，鼓手少则数十人，多时可达百余人，是由拉花女角、伞头、蛮婆、蛮汉等角色，和"跑驴""水船"等各种小场节目组成的民间舞队。在表演上强调整体效果，要求动作整齐统一和队形变化规范，主要通过鼓手们豪迈粗犷的舞姿和刚劲有力的击鼓技巧，充分展现黄土高原上的男子汉们的阳刚之美。韩城行鼓历史悠久，其起源可追溯到元代初期的军鼓乐。后来韩城群众沿袭模仿，成为民间鼓乐。传统的表演，鼓手都头戴战盔,腰束遮鞍战裙,击鼓时仰面朝天,成骑马蹲裆式,模拟蒙古骑士的神姿。酣畅淋漓的鼓姿,强劲刚烈的鼓点,敲到得意处,鼓手们失去常态,如醉如痴,狂跳狂舞,醉鼓醉镲是韩城行鼓的最佳境界。

三、民间美术

民间美术是组成各民族传统美术的重要因素,为一切美术形式的源泉。新石器时代的彩陶艺术,战国、秦汉时期的石雕、陶俑、画像砖石,其造型、风格均具鲜明的民间艺术特色。魏晋以后,士大夫贵族成为画坛的主导人,但大量的版画、年画、雕塑、壁画的创作则以民间匠师为主,而流行于劳动人民之中的剪纸、刺绣、印染、服装缝制等更是直接来源于群众之手,装饰、美化、丰富了社会生活,表达了人民群众的心理、愿望、信仰和道德观念,世代相沿且又不断创新、发展,成为富于民族乡土特色的优美艺术形式。

民间美术还与民俗活动关系极为密切,如民间的节日庆典、婚丧嫁娶、生子祝寿、迎神赛会等活动中的年画、剪纸、春联、花灯、扎纸、龙舟彩船、月饼花馍、泥塑等。民间美术遍布于中原各个省份,因地域、风俗、感情、气质的差异又形成丰富的种类和风格。

(一)绘画

山西临汾的平阳木版年画,始于隋唐、兴于宋金、盛于元明,传承历史久远。目前保存下来的有:《义勇武安王位》《四美图》《东方朔偷桃》,这三幅年画是宋金时期年画的代表作,有力地证明了山西平阳(今临汾)确系当时雕版印刷的中心。明清作品有《尧舜禹三官大帝》《关圣帝君》《八仙》等。现代作品有木版屏条画《植棉模范吴吉昌》《女医生模范石兰峰》等,木版单幅年画《贺老总评戏》《解放临汾》等。平阳年画取材广泛,内容丰富,反映了黄河三角地带民间的生产、生活、宗教、戏剧以及人生礼仪和岁时节令等诸多方面的题材,堪称民俗历史的真实写照。

河南朱仙镇木版年画是中国古老的传统工艺品之一,主要分布于河南开封、朱仙镇及其周边地区。朱仙镇木版年画构图饱满,线条粗犷简练,造型古朴夸张,色彩鲜艳,继承了中国古代优良的传统艺术手法,形成了自己的地方特点:画面饱满、紧凑、严密,基本不留空白,能做到主次分明,主体突出,不烦琐,表现出匀实对称图案的装饰味道。朱仙镇木版年画崇尚使用暖色,如丹红、木红、桃红、槐黄、橘黄等,显得热烈奔放。人物服饰设色以木红、铜绿、葵紫三色为主。以广丹饰绘人物眼皮也是朱仙镇年画所特有的风格。朱仙镇木版年画中最多的就是门神,门神中以秦琼、尉迟恭两位武将为主。除此之外,还有各种文武门神。

在中原地区,陕西的民间绘画技艺最为著名。如凤翔木版年画,从画稿、雕版、印刷到绘彩,都是农民在农闲时手工操作的。清代以前,年画主题主要是门神,而且主要是笔画染色;到了嘉庆、道光年间,年画由印墨线手工染色,已逐步改变成全部套版印刷,如大门神秦琼、敬德、方弼、方相等,但胡须、眉毛部分还是笔描。此外,还有户县(鄠邑区)农民画。户县农民画具有地域特色鲜明的风格,画面简洁而饱满,想象大胆丰富,风格浪漫稚拙,装饰意味强烈,古拙中流露天工。以朴实的绘画语言,详尽而生动地记录了农村生产劳动的壮观场面、热烈活泼的节庆场景和绚丽多彩的汉族民风民俗。今天的户县农民画更加注重表情达意，农民画家们以自身生活体验和独特的艺术创造力，画出熟悉的生活，透出强烈的时代精神。

（二）剪纸

剪纸是中原地区农村最普遍、最单纯的美术创作，它广泛运用于民俗生活中，成为年庆活动不可缺少的部分。剪纸有两种：一种是用剪刀剪，主要出自广大农村妇女之手，一般不需打稿画样；另一种是用刻刀刻，大多由民间艺人手工刻制，一次能刻二三十张。

山西传统民间剪纸在各种节庆、人生仪礼和日常生活中常见，就其总体艺术风格来说，具有北方地区粗犷、雄壮、简练、纯朴的特点，但是，因地域环境、生活习俗、审美观念的不同，各地剪纸又有差异。如晋南、晋中、晋东南、晋西北、吕梁山区的剪纸，多为单色剪纸，风格质朴、粗犷。而流行于雁北地区的染色剪纸，则婉约典雅、富丽堂皇，尤以"广灵窗花"为代表。"广灵窗花"以造型写实、刻制精巧、色彩艳丽而著称。它的原料是一种单一的雪白宣纸，工具是几把刀刃为斜形的大小不等的刻刀。程序是先用刀刻出剪纸成品，再点染着色。民间巧匠非常讲究刀工刻法和着色技艺，他们以简单的工具，采取阴刻为主，阳刻为辅的办法，在短短几分钟内就能龙飞凤舞地刻制出许多成品。着色时用上好白酒调色，调配较深的颜色可加少量白矾，这样既能使涂上的颜色鲜艳水灵，又能保证剪纸存放较长时间。广灵剪纸以其技艺赢得了声誉，现已行销法国、美国、日本、波兰等国，成为海外友人珍爱的艺术品。

河南灵宝剪纸是指流传于河南灵宝一带的民间传统美术。其制作工艺简便，美观实用，深受广大群众的喜爱。其种类有：窗花、墙花、顶棚花、纸扎花、礼花、门笺、炕屏、床围花、各种装饰花等。灵宝剪纸以剪刀制作为主，在技法上分叠剪、单剪、阳刻、阴刻。值得一提的是在灵宝剪纸艺术中，黑色剪纸被广泛使用在春节和结婚等喜庆场合，与其他地方的剪纸"喜红"形成了鲜明的对比，十分罕见。尚黑不仅是一种习俗，更重要的是它更具有生活实用性，黑色耐晒，不易褪色。灵宝剪纸的题材大都是人物、动物、草木花卉这些十分常见的事物。

陕西从南到北，特别是黄土高原，八百里秦川，到处都能见到红红绿绿的剪纸，其中以陕北的定边、靖边、吴堡、榆林、宜川、米脂、延安，关中的凤翔、富平、三原、朝邑，陕南的汉中附近等地较为丰富。陕西剪纸形式多样，一是单色剪纸，二是色纸拼贴剪纸，三是点彩剪纸，四是渗染剪纸，五是纸塑窗花，六是剪纸熏样。陕北以单色剪纸为主，造型简洁质朴，注重夸张变形，传承着古老的审美情趣和造型观念。在内容上多以动物花草为主。在陕北的靖边、安边、定边，剪纸变成了另一种风格，纤细入微，小巧玲珑，小中见大，刻画精到，人们称"三边剪纸"；宜川的剪纸线条粗而曲线多。关中地区的剪纸一般较细致而曲线多，如岐山、凤翔一带有的线条细似针尖，风格别致；朝邑一带以戏文为多，造型动态近乎皮影；三原一带以花卉为多，结构较简单，色彩对比强烈；富平一带形式多样，剪纹流利，明暗适调。陕南的剪纸同是曲线多，一般较大，图案装饰多采用植物纹样，有类似地毯的花纹。

（三）面塑

中原地区盛产小麦，许多地区以面食为主食。人们不但创造了各种面食的做法，而且在岁时节日和民俗活动中还创造了许多食品花样，最引人注目的就是面塑，俗称"花馍"。山西、河南、陕西等地的乡村，这种花馍非常普遍，人们往往将它作为节日馈赠的礼品或作为人生仪礼的用品。

山西面塑是一种汉族民俗艺术品，这些面塑的形式、用途、色彩都与当地汉族民俗活动、民俗风情紧密联系并发展变化着。新绛、襄汾蒸制面塑讲究染色，面塑制品华丽别致；霍州面塑造型朴实，不多修饰着色，往往仅用品红点彩；忻州、定襄等地的面塑，则以塑为主，着色为辅，色与面的本色相间。霍州面塑，当地人称之为"羊羔儿馍"，古时的"羊"即是"祥"，有着"吉祥"的寓意。当地人在不同的节庆场合，蒸制不同的面塑制品。春节来临前，农家妇女用家庭自磨的面粉按当地习俗捏制小猫、小狗、小虎、玉兔、鸡、鸭、鱼蛙、葡萄、石榴、茄子、佛手等面塑制品，以象征万事如意、多福多寿、发家致富、和睦友爱。在寒食节时，霍州人上坟祭祖用的面塑造型是"蛇盘盘"。有的还分单头蛇、双头蛇。旧时民俗，祭祖时晚辈吃掉"蛇头"，表示"灭毒头、免灾祸"。农历七月十五，霍州境内面塑种类最多，有猪头、羊头、针线箩筐、顶针、剪子、针线、坐饽饽、狮、虎、狐狸等造型。农历七月七日是乞巧节，传说这一天妇女吃了针线、顶针之类的面塑就心灵手巧。婴儿满月时，一般由姥姥家制作直径达尺余的"囫囵"，即一个圆形面圈上再置放精细的十二属相的面塑。有的在大囫囵里还会有较小的囫囵，中间放龙凤或虎头造型的面塑，名曰"龙凤呈祥"或"猛虎驱邪"。谁来看孩子，便把囫囵切一块送给来人享用。

河南面塑造型风格粗犷、质朴，不同的地域所形成的习俗差异使面塑艺术呈现出不同的区域特色。豫东地区的民间面塑艺术造型风格小巧而精致，造型变化丰富，形态简练、夸张，主要以动植物等自然形态为主，造型追求"形似"，属于"写实"风格。豫西地区的面塑以"花糕"为主，上锅蒸熟后呈现出一种敦厚之美，线条圆润流畅。面塑艺人通过自己的巧手将一块块面团塑成精美细致的"龙凤呈祥""二龙戏珠"等寓意美好的面塑作品，在体现广大劳动人民美好而质朴愿望的同时，给人们赏心悦目的视觉享受。造型或精致或粗犷、或小巧或夸张、或具象或抽象的灵宝面塑，也称糕花，窝窝花，是当地群众用来赶庙会"晒神"的祭品和婚嫁、小孩百天、老人祝寿的礼品。制作原料是小麦面粉、鸡蛋。用面团成各式各样的面花，再染上颜色，用竹签插在面糕上蒸制而成。灵宝面塑制作独特，色彩丰富，并有"二龙戏珠""龙凤呈祥""莲生贵子"等造型，很有河南民间艺术特点。

陕西花馍是面塑艺术的代表之一，又称礼馍、面花，盛行于陕西关中和陕北地区。传统的春节，当地的婚庆嫁娶，不但少不了这种馒头工艺品，而且还以它们增添喜庆的气氛。花馍的花饰以花鸟鱼虫、蝴蝶、蔬菜、水果等万物生灵为主，表达对祖先的祭祀、老辈的祝福和对美好生活的向往等丰富内容。春节时期多做枣花馒头，象征幸福与多寿。花馍一般都有传统的约定俗成的规格式样，但也可以别出心裁，作巧夺天工的创新。一般说来，花馍的蒸制大多出自妇女之手，因而制作蒸食手艺的巧拙，往往成为当地品评农妇才能的条件之一。在男女青年初订秦晋之好时，男方就要送给女方一对"鱼儿馄饨"——轻巧精灵的面鱼上盛开一朵大莲花，象征男方母亲期望自家未来的儿媳像鱼儿那么灵巧，像莲花那么纯洁。鱼也是生育力旺盛的象征。送女儿出嫁，新娘的母亲要给女儿蒸一个面盆大小的陪嫁"枣糕子"，它以一朵盛开的莲花为底座，其间有鱼儿游动，水草沉浮，凌空还插有一层面捏的莲蓬、花蕾和各种象征吉祥的飞禽。新郎来接亲时，新娘子从娘家将这"枣糕子"一直抱至夫家。据说这是对男方"鱼儿馄饨"的回应，也有"早生贵子"的寓意。及至新婚夫妇生子满月时，娘家和众亲朋就要送"圈圈子"，其形如项圈，上饰各种花草图案，意思是要套住这小宝贝的生命，让他得以健康成长，其功能相当于盛行于中国各地的长命锁，但这是可以吃的"长命锁"。待孩子满百日、周岁时，又要送"猫馍"，送"虎馍"，让猫、虎护卫着孩子，使病毒邪魔不得近身。

（四）手工布艺

古代的民间布艺是主要以布为原料，集民间剪纸、刺绣、制作工艺为一体的综合艺术。多用于服装、鞋帽、床帐、挂包、背包和其他小件的装饰如头巾、香袋、扇坠、荷包、手帕、玩具等。民间布艺多用一些象征性的图形如花卉、虫鸟、植物等，表达作者祈盼吉祥，趋吉避凶的美好愿望。

山西长治地区的"黎侯虎"是黎城民间手工布艺的一个缩影，集历史传说、虎的原始崇拜、图案纹饰和所昭示的信仰与审美观念为一体，当地民间赋予"黎侯虎"赐福增寿、镇宅祛邪、安家生财等民俗愿望，也表现了黎城人在日常生活和社会活动中鲜明的民俗特性，是黎城人生存意识和生存方式的特定惯例。当地有给出生的小孩"望满月"的习俗，在满月那天，由孩子的姥姥拿上"黎侯虎",放到小孩怀中,示意小孩像虎一样健壮,然后小孩母亲再把"黎侯虎"放在小孩的身旁,虎头冲向小孩身体,示意这只"黎侯虎"能护佑孩子健康成长。"黎侯虎"肢体造型粗、短、胖,表现了敦厚、健壮的形态;四足微微外撇,呈扎地生根状;头微昂,从态势上塑造了虎虎生威的精神劲和孩子般的天真可爱味道。"黎侯虎"无尖角、硬刺,突出了团块美,符合民间玩具共有的造型法则,显现出一种简约美和质朴美。"黎侯虎"讲究雌雄配对,雌雄的区别在于虎脊的纹饰,由整块布料剪成一阴一阳、阴阳相合的波纹状,分别贴于雌雄两虎背上,从而区分其性别,表达了民间传统的阴阳结合生生不息的生殖观念。

山西刺绣因其古老文化和地理条件的影响,显得率真、纯朴、热烈、狂野。在众多的民间服饰刺绣中,孩童和妇女服饰占据了很大比例。从孩子出生、满月、周岁及至加冠前的每一次生日、年节,长辈、亲朋都会馈赠做工精美的鞋帽衣装。对男孩相赠象征生命旺盛、勇猛无畏的老虎帽、狮子帽、五毒兜肚、老虎鞋、牛牛鞋以及祝福人生幸福的"蟾宫折桂""富贵荣华""五子登科"等。对女孩则以"佛手莲花""多子多福""牡丹蝴蝶"等为主要祝福内容。婚前的馈赠物一般取双双对对、万字不断头,以祝福情深意长、和美幸福为主;婚后则是以石榴、白菜、葡萄等祝福多子多孙为主。此外,门帘、坐垫、桌布、枕头、枕套、被面、褡裢、荷包、椅套、手帕等,都是乡村巧妇们施展才能,流彩抒情的地方。她们描龙绘凤,画山绣水,举凡飞禽走兽、花鸟鱼虫、历史典故、神话传说,都是创作的题材。

河南汴绣,历史悠久,素有国宝之称,流行于开封一带,因开封古称汴京而得名。它以绣制中国名画、古画著称于世,绣品古朴、典雅、细腻。以绣制北宋画家张择端的《清明上河图》为代表作。在传统色调、针法基础上,汴绣继承了宋绣的题材、工艺特点,借鉴了苏绣、湘绣等姊妹绣艺的长处,吸收了河南民间刺绣的乡土风味,并在此基础上创新整理出基本针法36种之多,如以枪针绣瓦,滚针、蒙针绣山水树木,双合针绣绳索,悠针绣动物,以及叠彩绣、席篾绣、纳点绣、乱针绣等应物象形的针法,可称是与刺绣艺术的结合,是在绘画艺术基础上的再创作。工艺品种有单面绣、双面绣、双面异色绣和双面三异绣等。既长于花鸟虫鱼飞禽走兽,又善于山水图景,刻画人物形象细致传神。

陕西刺绣广泛流行于农村。内容有翎毛花卉、动物和人物等,风格淳朴,色彩鲜丽,用线较粗,针法奔放,具有鲜明的地方特色。陕西刺绣形制丰富多样,大致分为布软雕、布刺绣、布拼、布擂四大类。绣品与乡俗紧密相关,主要有荷包、玩具、褡裢、枕顶、裹肚等30多个系列、200多个品种。

(五)泥塑

泥塑是一种古老的民间艺术。它以泥土为原料,以手工捏制成形,或素或彩,以人物、动物为主。几乎全国各地都有泥塑制作,著名的产地有无锡惠山、天津、河北白沟、山东高密、河南浚县、河南淮阳、陕西凤翔以及北京等。

山西泥塑,俗称"泥玩",因各地的土质、表现题材、制作工艺的不同而显现出地域差异的特色。晋城泥塑制作采用当地的山泥和配有一定比例的麦糠、沙、棉花、纸浆、榆皮面等物制成坯,再经过后期各种工序的处理制作而成。作品多用于寺庙,题材一般以神话传说、佛教、道教人物故事为主，近年来手工艺人们多以当地习俗为题材，创作出大量反映现实生活的泥塑作品。清徐县的"不倒翁"泥塑制作技艺集泥塑、泥雕、彩绘于一体，制作原料主要有红泥、水泥、纸筋、胶、颜料以及各种大小模具，制作过程主要分为和泥、制浆、脱坯、上色、打磨、彩绘六个步骤，其中构图和彩绘是制作不倒翁最重要的两个环节。作品有福、禄、寿、吉祥物、财神和佛教中的各种形象。灵石的泥塑佛像雕刻技艺也是当地的一项传统民间艺术，采用当地丰富的泥土和石材等原料，经过多达十几道的复杂工序，做出来的泥塑佛像形体美观、逼真，色彩鲜艳而不失庄重、威严，集艺术观赏和信仰于一体，具有重要的工艺美术研究价值。

河南淮阳泥塑中的"泥泥狗"是原始图腾文化下产生的一种独特的民间艺术，又称"陵狗"或"灵狗"。泥泥狗种类繁多，造型、纹饰图案多样，表现的题材十分广泛，天上的飞禽，地上的走兽无所不有，造型虚幻、神秘。远可窥见史前先民的生殖崇拜、龙虎文化，近可追溯到宋明以后的程朱伦理规范以及元以后的戏曲、传说教化。

陕西凤翔泥塑，始于先秦西周时期，流传民间几千年之久，是至今我国保留最古老、最具民族特色的泥塑类手工制品。经专家们考证，其彩绘纹饰与西周时期的青铜器纹饰有所不同。以花鸟鱼虫、祥鸟瑞兽为主的意象造型是中国古代图腾崇拜、生殖崇拜、神灵崇拜的遗存，反映出图腾时代的文化特点。凤翔彩绘泥塑，造型优美，生动逼真，具有浓厚的乡土生活气息。泥塑内容有人物、动物，也有植物。其制作方法简便易行，将黏土和纸浆搅拌成塑泥，先制好模子，翻成坯晾干，上白色底粉，随后涂彩、绘画和上光。凤翔泥塑的色彩别具一格,非常鲜艳,对比强烈。它用色不多,以大红、大绿和黄色为主,以黑墨勾线和简练的笔法涂染,给人以明快醒目的感觉。凤翔彩塑取材立意极为广泛,戏剧脸谱、吉祥图案、民间传说、历史故事、乡俗生活等无所不有。

第六章

中原传统村落的保护与活化

中国传统村落文化抢救与研究
文化区系列

Chinese Traditional Villages

第一节
传统村落的保护

传统村落积淀着丰富、深刻、独特的历史价值与美学价值,其价值正日益受到越来越多人的认可与重视。但是,由于受到经济的发展、旅游业的冲击、现代生活方式的改变及自然力的破坏等诸多因素的影响,大批优秀的传统村落连同其所承载的文化正在迅速消失,当今乡村建设正在如火如荼地开展,传统村落的保护存在亟待解决的问题。本章参考谌子益、闫委亚、王艳芸、范任重、梁雯、梁健、杨磊、许赛艳、翟洲燕、吴小雪、李梦雪等人的研究成果和学术观点,以山西、河南、陕西的传统村落为研究对象,阐述中原传统村落的保护与活化。

一、被破坏的原因

(一)新农村建设政策理解的偏差

随着大规模的新农村建设的开展,农村的生产生活规划得到了重视,也取得了很大进步,但由于部分人对新农村建设政策理解的偏差,盲目"拆旧建新",这种对政策的误读趋势蔓延并影响着中原传统村落。许多村民在城镇化和新农村建设的影响下,急切地想要改善居住环境,于是盲目地对传统村落中的建筑、街道进行改建,对原有的景观环境、典型院落、民居建筑一齐改造，加之人们对村落原有资源的破坏和索取，使得原有村落面目全非，不仅造成了村落自然环境的破坏，大量耕地被侵占，还导致村落肌理逐渐消失。

传统村落的空间形态在盲目的大拆大建中走向灭亡，新老建筑错乱交织，曾经的村落要素被淹没在城镇化和新农村建设的浪潮中。对于城市近郊的传统村落，这种变化速度更是惊人的。城市不断扩张，一个村子能够在短短的几个月里变成高楼大厦，几百年的自然环境和历史文化伴随着村落的消失而消亡，这是中原传统村落面临的最主要问题。

例如山西介休龙凤镇张壁村，虽然村内已经进行了规划保护，但是在周边依旧出现了与历史风貌极其不协调的商业建筑、民居住宅区等。山西晋城泽州的半坡古村有明清时期的院落古宅六七十处，2007年，该村被认定为市级文物保护单位，而就在同年，当地政府以煤矿开采为由，将全村的近200户居民进行了强制搬迁，又以复垦的名义将这里的古宅强制拆除。

河南郑州千年古村马固村有"中原第一文物古村落"之称，2014年4月，为配合"智能电器产业园"建设，全村整体迁移。仅历时20天，占地500余亩的村落变成一片黄土和废墟。村内的7处不可移动文物，在拆迁浪潮中，仅保留下了王氏家庙和马固关帝庙。

(二) 村落的"空心化"现象

随着社会经济的发展，越来越多生活在传统村落中的人们感觉到了现代生活方式与传统物质空间之间的矛盾，纷纷选择离开当地，导致许多传统村落面临着"空心化"的现象。根据对中原传统村落的现场调研,"空心化"迁出的群体主要包括:务工农民工、学生、不愿继续留在村落中的村民,这三个主要群体使村落的常住人口降低,导致"空心化"问题加剧。城市的扩张和工业发展的速度,造成传统村落人去村空。面对传统村落"空心化"现象,冯骥才在文章中说道:近十年我们在各地考察民间文化时,亲眼看见这一剧变对村落生态影响之强烈与深切,已经出现了人去村空——从"空巢"到"弃巢"的景象。

村落的"空心化"导致村中住宅闲置,大量的劳动力进城务工致使耕地大面积闲置,土地利用率低下,村落人口结构发生改变,传统村落逐渐成为贫穷和低收入者的聚集之地,这样就使村落很难维持长久的发展。由于不受重视,村民逃离传统村落的行为就愈演愈烈,造成许多传统建筑由于长久没人居住而破败,缺乏维护和修缮,村落的人居环境和物质环境都遭到破坏。如果还不加以引导并采取应对措施,大量的传统村落终将难逃厄运,同时,留在空心村中的老人和孩子也会产生新的社会问题,人们生活的传统空间都不复存在,又何谈村民的归属感。

(三)文脉中断,浮于表面

传统村落在文脉传承上扮演着重要的角色。我们知道传统村落孕育和创造了许多灿烂的文化,也是农耕时代的历史见证。许多地方的传统村落中有着丰富的民间文化。然而,在对中原传统村落的调查中,我们发现,在传统村落的文脉传承和历史文化保护上,存在严重的问题。

首先,文脉有被中断的危险。一些村落因为缺乏规划,对传统村落的发展按照自己的主观意愿去设计，不仅破坏了村落原有的肌理和格局，也使人居环境恶化。那些带有历史文化的建筑群、地貌、植被、水系、石碑、古桥、古井等都成为落后的象征，成为新农村建设的阻碍。村中的寺庙、祠堂、戏台都因年久失修，失去本来的功能。没有了这些历史文化的物质载体，何谈具有地方特色的传统戏剧、传统工艺、传统产业、民风民俗等精神文化和非物质文化遗产？年轻人都外出打工，对传统文化认识浅薄，许多的民间工艺面临着失传的严重境地；村民失去对传统文化的精神追求，使得一些重要的文化场所逐渐消失，重要的历史信息得不到延续，村落的文脉核心也随之消亡；在工业文明和城镇化的背景下，村民也因为追求经济利益，导致文化环境遭遇重大创伤，村落中的历史文脉在人们追求财富中异化中断，得不到良好的传承。

其次，一些传统村落虽然认识到其自身的历史价值，但对于历史的传承仅仅停留在表面。这种情况在陕南地区表现得尤为明显。随着交通越加便利，进入秦岭和秦巴腹地已经是非常方便，陕南地区拥有独特的自然风光，汉中、安康、商洛地区传统村落的风土人情更是吸引了许多城市中的人们。于是，当地政府就开始对村落村域环境进行大肆开发，为了迎合游客，获得利益，只在村落历史文脉上做做表面功夫。在汉中、安康等地，对建筑物的修缮也只停留在表面，所使用的材料和工艺都是简单快捷的，实在看不出对传统村落的历史文脉发掘做出了多少努力和贡献。这样浮于表面的营建，不仅使传统村落中的历史信息得不到良好的传承，更消解了村落原有的物质文化和非物质文化。民间文化和民俗生活只有在相应的物质空间和环境中才能尽显其魅力。陕北的信天游、秧歌舞只有在大漠高丘的窑洞承载下才生动富有活力；关中的四合院也只有跟多姿多彩的田园生活融合，带着丰富诱人的当地小吃、传统工艺才热闹非凡；陕南秦巴山地的石头屋、木板房也只有在青山绿水间、苍翠溪流中才有韵味。现在的情况是，这些具有历史价值的村落及建筑物呈现"冻结分离"的状态，窑洞、四合院、石头屋、木板房成为一种摆设，独立地被简而化之地放在村落的角落，无人问津，失去了活力，当地村民也越来越少使用和关注。这种脱离了历史文化资源的环境是无法将历史文脉传承下去的，只有将人与物、情与景、自然山水与民风民俗融合起来，村落的文脉才能得到良好的传承，才能构成一幅生机盎然的传统村落的美丽画卷。

（四）盲目发展旅游业

陕西传统村落中有几个比较有名的历史文化名镇名村，如宁强青木川、柞水凤凰镇、党家村等，还有些村落在旅游业上发展势头较好，如关中印象体验地袁家村，其他村落看到其发展形势和旅游业为村落带来的巨大的经济效益，就都争先恐后地发展旅游经济，在这个过程中，就会出现许多严重的问题。村落过分追求经济收益，不惜以破坏传统村落为代价，一些历史街区、古建筑群都要让步旅游发展，不仅没有结合村落当地特色和历史文化，还修建了大量仿古建筑，给传统村落增添新的负担，使村落原有风貌消失，导致村落"千村一面"，这种形式不但没有缓和村落经济压力、改变落后状态，反而是大投入小收益，最严重的是破坏了真正的古迹遗址和建筑形制。

二、保护政策与成效

（一）全国政策

我国在20世纪80年代才慢慢开始关注传统村落，真正开始重视是在进入21世纪以后，国家相继出台许多法律法规对历史文化名镇名村的保护规划进行规范和引导。

2002年修订的《中华人民共和国文物保护法》给予古村落法律地位，但对于古村落的保护标准、保护程序、内容及其法律责任均未做出具体规定。

2003年首批中国历史文化名镇、名村由建设部（现住房城乡建设部）和国家文物局公布。

2007年12月，中国古村落保护与发展专业委员会第一次会议正式通过《中国景观村落保护公约》，在如何保护古村落上，提出了具体的意见。但是公约针对的是景观村落，专业性强、标准高、范围窄，并未涉及中国广泛的传统村落，普遍性意义不够。

2008年《历史文化名城名镇名村保护条例》由国务院颁布，这标志着国家将历史文化名城名镇名村的保护提升到了更高的高度。

2012年4月16日，住房城乡建设部、文化部（现文化部和旅游部）、国家文化局、财政局发布了《关于开展传统村落调查的通知》，从传统建筑风貌、选址和格局、非物质文化遗产传承情况三方面提出调查条件，符合条件之一者被列为调查对象。

2012年8月，住房城乡建设部、文化部、国家文物局、财政部公布了《传统村落评价认定指标体系（试行）》，该指标体系从村落传统建筑、村落选址和格局、村落承载的非物质文化遗产三方面共计20个指标，对传统村落进行评价认定。

2012年12月，《中共中央 国务院关于加快发展现代农业进一步增强农村发展活力的若干意见》指出："制定专门规划，启动专项工程，加大力度保护有历史文化价值和民族、地域元素的传统村落和民居。"

2014年4月25日，住房城乡建设部、文化部、国家文物局、财政部以建村〔2014〕61号印发了《关于切实加强中国传统村落保护的指导意见》。主要包括了五部分内容，即传统村落保护的指导思想、主要任务、基本要求、保护措施、组织领导和监督管理。在传统村落保护的主要任务方面，提出保护文化遗产、改善基础设施和公共环境、合理利用文化遗产、建立保护管理机制四部分内容。在基本要求方面，提出保持传统村落的完整性、延续性、真实性要求。

2018年2月4日公布了《中共中央 国务院关于实施乡村振兴战略的意见》，3月5日，国务院总理李克强在做政府工作报告时提出大力实施乡村振兴战略，9月，国务院发布了《乡村振兴战略规划（2018—2022年）》，提出分类推进乡村发展的乡村振兴策略，要求要保持特色保护类村庄的完整性、真实性和延续性。

表6-1　国内历史文化名镇名村保护法律、法规统计表

名称	发布单位	时间	备注
《中华人民共和国文物保护法》（修订）	第九届全国人民代表大会常务委员会	2002年10月	首次提出历史文化村镇概念，并由各级人民政府核定公布，同时报国务院备案
《中国历史文化名镇（村）评选办法》	建设部、国家文物局	2003年10月	公布第一批中国历史文化名镇名村名录

续表

名称	发布单位	时间	备注
《国务院关于加强文化遗产保护的通知》	国务院	2005年12月	从2006年起，中国的"文化遗产日"设在每年六月的第二个星期六
《历史文化名城名镇名村保护条例》	国务院	2008年7月	为历史文化名城名镇名村的保护和管理提供重要依据
《传统村落评价认定指标体系（试行）》	住房城乡建设部、文化部、国家文物局、财政部	2012年8月	将传统村落的认定和评价定量化
《关于加强传统村落保护发展工作的指导意见》	住房城乡建设部、文化部、财政部	2012年12月	开启了中国传统村落的调查与认定工作
《中国古村镇保护与发展获港宣言》	中国文物学会古村镇专业委员会	2013年5月	呼吁大家传承文化，保护古村镇，守护我们的文化
《关于切实加强中国传统村落保护的指导意见》	住房城乡建设部、文化部、国家文物局、财政部	2014年4月	展开了对传统村落保护的核查及抽查工作
《关于坚决制止异地迁建传统建筑和依法打击盗卖构件行为的紧急通知》	住房城乡建设部、国土资源部、公安部	2015年6月	对传统建筑禁止擅自拆除和异地迁建
《国务院关于进一步加强文物工作的指导意见》	国务院	2016年3月	明确健全国家文物登录制度，建立国家文物资源总目录和数据库
《中华人民共和国文物保护法》（第五次修正）	第十二届全国人民代表大会常务委员会	2017年11月	国家文物的界定更加清晰，使文物的保护、抢救、利用、管理更加规范化
《乡村振兴战略规划（2018—2022年）》	国务院	2018年9月	提出分类推进乡村发展的乡村振兴策略，要求要保持特色保护类村庄的完整性、真实性和延续性

2012年，由住房城乡建设部、文化部、国家文物局、财政部联合推出了"传统村落"评选制度，从传统建筑、空间格局和非物

质遗产三大领域进行评定，旨在更好地兼顾物质文化遗产与非物质文化遗产、静态物质现状与活态文化传承间的关系。同年9月，经传统村落保护和发展专家委员会第一次会议决定，将习惯称谓的"古村落"改为"传统村落"，以突出其文明价值及传承的意义，并组织开展了第一次全国范围内的传统村落评选，迄今为止共评选出五批。

2012年12月，住房城乡建设部、文化部及财政部将646个村落列入第一批中国传统村落名录，中原文化区（山西、河南、陕西）有69个村落入选；2013年8月，将第二批915个中国传统村落列入名单，中原文化区有76个村落入选；2014年11月，公布第三批中国传统村落名录，列入994个传统村落，其中，中原文化区有113个村落入选；2016年1598个村落列入第四批中国传统村落名录，中原文化区有216个村落入选；2019年6月，第五批共2666个中国传统村落列入名单，中原文化区有394个村落入选。目前全国共有6819个国家级传统村落登记在案，中原文化区有868个国家传统村落，占全国总数的12.7%。

表6-2 传统村落历届评选结果统计表

单位：个

颁布时间	中国传统村落数量	中原传统村落数量
第一批（2012-12-17）	646	69
第二批（2013-08-26）	915	76
第三批（2014-11-17）	994	113
第四批（2016-12-09）	1598	216
第五批（2019-06-06）	2666	394
合计	6819	868

（二）省域政策

2012年5月18日，河南省住房和城乡建设厅、文化厅、文物局、财政厅联合发布文件，对河南省内传统村落展开调查。文件指出：传统村落浓缩着农耕文明、乡村文化演变发展的历史，承载着特定地域丰富的历史文化信息，流传并延续着独具乡村色彩的古代民间艺术、建造技艺、神话典故等非物质文化遗产。

2015年3月，山西省住房和城乡建设厅为进一步加强山西省的传统村落保护工作，坚决预防和遏制传统村落中破坏、偷盗情况的发生，发布《关于进一步加强传统村落保护工作的通知》。

2017年12月，为了加强历史文化名城、名镇、名村、街区和历史建筑的保护与管理，传承优秀历史文化遗产，根据有关法律、行政法规的规定，山西省第十二届人民代表大会常务委员会第四十二次会议通过《山西省历史文化名城名镇名村保护条例》。

2018年8月，为全面贯彻实施好《山西省历史文化名城名镇名村保护条例》，推进山西省历史文化名城、名镇、名村、街区和历史建筑保护与利用工作，经山西省人民政府同意，提出相关实施意见。

2019年，为加强陕西省的传统村落的保护和发展，由陕西省住房和城乡建设厅牵头编制出台《陕西省传统村落保护发展规划》，用以明确全省今后传统村落保护发展的总体思路和要求。

三、保护难点及困境

（一）城镇化快速发展

现代科技的进步、城镇化的快速发展对传统村落的冲击是传统村落逐渐消亡的主要原因。信息化与全球化的快速发展、城镇化进程的进一步加快，都使得外部强势文化对传统村落的弱势文化产生冲击。传统村落的生产生活方式都是古老的、相对落后的，而人们普遍愿意追求现代化的舒适生活，如果两者之间的矛盾没有得到正确的引导与合理的解决，人们很容易在舍弃传统村落的同时，将传统村落的文化遗产一并舍弃，而这将是中华民族不可挽回的损失。

（二）传统技艺后继无人

我国传统村落文化底蕴丰厚，民间技艺众多，在生活生产中世代相传。随着村落中青壮年的流失，村内留守的大多为老人、儿童，传统村落的生产生活方式发生了巨大改变，传统农耕文化的传承后继乏力，传统节庆等民俗文化也逐渐流失。此外，传统民间技艺的处境也不容乐观，现在大部分年轻人受到现代文明的影响，对传统文化的认同度不高，再加上对经济利益和生活品质的追求，缺乏对传统技艺的兴趣，导致大量传统技艺后继无人。

（三）产权私人化阻碍保护实施

传统村落内的古建筑基本都是民居，产权大部分属于当地居民，因而村内建筑多由居民自行维护，没有统一的标准和规划，而且维护修缮费用多由个人承担，村民考虑自身经济利益，大多选择经济方便的修缮方式和材料，导致传统建筑的修缮性破坏；还有部分居民因为传统建筑空间过于狭小、室内阴暗以及设施陈旧，选择通过拆旧盖新或外迁新建的方式来改善居住条件，使得大量传统建筑被破坏或是被遗弃。

（四）传统村落居住环境与居民日益增长的现代生活需求相矛盾

随着社会的不断进步，人们的生活水平有了较大幅度的提升，各方面意识也在逐渐增强，许多传统村落的居民对改善居住条件的愿望越来越强烈。在这一社会背景下，传统村落落后的基础设施及简陋的居住环境显然难以满足居民日益增长的现代生活需求。通常来说，修缮旧居的成本均高于拆旧建新，所以只要旧居不是文物保护对象，绝大部分居民会选择拆旧然后重新建砖瓦房或混凝土房屋来提高自身的生活质量。另外，即使居民有着较高的建筑保护意识，但由于经济能力有限难以将保护放在首位。长此以往，若不重视传统村落统一修缮管理，村民改善生活条件的意愿与村落原真性保护之间的矛盾会更为突出，保护传统村落工作的实施将更为困难。

四、保护路径与方法

（一）以静态保护为主体的模式

传统村落静态的保护模式就是博物馆式的保护，是以保护村内的物质文化遗产为主的形式，静态保护模式根据保护内容和目的又可分为整体保护、主要界面保护和原生态式保护。

1. 整体保护

整体保护就是对于有些整体形态保存较好、内部没有遭到太多破坏，但是村落基础服务设施严重不足、不能满足当地人生活的传统村落，保护时在村落旁边建设新的居民点，使新村与古村分离，最大程度减少人为的对传统村落的破坏。一般整体保护的经费小部分来自当地政府的拨款，大部分是企业进行整体博物馆式的旅游开发。整体保护的方法其优点在于不仅能够保护村落的建筑、肌理、空间形态等，还能够保护与村落形成紧密关联的自然生态环境、民风民俗的物质表现形式和村落文化生态系统的完整性等。

以山西晋城的湘峪村为例，为了能够保护历史文化遗址的原貌、村落环境和传统建筑，专家提出要将湘峪村内的居民全部迁出，在古堡旁边建设新村，使古村与新村分离，古堡内部完全作为观光旅游的区域。湘峪村除了有完整的城墙体系、护城河、建筑、古树等，其街巷走向以及院落格局都十分古朴。除了湘峪村，太原的店头村、吕梁的西湾村、长治的霓虹村等都采用了这种保护方式，这些传统村落保护的共同点是村落的大部分古色古香的历史建筑都被保存下来，村落肌理也十分完整。在中原地区，使用这种保护模式的多是团堡型传统村落、城市周边型传统村落以及层叠型传统村落，这部分传统村落受到其格局以及经济因素的影响，多能比较完整地保存下来，为了能够更好地保存，所以采用整体保护的方法。

2. 主要界面保护

在历史的更迭中，只有很少的传统村落能够完整地保存下来，大部分传统村落都会受到一定程度的损毁，对于这类传统村落，很难进行整体保护，只能重点去保护没有被破坏、损毁不严重的以及具有较大历史文化价值的部分。

主要界面保护是抢救性的保护手法，其最大的优点是对于那些破坏严重的村落，整体保护和恢复以前的模样并不现实，保护其主要的界面可以将传统村落具有重大意义的历史文化脉络保存下来，延续村落文化。这种方式目前主要应用在滨水和交通条带型传统村落、散点型传统村落以及乡镇周边的传统村落。

山西晋中祁县乔家堡村就是主要界面保护的成功案例。乔家大院是乔家堡村唯一完整保存下来的传统院落。乔家堡村内除了已经开发的乔家大院外，还有一些不为人知的传统院落，但是因为保护不善，已经破败。乔家大院也曾因为自然和人为的因素产生损毁，为了抢救这一民间瑰宝，当地成立了祁县民俗博物馆和祁县文物管理所，山西省文物局、省旅游局以及县财政也先后拨款用于博物馆的建设，1986年乔家大院正式对外开放，开启了旅游发展阶段。这些年来，乔家大院利用发展旅游所带来的资金，对院落进行了多次规范的维护，遏制、延缓了建筑的自然性损毁，有效地保护了传统建筑和院落的完整性和真实性。除此之外还有晋中的北洸村、晋城的窦庄村以及润城村等也都采取了主要界面保护的模式，不仅保护了物质实体，还保护了建筑院落背后所蕴藏的历史和文化，而且部分保护所消耗的资源远远少于整体保护，降低了保护所需要的资金需求。

3. 原生态式保护

原生态式保护主要针对那些处于交通不太便利、地理位置偏僻、经济欠发达地区的传统村落，当地人依然住在老房子里，依然延续着传统的生活方式，流传着独具地方特色的民俗文化。

原生态式保护最大的优点是保存了居民的生活方式，对于保护村落生活、村落历史的延续以及减少建设性破坏和旅游性破坏等具有较高的价值和意义。目前主要在山地条带型传统村落、乡镇周边的传统村落、自然环境周边的传统村落以及经济不发达型传统村落中有所体现。

山西阳泉盂县大汖村就是典型的原生态式保护的传统村落。大汖村是盂县保存最完整也是最古老的传统村落，地理位置偏僻，交通不便，村里基础设施缺乏，大汖村的原生态式保护是被动的。因为大山的阻隔、位置的偏僻和艰苦的自然条件，大部分年轻人都离开了，剩下的村民没有改造村落的能力，地方政府也没有资金来进行规模化和正规化的开发，也正是这些困难和阻隔，造就了如今大汖村完好的村落肌理、完整的街巷空间以及依然原始的建筑和院落。在大汖村，传统村落的原真性得到了最淋漓尽致的表现，这里的建筑和院落基本上没有改建和加建的情况，因为与外界的隔绝，村里的人们依旧按着以前的生活方式生活。

（二）以活态保护为主的模式

传统村落的活态保护模式是保护与发展并重的，它保护的不仅仅是村落的物质文化遗产及非物质文化遗产，更是保护村民的生活和当地的文化脉络，在此基础上还要改善村民的生活条件和村庄的基础服务设施，积极发展本地产业，带动村落的长久发展。

活态保护模式是综合性的保护模式，它的优点在于，在保护手法上，主要采取了分区保护的方式。所谓分区保护就是将传统村落划分为几部分，不同的区域使用不同的保护手法，在一定程度上既保护了重要历史文化遗产的原真性、整体风貌的和谐性，也不限制村落进行现代化生活方式的转变，是一种更加高效及人性化的保护方式；而在发展方式上，更多强调村民的参与，它区别于普通村落旅游由管理企业一家独大的方式，而是加入了村民参股的形式，保证了村民可以获得更多的收益，把一部分权力还给村民，增加了村民的积极性。传统村落活态保护发展多是体验式的旅游方式，区别于传统的观光式旅游，体验式旅游能使游客参与到旅游过程中，有效引导二次消费，经济效益高于普通观光式旅游。活态保护模式主要出现在经济发达或是城市周边型传统村落，这类型传统村落的特点主要是依托优良的地理位置和资源，经济发展较好，村民比较富庶。

山西晋中后沟村的保护就是活态保护的范本。后沟村在保护和开发之前，针对其具体情况，有关单位拟定了两方面的保护原则：一方面要做到物质性的建筑风格保护，另一方面则是非物质性的传统生活方式的保护。在保护和开发中，保护规划部门遵循这两条原则，将有价值的传统建筑予以完整的保护，保证建筑群整体风貌的和谐；注重保护村内的自然景观、生态景观和人文景观，使其达到协调和统一；整治完善院落的居住功能，完善村内生活服务设施，满足现代化生活与旅游活动的需求，还依照村落的整体风貌新建了农耕博物馆，通过陈列、讲解以及高科技的手段展现已经和即将消失的民风民俗，宏观地展示了民俗的发展流程，展现了村落民俗文化内涵。

在后沟村开发的初期，有很多村民都外出打工，然而随着村落的保护和旅游的发展，村民纷纷搬回村里，开始享受旅游给他们带来的经济效益。这些措施增加了村民对于传统村落保护的积极性，增强了他们自觉维护村落的意识，有序引导村民依靠旅游致富，又不会对村落环境造成较大的伤害，保证了村落的原始风貌。

后沟村的保护方法破解了传统村落发展中面临的开发与保护的三大矛盾：传统建筑与尚在使用的建筑的保护与开发的矛盾、现代化居住环境与传统村落原始风貌的保护与开发的矛盾以及人类文明的保护与现代文化发展的矛盾。

（三）应用PPP[①]模式保护

1. 健全法律体系，提供稳定的政策环境

PPP项目参与主体是多方的，合作时间长达10年以上，需要配合完善的、科学的法律制度才能正常地运行下去。由于PPP项目的特点，社会资本方的力量较为薄弱，话语权较小，他们最大的顾虑就是自身利益得不到保障。建立健全PPP模式的相关法律法规是

---

① Public-Private-Partnership 的缩写，即政府与社会资本合作。

确保 PPP 模式在传统村落保护中合理利用的重要保障。由于传统村落的特殊性，制定的相关法律法规必须有较强的针对性，传统村落从本质上来说是不能商业化的，政府也不能完全把传统村落的保护交给社会资本方，所以需要用法律明确界定 PPP 项目各参与主体的责任和义务，保障公共利益和经济利益，解决各主体间可能发生的纠纷，调节传统村落保护和开发之间的关系。相关法律法规的制定，既要与文化遗产保护的相关法律法规相衔接，还要注意与之前的政策性规范相兼容。

法律法规的实施主体是政府，政府需要保证执法力度，用法律的手段保护传统村落和投资人等各方的利益，提升社会民众对传统村落的了解和关注，加强村民的法制观念，呼吁村民依照法律规定共同监督项目主体行为。同时，政府也应该在法律的约束下进行一系列项目行为，只有与社会资本方站在同等的地位受法律法规的约束，才能令社会资本放心地投入。

2. 建设完善的监管机制，引入第三方监管机构

PPP 项目中政府工作重点应放在项目监管上，对传统村落保护项目建设和经营的全过程进行监管，其目的是平衡项目各参与主体的利益诉求，确保项目运行以传统村落保护为出发点，既要保障社会效益，还要保障社会资本方的利益，调动各参与主体的积极性，推动项目安全平稳进行。监管内容主要包括：项目准入、设计成果、服务与建设质量、经营过程、价格与收费、成本等诸多方面。政府要公平有效地监管，适当适度地对项目进行干预。在项目筹备阶段严格审核项目参与方资质、水准，项目过程中审核设计成果的科学性及可行性，把控建设质量和建设进度。政府应当利用 PPP 模式的

优势，合理介入项目的各个环节，杜绝社会资本的盲目逐利行为，最终实现传统村落的长期保护。在现有的 PPP 模式中，社会资本方在项目经营中对价格及收费标准有决定权，无论是门票的价格还是公共产品的使用价格都会影响社会效益和经济效益，但传统村落保护更应注重社会效益，所以政府要对价格和成本进行把控，一定要杜绝不合理的收费情况。

监管工作除了由政府承担以外，还应当设立第三方监管机构，在监管社会资本行为的同时对政府行为进行监管。第三方监管机构的设立应符合法律标准，由相关法律政策界定其职权范围和监管对象，并受到法律的约束，保证可以公正监管。第三方监管机构需要具备独立性，在执行监管任务过程中不受干扰。传统村落保护项目综合了多个学科，所以第三方监管机构也应该可以兼顾多个领域的监管，全方位覆盖。第三方监管机构必须具有专业性，需要由文物保护、工程管理、城市规划、经济学、法学等各领域的专家学者组成。

在监管过程中也可以引入文物保护团体等民间组织，这些组织主要由传统村落保护的热心人士组成，实践经验丰富，善于与村民进行沟通，可以从基层的角度对项目进行监督。同时，及时公开项目信息，将社会公众和媒体纳入监管体系，监督和约束政府及社会资本方的行为。

3. 明确政府功能，加强文物管理部门参与

在 PPP 模式中，政府的角色从传统的投资者变成了项目参与者、监督者，政府负责项目整体的统筹规划、招标、监督等环节，项目的设计、建造、经营等环节则由社会资本方负责，双方互不进行不必要

的干预。特别是地方政府，要杜绝"越界"和"缺位"的现象。

除了明确政府总体的功能，也要明确各政府部门的职能。传统村落涉及的政府部门较多，各部门之间职能相互重叠，因为有不同的准则，容易产生推诿或分歧，造成监督管理的混乱。要在项目筹备阶段厘清各个政府部门的职能，规定其权力和应承担的责任，建立相关的激励机制，尽可能激发参与部门的积极性，注意各部门间的衔接，不能把一个PPP项目分割开进行监督管理，PPP项目的运行是应该由多个政府部门共同推进的。

在实施传统村落保护项目时，还应该重视文物保护部门的意见，加强文物保护部门的参与程度，将文物保护部门放在一个主要监管者的位置。文物保护部门的作用不能仅仅停留在设计阶段审核设计方案，如果不参与后续的建设和运营，文物保护部门的意见就不能对社会资本方产生有效的影响。传统村落的保护应以保护为侧重点，从项目开始到移交，文物保护部门应当全程介入，帮助项目实施者把控方向，及时修正不合理建设行为，划定保护与开发的边界，避免设计方案走形造成建设性破坏。

4. 灵活运用 PPP 模式

每个传统村落都有各自的特点，数量大，分散广，在传统村落保护领域不能生搬硬套地使用PPP模式，要做到灵活使用、因地制宜。

在我国众多的传统村落中，有较高利用价值的只占少数，交通环境不好、保护困难大的传统村落很难得到投资。可采取捆绑建设的方式对这些村落进行招商引资，这实际上是BOT（建设——经营——移交）和TOT（移交——经营——移交）相结合的产物。政府和社会资本以特许经营的方式合作，社会资本将拥有一个已经建成的经营状况良好的传统村落 A 的特许经营权，同时负责一个利用价值较低的传统村落 B 的保护、维修、基础设施建设、经营等，这种模式实际上是用 A 村的收益支付 B 村的保护投资。合同到期后将两个村子的经营权同时交回，若只对 B 村进行保护工程不经营，则验收完工后按期交回 A 村的经营权。这种以村养村的设想加以完善，既可以减少财政支出，又能保护更多的传统村落。

PPP 模式是一个在实践中不断完善和演变的模式，可以衍生出多种具体的运营方式。在尊重法律法规和各类政策性文件的基础上，应结合我国的具体国情和中原传统村落的处境做出决策，适当调整 PPP 项目运作方式，使之与中原传统村落的具体情况相适应。

5. 成功案例

我国大部分传统村落保护 PPP 项目正处于初期准备阶段，以陕西米脂县杨家沟村为例，对传统村落资源进行分析，探索合理的 PPP 运作流程。杨家沟村位于陕西米脂县城东南 20 公里处，原为马氏地主庄园，解放战争时期，是中共中央和人民解放军总部所在地（1947 年 11 月—1948 年 3 月），党中央在这里进行了一系列重要的革命活动。杨家沟村是中国历史文化名村，也是陕北地区知名的革命纪念村之一。

杨家沟村包含诸多革命旧址，有毛泽东、周恩来、任弼时、张闻天旧居，十二月会议旧址，西北野战军高级军事会议及前委扩大会议旧址，中共中央政治部旧址，亚洲部保卫科旧址等。总占地面积 2.6 平方千米，建筑面积 10600 多平方米，陈列面积 642.6 平方米，文物 230 多件。其中新院、十二月会议旧址、西北野战军高级军事会议及前委扩大会议旧址进行过维修，保存良好。其他旧址由杨家沟村村民居住并管理，正窑基本保存完好，侧窑、厢窑、大门等多数残破，未经修缮，状况令人担忧。

米脂县政府现公开招标，引入社会资本进行米脂县杨家沟红色旅游景区建设，该工作由杨家沟革命纪念馆承担，以 BOT 的形式与社会资本达成合作关系，建设的期限是 10 年。社会资本方负责对杨家沟革命旧址保护、维修，建设门户区大门及红色旅游广场、"中国革命从这里走向胜利"纪念碑、旅游接待中心、毛主席转战陕北纪念馆，同时设计建设杨家沟红色旅游商业街。项目的收益主要来源于旅游项目的运营，合同到期后社会资本方将经营权交回给地方政府。

杨家沟村知名度较高，拥有传统窑洞建筑，兼具红色遗产资源，具有较高的展示利用价值，同时自然环境优美，文化底蕴深厚，极具发展潜力，PPP 项目成功的概率较高。该项目的实施要重视以下三个问题：第一，要注重村民的参与，保障村民利益不受侵犯，避免产权和使用权的纠纷；第二，由于杨家沟村的展示利用价值较高，地方政府监管力度不够易造成过度开发或利用不当的问题，可以适当引入具备文物保护专业能力的中间组织，从项目的准备阶段进行参与，全程监督项目的实施，提出文物保护的建议；第三，重视专家团体的意见，无论是设计阶段还是施工阶段，避免专家意见被束之高阁，从而影响杨家沟村的保护工作。

第二节
传统村落的活化

"活化"源自物理学概念,指某一物质从无活性状态转变为有活性状态的过程,也称"激发"。本节中"村落活化"的对象有别于物理学中的单一物质,而是包括村落的物质文化要素和非物质文化要素的统一体。所谓"村落活化",就是在不破坏或者有机地传承过去的物质文化和非物质文化的前提下,采取一定的措施,如旅游开发、产业布局等方式,达到保护兼顾村落发展的目的。通过活化,提升村落的人居环境品质,带动村落脱贫致富,解决村落衰败、"空心化"问题。

一、活化原则

(一)原真性原则

"原真性"一词源自英文 Authenticity,有着最初和真实的双重含义。世界遗产委员会明确规定原真性是检验世界文化遗产的重要原则之一。传统村落的遗产空间指的是经过评审的、需要采取相关措施保护的空间,主要是那些制定了保护规划的、划定核心保护区的空间或者保护文物。

对于传统村落的遗产空间来说,要能表现出创造形成时的面貌，其物质构成、材料和形式及其所处的空间环境保存良好。原真性保护也就是以"原样"保护为核心，以建筑遗产创造形成时的状态为保护依据。遗产空间原真性保护原则包括了对传统村落的物质文化遗产与非物质文化遗产承载空间的原真性保护。

1. 物质文化遗产空间的保护活化

传统村落的物质文化遗产主要是建筑文物保护单位，对于保护区内的历史遗存建筑物、构筑物及基础设施，要给予充分的保护，例如传统村落内部遗存下来的古树、古亭子、古戏台、古桥等设施。传统风貌较为完整的文物保护单位、传统风貌建筑集中成片的区域及其紧密依存的历史环境要素，划定为核心保护范围。位于核心保护区的建筑物，要根据实际情况进行考虑，在满足以上保护要求之后才可以采用适当的方式进行改造。

2. 非物质文化遗产空间的保护活化

非物质文化遗产的原真性保护承载空间强调体验者自身感受的真实性。为了让体验者感受到最真实的乡村传统文化，有许多方法可以来保持这种体验感的真实性。例如，在向体验者展示传统文化的同时，可以让体验者去触碰传统文化的载体，或者亲自尝试参与到某种非物质文化遗产的制作，这样既可以满足体验者的好奇心，又能让其感受传统文化的真实存在。让传统文化在体验中起主导作用，还可以增强本地村民的文化自信，激励他们加入保护的行列，传承并发扬村落的非物质文化，从而形成良性循环。

（二）乡土性原则和地方性原则

乡土性、地方性是传统村落最基本的文化特性，在乡土性和地方性的基础上进行保护与活化研究，从根本上避免发展过程中导致的"千村一面"、城市化、庸俗化等情况的发生。

乡土性指的是农村环境赋予村庄区别于城市的自然和文化空间特征，而地方性则是指村庄在不同的自然条件、自然资源的环境下，经过漫长岁月的发展形成的独一无二的特色。乡土性和地方性是传统村落保护与利用的灵魂，二者都是传统村落最基本的特色，缺一不可。

（三）风貌及文脉延续性原则

传统村落的传统风貌和历史文脉在旅游开发的空间活化设计中起着重要作用。风格和语境的连续性包括时间和空间的连续性，体现在文化元素的连续性上，如肌理、质感和场所。因此，在对传统村落进行空间改造的同时，要注意历史的脉络及其延续性，使传统村落顺应时代的发展，在历史的发展变化中保持其持续的生命力。

（四）空间有机整体性原则

传统村落空间具有有机整体性，体现在它内外部空间与功能的有机协作性、整体协调性，在景观形象上表现为连续的景观界面、有层次的空间秩序。在空间的活化和转化的过程中，我们应该重点针对农村区域环境特点，在保护原有历史模式和传统村落的遗迹的前提下，全面协调历史空间环境与开发之间的关系，包括传统村落空间和周围环境之间的关系模式，和街巷肌理、建筑与开放空间的衔接与转换。改造进行之前，应重新认识传统村落空间活化在开发中的作用，以及改造后的发展方向。

（五）以人为本原则

传统村落随着时代的发展，原有民居建筑在空间、功能、舒适度上都难以达到现代人的要求，对此类建筑进行改造更新显得十分必要。村落建筑是当地村民生产、生活的空间，当旅游业发展之后，传统村落还需要面临来自世界各地的游客，人性化就显得十分必要。人性化强调在设计中充分满足适用人群的切实需要，比如室内空间需要注重私密性，室外空间则加强开放性、沟通性。

村落的人居环境得到切实提升，是提升村民幸福指数的重要方式，此外，为游客提供人性化的居住空间和公共活动空间，可以为村民创造一定的经济收入，当村民意识到传统村落的保护与利用可以直接转变为经济效益时，村民会更加注重村庄环境、遗产、文化的保护。

（六）可持续性原则

传统村落保护与利用研究的可持续性，是让传统村落的发展具有长久的延续性，使其在发展过程中，对经济利益的获取通过合理的方式，避免以牺牲环境、破坏遗产为代价的开发。因此，清洁的、低干扰、高技术含量的产业发展模式是未来传统村落转型的方向。

此外，可持续性还应该考虑原有村民人居环境的改善，包括居住空间环境的改善和周边环境质量的提升。村民作为传统村落的使用者，只有享受到保护和利用带来的益处之后，才会积极投入到保护中去。不仅从生态上关注能源、环境的可持续性，在传统村落保护中，更应该注重村落文化、经济、社会的可持续性。

二、活化方式

（一）特色文化 IP 活化模式

河南开封祥符区朱仙镇西街村经过近千年的延续、发展，在格局上形成一纵三横的"丰"字形村镇框架，京货街、铜坊街、西大街、老虎洞街、衙门街等历史街区基本保留着传统的历史格局和风貌，各种历史环境要素分布较广。该村现有国家级文物保护单位1处、县级文物保护单位1处和古民居23处，建筑风格以明清时期为主，具有浓郁的历史、地域和民族特色。

空间布局上形成以岳飞庙、清真寺为中心建立两大文化景观园区，主要对岳飞庙、山陕会馆、清真寺、戏楼以及西大街的清代民居建筑群进行保护，围绕重点区域对整个村镇进行系统规划。运用"有机更新"理论对现有民居如运河两边的建筑进行修缮和对与当地风格不符的民居进行改造，与重点景区融合，发挥出西街村传统建筑特色，连贯成整体的游览路线。

木版年画是朱仙镇最为著名的非物质文化遗产，2006年入选第一批国家级非物质文化遗产名录，2011年4月顺利通过国家质检总局生态原产地产品保护认证，是中国四大木版年画之一，其制作采用木版与镂版相结合，水印套色，种类繁多，年画乡土气息浓郁，民间情趣强烈，不仅具有极高的艺术收藏价值，而且极具观赏价值，已经成为西街村文化内涵的主要组成部分。西街村以木版年画产业的发展和更新为重点，扩充原有年画产业的功能内涵，增加由原有产业衍生出的新型功能空间，实现文化产业传承与更新。

（二）乡村度假型活化模式

河南信阳新县周河乡西河村在自然环境和历史文化资源方面十分丰富，西河村传统民居为三进院落，部分石刻、砖雕、木雕保存完好，具有一定的文物保护价值和艺术研究价值。整个村落布局合理，建筑工艺精湛，与周围自然环境紧密结合，山、水和田园风光相得益彰，文化底蕴丰富，是豫南传统村落的典型代表。在以"生态人文＋乡村旅游"为主导的传统村落发展模式中，着力点在于挖掘村落自然生态环境特点与人文历史资源，结合乡村旅游，吸引游客为村子带来人气，从而为原住居民提供更多就业机会，增加收入，同时也在乡村旅游建设中提升村落的基础设施，改善村落人居环境。

2014年开始，当地政府因地制宜，适度进行乡村旅游开发，建成一批旅游配套服务设施，引导村民利用农家小院开办餐馆、民宿，成立专业合作社。开创以旅游度假为核心、村落风貌为依托、文化体验为特色的传统村落乡村旅游发展之路，让传统村落有了持续发展的动力。2016年4月在西河村成功举办了首届国际乡村复兴论坛大会，在全国乃至国际上引起了强烈的反响。2016年10月在西河村举办了首届 2016 大别山乡村旅游自驾游活动，受到了诸如武汉、郑州、北京、合肥、洛阳、开封等周边大中城市的广泛关注，掀起了乡村游、吃农家饭、住农家乐的热潮。2017 年 10 月大别山茶花节在西河村举行，吸引了各界相关人士参加。

同时西河村结合当地特色产业——茶油的生产，建成西河良油山茶油博物馆，其中包括茶油加工展示、茶油文化展示、茶树栽培展示、茶油历史展示等。展示馆内，不仅进行茶油以及茶油衍生产品售卖，还附带其余有机农产品售卖、地方纪念品售卖等，改造后的展示馆，是村庄经济发展的核心点，也是村庄的重要旅游景点，与此同时，展示馆也成为村民交流活动的空间，是村庄文化鲜活的继承。目前，依托于茶油文化展示馆的影响力，村庄在此基础上继续开发 5000 亩茶树种植基地，既对传统村落生态环境加以改善，也带动了当地以茶油为特色的特色农业的发展。茶树种植衍生出来的茶花观赏、茶花种植体验等观光农业的发展，也为经济增长带来了新的方向。

（三）景区景点型活化模式

陕西渭南韩城西庄镇党家村古建筑群始建于元代至顺二年（1331），大规模地兴建于明清时期，村内四合院建筑紧凑，上寨下村，村寨合一，保护完整，至今保存有古塔、古暗道、古井、祠堂、私塾、哨门、看家楼、贞节碑等多处公共设施，保存 125 处古民居四合院，保存古巷道 20 多条。党家村以布局紧凑、建筑精良、风貌古朴典雅、文化气息浓厚而扬名中外，是陕西目前开发的最大、最古老、保存最完整的古民居村落，是我国北方传统民居建筑的代表，被国内外专家赞誉为"世界民居之瑰宝""人类文明的活化石"。

党家村历史悠久，选址恰当，依塬傍水，村寨合一，不管是在建筑、历史、文化，还是民俗等方面，都是具有鲜明特色风格和人文气息的典型传统村落。党家村1992年5月正式对游客开放，景区的旅游开发随着时间的推移不断深入。1992年至2012年7月底，一直由党家村村委会经营管理。2012年8月1日由党家村景区管理处接管，并具体经营管理。对三处公共祠堂、两处公共四合院进行一期维修的同时，陆续增加了旅游基础设施，新修门楼、文化墙、绿化带，启用新型售票房，增设检票系统，并先后修编多项大型工程，景区面貌发生巨大变化，景区进入快速发展阶段。2016年被评为AAAA级景区。党家村传统村落经营多年以来，年接待游客达10多万人次，已经发展成为一个知名度高、文化氛围浓厚的村寨合一的传统村落景区。

三、活化措施

（一）产业重塑

基于传统村落地域文化的差异性，在推进新型城镇化进程中，因地制宜地采取"文化+"产业的策略激发乡土社区活力，实现传统村落的可持续发展和传统文化传承的双赢。

1."文化+农业"模式

通过对农业社会、生态、文化、休闲等多功能性的全面挖潜，满足城市居民对食品安全、生态环境和多方面的文化体验等需求，在提供健康安全的农副产品的同时，开展家庭农场、休闲采摘、农业旅游、民俗节庆等活动，延长传统村落的农业产业链，增加当地就业机会，提高农户收入。通过开展农事指导和技术管理系列培训，因地制宜（即当地的气候光照条件、土壤养分、农田水利设施等）、因人制宜（即适合当地农业从业者的劳动力数量和技术选择）和因市制宜（即农产品的市场供需状况和价格波动），制定高效、科学、合理的农业种植方案，发展农产品深加工企业，延伸农业产业链，形成农业发展的良性循环。

2. "文化＋旅游"模式

传统村落旅游发展的前提在于保护和重构传统村落的"地方性"，依托当地特色文化资源，包括历史文化遗产、当地美食、民间曲艺和传统技艺等，因地制宜地发展旅游业及相关配套产业。可通过系统研究、深入挖掘、集中整理等方式充分展示传统村落文化特质，"活化"当地非物质文化遗产，在此基础上明确村落的旅游形象定位，丰富住宿、购物、文娱、研学等旅游业态，开发具有地方特色的旅游产品，努力延长旅游产业链；充分挖掘传统商业业态，重塑"老字号"，按照外部"整新如旧"和内部"整旧如新"的原则，通过商业情景的空间营造，还原旧时的生产生活场景和文化空间，再现昔日商贸集镇的繁荣景象，形成差异化、特色化的业态发展格局。

3. "文化＋创意产业"模式

位于偏远地区的传统村落，生态环境未受破坏，人与自然融为一体，可用作美术写生基地和影视拍摄地；而位于城市边缘的传统村落，可吸引艺术家群体为主的创意阶层入驻形成"文化艺术村"。文化艺术村在规划发展上可以"文物保护单位"为基础，以"历史文化街区"为突破，打造文化产业园区，着力培育文化创意、影视演艺、旅游休闲、会展博览等文化产业群，承担传统村落的社会文化功能。

（二）传统村落的社区营造模式

1. 开展环境综合整治工程

以"真实性"作为传统村落保护的基本原则，实施河道水系清淤、外围山体环境保护、各类架空管线入地、道路损坏修复、环境景观美化等环境整治工程，保留与修缮民居院落、传统建筑和街巷传统格局，优化传统村落整体的自然生态环境和特色风貌。

2. 完善基础设施建设和公共服务设施建设

基于传统村落基础设施建设和公共服务设施的现状以及传统村落居民对上述两类设施的满意度分析，一方面，针对传统村落存在的具体问题，进一步完善传统村落的给水排水、电力、网络、环卫设施以及防火防灾等各项基础设施，尤其排水设施、照明设施、环卫设施和防火防灾设施的缺失是传统村落普遍存在的问题，在维持原有建筑结构、布局的基础上，对传统建筑内部进行现代化设施改造；另一方面，根据传统村落居民的现代生活需求，健全公共服务设施的类型，适度增加公共服务设施的种类和数量，尤其是教育设施。

3. 加快特色产业配套服务设施建设

要因地制宜，坚持突出地域文化特质与强化功能配套完善的原则，与传统村落所在的自然环境和谐一致。如对于已经发展旅游业的传统村落，主要是做好旅游道路交通、停车场、公厕、服务中心等建设，在满足基本功能的同时，适当拓展与旅游相关的业务活动。

4. 在有条件的传统村落打造乡村旅游社区

在靠近城市的传统村落，立足传统村落内部闲置的房源发展"共享民宿"，为游客提供体验传统村落自然、文化与生产生活方式的住宿设施，房屋产权仍归村民所有，通过构建各类社区资源和消费文化类型场所，打造传统村落旅游社区。

（三）传统村落的多元治理模式

传统村落运行中矛盾冲突现象的增加，属于传统村落所面临的共性问题。可以通过政府、村级自治组织、村民参与、NGO[①]支持多元权利主体共同治理，分别对各权利主体进行角色定位。

1. 政府

将传统村落保护和发展工作作为一项重大民生工程，在具体工作中加以落实，纳入各级政府年度目标任务考核当中；对列入国家级的传统村落，省、市两级要落实包抓领导和部门，实行全程监督实施；对列入省级的传统村落，市、县两级政府要配备专门管理人

---

① 非政府组织。

员，实行分层分级管理；在我国现行法律法规的基础上，结合部门规章制度，将具有一定代表性的历史建筑、乡土建筑等尽快纳入保护范畴，赋予传统村落法律地位，明确传统村落保护的实施机构和主体责任，从整体上使传统村落保护有法可依，规范传统村落的保护和利用秩序。通过各个权利主体之间的对话、合作和集体行动，共同促进传统村落的保护和发展。

2. 村级自治组织

转换村干部的角色，由传统习惯中的"对上负责"转向"对下负责"，即即对上级政府组织负责，转向对传统村落及村民负责。维护村落与村民的利益，减少对上级政府组织的依赖，使村级自治组织成为传统村落和村民利益的当家人，可以在符合条件的传统村落尝试推行"一肩挑"的模式，即村委会主任和村党支部书记由一人担任。

3. 村民参与

随着村民的参与热情日益强烈，广泛征求和充分尊重村民意见，鼓励村民全程参与传统村落的保护和发展规划、公共政策制定、执行和反馈的全过程及利益分配的过程，与村民共同协商明确传统村落发展方向、经济发展模式、产业业态选择、传统建筑修缮与改造的技术规范要求以及亟须改善的基础设施和公共服务设施，让全体村民共同参与，惠益共享，最终规划和公共政策应是村民集体协商的结果。

4. NGO 支持

在调研中发现，在 NGO 支持之下的"泥河沟村模式"值得借鉴。中国农业大学全球重要农业文化遗产研究团队、香港乐施会、北京乡村文化保护与发展志愿者协会、中科建集团原本营造建筑规划事务所等团队积极参与泥河沟文化遗产保护的驻村调研、资料收集整理及系列文化干预活动，如开设夏季、冬季大讲堂等，开展民俗文化活动等。NGO 通过向村民讲述文化遗产保护与传承的理念，激活村民对传统村落文化的集体记忆和保护家园的热情，唤醒村民的"文化自觉"意识，使其为村落发展出谋划策，并持续关注村落的文化遗产保护及发展，也对村民参与村落建设的系列活动进行监督和反馈，在传统村落的保护和发展中发挥了关键作用。

参考文献

REFERENCES

[1] 郭肇立.聚落与社会[M].台北：田园城市文化事业有限公司，1998.
[2] 严耕望.唐代交通图考：第四卷：山剑滇黔区[M].台北："中央"研究院历史语言研究所，1986.
[3] 张文彬.简明河南史[M].郑州：中州古籍出版社，1996.
[4] 单远慕.中原文化志[M].上海：上海人民出版社，1998.
[5] 李绍连.永不失落的文明：中原古代文化研究[M].上海：学林出版社，1999.
[6] 河南省地方史志办公室.河南通鉴[M].郑州：中州古籍出版社，2001.
[7] 张新斌.中原文化解读[M].郑州：文心出版社，2007.
[8] 吴庆洲.中国军事建筑艺术[M].武汉：湖北教育出版社，2006.
[9] 郭瑞民.豫南民居[M].南京：东南大学出版社，2011.
[10] 赵春青.郑洛地区新石器时代聚落的演变[M].北京：北京大学出版社，2001.
[11] 刘沛林.古村落：和谐的人聚空间[M].上海：上海三联书店，1997.
[12] 王会昌.中国文化地理[M].武汉：华中师范大学出版社，1992.
[13] 诺伯格·舒尔兹.存在·空间·建筑[M].尹培桐，译.北京：中国建筑工业出版社，1990.
[14] 王昀.传统聚落结构中的空间概念[M].北京：中国建筑工业出版社，2009.
[15] 李秋香.庙宇[M].北京：生活·读书·新知三联书店，2006.
[16] 胡振洲.聚落地理学[M].台北：三民书局股份有限公司，1977.
[17] 费孝通.乡土中国[M].上海：上海人民出版社，2007.
[18] 左满常，白宪臣.河南民居[M].北京：中国建筑工业出版社，2007.
[19] 周振鹤.中国历史政治地理十六讲[M].北京：中华书局，2013.
[20] 陈隆文.中原历史地理与考古研究[M].北京：中国社会科学出版社，2016.
[21] 万建中.中国民间文化概论[M].北京：北京师范大学出版社，2010.
[22] 张余，曹振武.山西民俗[M].兰州：甘肃人民出版社，2003.
[23] 薛麦喜.黄河文化丛书：民俗卷[M].西安：陕西人民出版社，2001.
[24] 张晓虹.文化区域的分异与整合：陕西历史文化地理研究[M].上海：上海书店出版社，2004.
[25] 王守恩.诸神与众生：清代、民国陕西太谷的民间信仰与社会[M].北京：中国社会科学出版社，2009.
[26]《大中原文化读本》丛书编委会.古镇中原：恋恋古村落，流连老街口[M].郑州：文心出版社，2018.
[27] 吴涛.中原文化概论[M].郑州：大象出版社，2017.
[28] 刘润民.山西省非物质文化遗产代表性项目名录[M].北京：文化艺术出版社，2017.
[29] 蒋宝德，李鑫生.中国地域文化[M].济南：山东美术出版社，1997.
[30] 刘永立.河南民俗[M].兰州：甘肃人民出版社，2004.
[31] 李乐民.河南旅游民俗文化[M].北京：中国旅游出版社，2008.

[32] 张新斌.中原文化与现代化国际学术研讨会综述[J].中华文化论坛,2001(4):139-140.
[33] 张新斌.中原文化概说[J].地域文化研究,2018(6):12-20.
[34] 王彦武.谈中原文化的几个问题[J].中州学刊,2001(4):170-172,178.
[35] 王彦武.突出地域特色 振兴中原文化[J].创新科技,2009(7):28-29.
[36] 严文明.中国史前文化的统一性与多样性[J].文物,1987(3):38-50.
[37] 吴家振.论中原文化的内涵特征[J].学习论坛,1995(2):36-38.
[38] 黄雪,冯玉良,李丁,等.西北地区传统村落空间分布特征分析[J].西北师范大学学报(自然科学版),2018,54(6):117-123.
[39] 关中美,王同文,职晓晓.中原经济区传统村落分布的时空格局及其成因[J].经济地理,2017,37(9):225-232.
[40] 龚胜生,李孜沫,胡娟,等.山西省古村落的空间分布与演化研究[J].地理科学,2017,37(3):416-425.
[41] 董艳平,刘树鹏.基于GIS的山西省传统村落空间分布特征研究[J].太原理工大学学报,2018,49(5):771-776.
[42] 刘大均,胡静,陈君子,等.中国传统村落的空间分布格局研究[J].中国人口·资源与环境,2014,24(04):157-162.
[43] 辛亚,王晓军,霍耀中,等.山西省传统村落空间分布格局分析[J].江西农业学报,2015,27(9):138-142.
[44] 黄荣静,苏惠敏,魏中宇.河南省传统村落的空间分布特征及影响因素[J].陕西师范大学学报(自然科学版),2019,47(2):98-105.
[45] 王艳想,李帅,酒江涛,等.河南省传统村落空间分布特征及影响因素研究[J].中国农业资源与区划,2019,40(2):129-136,204.
[46] 刘磊.传统村落的文脉辨识、提炼及应用——以中原地区为例[J].世界地理研究,2018,27(4):167-176.
[47] 吕红医,杨晓林.河南省传统村落保护与利用研究[J].中国名城,2016(4):84-89.
[48] 郭亚茹.河南省传统村落类型研究[J].合作经济与科技,2016(13):20-22.
[49] 李慧敏,王树声.古村落人居环境构建原型及文化景观环境营造——以国家历史文化名村夏门为例[J].西北大学学报(自然科学版),2012,42(5):849-852.
[50] 闫丽洁,石忆邵,杨瑞霞,等.环嵩山地区史前聚落选址偏好区划分[J].同济大学学报(自然科学版),2013,41(4):624-629.
[51] 王庆成.晚清华北村落[J].近代史研究,2002(3):1-40,29.
[52] 胡英泽.水井与北方乡村社会——基于山西、陕西、河南省部分地区乡村水井的田野考察[J].近代史研究,2006(1):55-78.
[53] 王绚,黄为隽,侯鑫.山西传统堡寨聚落研究[J].建筑学报,2003(8):59-61.
[54] 郑家鑫.豫南类徽派古民居研究——以丁李湾村为例[J].美与时代(城市版),2016(3):5-6.
[55] 赵锐.晚清南阳县乡村地理研究[J].西安文理学院学报(社会科学版),2010(5):2.
[56] 卫国芳,王英杰.从建筑学角度探讨豫西民居地坑院的成因[J].河南城建学院学报,2011(1):14-17.
[57] 邵宗波,孙文持.谈先秦中原农业文化的发达及对中原文化特质的影响[J].决策探索,2007(8):90-91.
[58] 唐英,王军,史承勇.农业文化遗产资源型传统村落保护发展——以佳县泥河沟村为例[J].建筑与文化,2016(7):136-138.
[59] 娄婧婧,唐立华.中原地区传统农具设计之美[J].湖南农机,2012(11):118-120.
[60] 李昕升.郑国渠技术成就研究评述[J].华北水利水电大学学报(社会科学版),2014(2):10-13.
[61] 杜靖.大、小首人制度山西曲沃靳氏宗族祭仪研究[J].民族论坛,2016(7):46-56.
[62] 李龙.中原史前聚落原始宗教文化探略[J].中原文化研究,2013(6):28-32.

[63] 黄竹三. 晋冀宗教祭祀戏剧的类同性[J]. 戏剧, 2001 (3): 104-111.
[64] 潘新新. 发挥乡贤文化多元治理效应的时代背景和路径选择[J]. 中共宁波市委党校学报, 2016 (3): 82-87.
[65] 贾文丰. 中原乡贤文化的形成与影响[J]. 河南教育学院学报(哲学社会科学版), 2018, 37 (6): 47-54.
[66] 周俊杰. 中原的"心画"历程——中原书法史考述[J]. 河南教育学院学报(哲学社会科学版), 2012 (4): 28-43.
[67] 胡燕, 陈晟, 曹玮, 等. 传统村落的概念和文化内涵[J]. 城市发展研究, 2014 (1): 10-13.
[68] 黄喜平. 历史长河中的一支奇葩——探析河南民间面塑的艺术价值[J]. 中州大学学报, 2012, 29 (2): 7-9.
[69] 冯骥才. 传统村落的困境与出路[J]. 村委主任, 2013 (5).
[70] 刘馨秋, 王思明. 中国传统村落保护的困境与出路[J]. 中国农史, 2015 (4): 154.
[71] 王小明. 传统村落价值认定与整体性保护的实践和思考[J]. 西南民族大学学报(人文社会科学版), 2013, 34 (2): 156-160.
[72] 朱青. 湘峪"三都古城"古建筑保护与旅游开发[J]. 小城镇建设, 2003 (2): 74-76.
[73] 晓然. 中国传统古村落之店头古村[J]. 中国工会财会, 2017 (11): 56.
[74] 王金平. 山西临县西湾村[J]. 文物, 2016 (10): 92-96.
[75] 韩杰. 浅谈乔家大院古建筑的保护[J]. 文物世界, 2014 (2): 57-58.
[76] 白佩芳, 杨豪中, 周吉平. 山西后沟村保护模式对当代新农村建设的启示[J]. 城市建筑, 2011 (10): 28-30.
[77] 严轮. 基于村民视角的庐陵地区传统村落保护研究——以钓源和燕坊为例[J]. 地方文化研究, 2016 (5): 31-36.
[78] 戴志坚. 福建古村落保护的困惑与思考[J]. 南方建筑, 2014 (4): 70-74.
[79] 沙晨迪. 河南省传统村落规划保护与发展模式探究[J]. 美与时代(城市版), 2016 (3): 88-89.
[80] 陈进先, 陈倩, 翟辉. 保护与发展: 传统村落的活化途径与策略——以晋宁县雷响田村为例[J]. 价值工程, 2018, 37 (16): 283-285.
[81] 周宏伟. 基于传统功能视角的我国历史文化村镇类型探讨[J]. 中国农史, 2009, 28 (4): 92-101.
[82] 靳海鹏, 马耀峰, 张春晖. 乡村旅游地村民角色转变模式研究: 以陕西礼泉袁家村为例[J]. 旅游论坛, 2013 (6): 62-69.
[83] 赵亚京. 中原文化与河南民居建筑形式语言研究[D]. 金华: 浙江师范大学, 2015.
[84] 朱凯凯. 陕西省传统村落空间分布及景观特征研究[D]. 西安: 西安外国语大学, 2018.
[85] 张东. 中原地区传统村落空间形态研究[D]. 广州: 华南理工大学, 2015.
[86] 严少飞. 山西省域历史文化村镇保护基础性研究[D]. 西安: 西安建筑科技大学, 2011.
[87] 苏毅南. 山西传统村落与传统民居空间形态研究[D]. 太原: 太原理工大学, 2016.
[88] 薛姣. 河南省传统村落类型与形态研究[D]. 郑州: 郑州大学, 2016.
[89] 郭永军. 山西省传统村落的传统资源分类研究[D]. 太原: 太原理工大学, 2019.
[90] 李炎. 清代南阳梅花城研究[D]. 广州: 华南理工大学, 2005.
[91] 冯书纯. 关中地区传统村落空间形态特征研究[D]. 西安: 长安大学, 2015.
[92] 张孟辉. 豫北焦作市太行山地区传统村落空间形态探研[D]. 郑州: 中原工学院, 2019.
[93] 张玉坤. 聚落·住宅-居住空间论[D]. 天津: 天津大学, 1996.
[94] 徐建生. 基于关中传统民居特质的地域性建筑创作模式研究[D]. 西安: 西安建筑科技大学, 2013.
[95] 张阳. 关中传统村落公共建筑的布局特征与风貌传承研究[D]. 西安: 西安建筑科技大学, 2016.
[96] 王炜. 陕西合阳灵泉村村落形态结构演变初探[D]. 西安: 西安建筑科技大学, 2006.
[97] 邓锡荣. 农业景观的美学释义[D]. 成都: 西南交通大学, 2008.
[98] 牛美静. 当代北方农村宗族习惯法运行状况研究[D]. 重庆: 西南政法大学, 2015.
[99] 卞辉. 农村社会治理中的现代乡规民约研究[D]. 咸阳: 西北农林科技大学, 2014.

[100] 党晓虹. 中国传统乡规民约研究[D]. 咸阳：西北农林科技大学，2011.
[101] 孙文涛. "新乡贤"治理模式的可能性路径探讨[D]. 南京：南京师范大学，2016.
[102] 原阿敏. 河南开封民间舞蹈"盘鼓舞"之探究[D]. 西安：陕西师范大学，2015.
[103] 张希. 山西碑刻书法艺术[D]. 南京：南京师范大学，2015.
[104] 杨可可. 中原地区的民间泥塑研究：以河南省淮阳县的"泥泥狗"为例[D]. 武汉：湖北美术学院，2015.
[105] 王梦娜. 传统村落非物质文化遗产保护研究[D]. 长沙：湖南师范大学，2014.
[106] 张文君. 城镇化进程中陕西传统村落的保护与发展研究：以韩城党家村为例[D]. 西安：西安建筑科技大学，2014.
[107] 李佳. 传统村落保护模式研究：基于中外案例的比较[D]. 南京：南京农业大学，2016.
[108] 谌子益. 新农村背景下古村落保护利用研究：以曹角湾古村为例[D]. 广州：广东工业大学，2013.
[109] 闫委亚. 山西省传统村落环境保护现状及发展模式探析[D]. 太原：太原理工大学，2015.
[110] 王艳芸. 盂县大汖村民居研究[D]. 太原：山西大学，2012.
[111] 范任重. 山西后沟古村落的现状和保护[D]. 太原：太原理工大学，2009.
[112] 梁雯. 基于PPP模式的传统村落保护研究[D]. 西安：西北大学，2016.
[113] 梁健. 以旅游为导向的传统村落空间活化设计策略初探[D]. 广州：华南理工大学，2018.
[114] 杨磊. 基于延续性视角下的传统村落保护与利用研究：以诸暨市十四都传统村落为例[D]. 杭州：浙江农林大学，2018.
[115] 许赛艳. 古村落居民旅游影响感知的历时性研究：以陕西韩城党家村为例[D]. 西安：西安外国语大学，2017.
[116] 翟洲燕. 新型城镇化进程中传统村落的统筹性响应机理与发展路径研究：以陕西省传统村落为例[D]. 西安：西北大学，2018.
[117] 吴小雪. 基于旅游开发视角下的传统村落保护和发展研究[D]. 绵阳：西南科技大学，2019.
[118] 李梦雪. "后传统村落时代"的乡村保护机制与发展策略研究[D]. 济南：山东建筑大学，2019.
[119] 张春然. 新农村建设中的古村落保护问题研究[D]. 保定：河北农业大学，2009.
[120] 李笑石. 山地传统村落的文化基因辨识及价值评价：以浙江典型山地传统村落为例[D]. 舟山：浙江海洋大学，2018.
[121] 王金平，贾丽娜，王建华. 保护历史建筑赖以生存的环境：以祁县乔家堡为例探讨晋商聚落保护的未来发展趋势[C]. 中国民族建筑研究会学术年会暨第二届民族建筑（文物）保护与发展高峰论坛会议文件，2008.
[122] 林青青，何依，邓巍. 山西省域历史文化名村空间分异及类型研究[A]// 中国城市规划学会，杭州市人民政府. 共享与品质：2018 中国城市规划年会论文集（09 城市文化遗产保护），2018.
[123] 杨宜锦. 中华枣树王：历经800年沧桑依然硕果累累[N/OL]. 郑州晚报.（2019-08-31）[2019-09-30].https：//www.zzwb.cn/news_163303.
[124] 张晴丹. 新安樱桃别样红[N/OL]. 中国科学报.（2018-07-11）[2019-09-30].http：//news.sciencenet.cn/sbhtmlnews/2018/7/337001.shtm?id=337001.
[125] 鲁山县：培育乡贤文化　引领乡风文明　助力脱贫攻坚. 中原经济网[EB/OL].（2018-08-31）[2019-10-10].https：//www.zyjjw.cn/pds/news/2018-08-31/506757.html.

附录：中原传统村落名单

表 7-1 中原传统村落山西部分

序号	批次	名称
1		太原市晋源区晋源街道店头村
2		大同市天镇县新平堡镇新平堡村
3		大同市灵丘县红石塄乡觉山村
4		阳泉市郊区义井镇小河村
5		阳泉市郊区义井镇大阳泉村
6		长治市长治县八义镇八义村
7		长治市长治县贾掌镇西岭村
8		长治市平顺县石城镇东庄村
9		长治市平顺县石城镇岳家寨村
10		晋城市高平市河西镇苏庄村
11		晋城市高平市原村乡良户村
12		晋城市高平市马村镇大周村
13	第一批 （2012-12-17）	晋城市高平市米山镇米西村
14		晋城市陵川县西河底镇积善村
15		晋城市泽州县晋庙铺镇拦车村
16		晋城市泽州县北义城镇西黄石村
17		晋城市沁水县嘉峰镇窦庄村
18		晋城市沁水县土沃乡西文兴村
19		晋城市沁水县郑村镇湘峪村
20		晋城市阳城县北留镇郭峪村
21		晋城市阳城县北留镇皇城村
22		晋城市阳城县润城镇上庄村
23		晋中市榆次区东赵乡后沟村
24		晋中市介休市龙凤镇张壁村
25		晋中市灵石县两渡镇冷泉村
26		晋中市灵石县夏门镇夏门村

续表

序号	批次	名称
27		晋中市平遥县岳壁乡梁村
28		晋中市太谷县北洸乡北洸村
29		运城市万荣县高村乡阎景村
30		运城市新绛县泽掌镇光村
31		运城市永济市蒲州镇西厢村
32		忻州市宁武县涔山乡王化沟村
33		忻州市繁峙县神堂堡乡茨沟营村
34		忻州市繁峙县杏园乡公主村
35		忻州市繁峙县横涧乡平型关村
36		忻州市河曲县旧县乡旧县村
37	第一批 （2012-12-17）	忻州市岢岚县大涧乡寺沟会村
38		忻州市岢岚县宋家沟乡北方沟村
39		忻州市偏关县万家寨镇万家寨村
40		临汾市襄汾县新城镇丁村
41		临汾市襄汾县汾城镇西中黄村
42		临汾市襄汾县陶寺乡陶寺村
43		临汾市汾西县僧念镇师家沟村
44		吕梁市交口县双池镇西庄村
45		吕梁市临县碛口镇李家山村
46		吕梁市临县碛口镇西湾村
47		吕梁市柳林县柳林镇贺昌村
48		吕梁市柳林县三交镇三交村
49		阳泉市郊区平坦镇官沟村
50		阳泉市平定县冠山镇西锁簧村
51		阳泉市平定县东回镇瓦岭村
52	第二批 （2013-08-26）	阳泉市平定县娘子关镇娘子关村
53		阳泉市平定县娘子关镇上董寨村
54		阳泉市平定县娘子关镇下董寨村
55		阳泉市盂县梁家寨乡大米村
56		长治市平顺县虹梯关乡虹霓村

续表

序号	批次	名称
57	第二批 （2013-08-26）	长治市平顺县阳高乡奥治村
58		晋城市泽州县周村镇周村村
59		晋城市泽州县晋庙铺镇天井关村
60		晋城市泽州县大阳镇东街村
61		晋城市泽州县大阳镇西街村
62		晋中市榆次区东阳镇车辋村
63		晋中市和顺县李阳镇回黄村
64		晋中市祁县东观镇乔家堡村
65		晋中市祁县贾令镇谷恋村
66		晋中市平遥县段村镇普洞村
67		晋中市灵石县静升镇静升村
68		晋中市灵石县南关镇董家岭村
69		忻州市宁武县涔山乡小石门村
70		忻州市偏关县万家寨镇老牛湾村
71	第三批 （2014-11-17）	太原市阳曲县侯村乡青龙镇村
72		大同市新荣区堡子湾乡得胜堡村
73		大同市浑源县永安镇神溪村
74		阳泉市郊区荫营镇辛庄村
75		阳泉市平定县冠山镇宋家庄村
76		阳泉市平定县冶西镇苇池村
77		阳泉市平定县石门口乡乱流村
78		阳泉市平定县巨城镇南庄村
79		阳泉市平定县巨城镇上盘石村
80		阳泉市平定县张庄镇桃叶坡村
81		阳泉市盂县孙家庄镇乌玉村
82		长治市郊区西白兔乡中村
83		长治市长治县荫城镇荫城村
84		长治市平顺县石城镇白杨坡村
85		长治市平顺县石城镇上马村
86		长治市平顺县东寺头乡神龙湾村

续表

序号	批次	名称
87		长治市平顺县北社乡西社村
88		长治市黎城县上遥镇河南村
89		长治市黎城县停河铺乡霞庄村
90		长治市壶关县树掌镇芳岱村
91		长治市壶关县东井岭乡崔家庄村
92		晋城市沁水县嘉峰镇郭北村
93		晋城市沁水县嘉峰镇郭南村
94		晋城市阳城县凤城镇南安阳村
95		晋城市阳城县北留镇尧沟村
96		晋城市阳城县润城镇屯城村
97		晋城市阳城县河北镇孤堆底村
98		晋城市陵川县附城镇田庄村
99		晋城市泽州县大东沟镇东沟村
100		晋城市泽州县周村镇石淙头村
101	第三批	晋城市泽州县山河镇洞八岭村
102	(2014-11-17)	晋城市泽州县南岭乡段河村
103		晋城市泽州县南村镇冶底村
104		晋城市高平市河西镇新庄村
105		晋城市高平市寺庄镇伯方村
106		朔州市山阴县张家庄乡旧广武村
107		晋中市昔阳县界都乡长岭村
108		晋中市平遥县段村镇段村
109		晋中市灵石县英武乡雷家庄村
110		晋中市介休市龙凤镇南庄村
111		运城市稷山县西社镇马跑泉村
112		运城市稷山县清河镇北阳城村
113		忻州市静乐县赤泥洼乡龙家庄村
114		临汾市乡宁县关王庙乡鼎石村
115		临汾市乡宁县关王庙乡塔尔坡村
116		临汾市蒲县黑龙关镇化乐村

续表

序号	批次	名称
117		临汾市霍州市退沙街道许村
118		吕梁市离石区枣林乡彩家庄村
119		吕梁市临县三交镇孙家沟村
120		吕梁市临县安业乡前青塘村
121		吕梁市柳林县孟门镇后冯家沟村
122		吕梁市柳林县陈家湾乡高家垣村
123	第三批 （2014-11-17）	吕梁市柳林县王家沟乡南洼村
124		吕梁市石楼县龙交乡君庄村
125		吕梁市交口县桃红坡镇西宋庄村
126		吕梁市交口县回龙乡明志沟村
127		吕梁市孝义市新义街道贾家庄村
128		吕梁市孝义市崇文街道宋家庄村
129		吕梁市孝义市高阳镇白壁关村
130		太原市晋源区晋源街道程家峪村
131		大同市新荣区郭家窑乡助马堡村
132		大同市天镇县谷前堡镇水磨口村
133		大同市广灵县蕉山乡殷家庄村
134		大同市广灵县蕉山乡西蕉山村
135		大同市大同县杜庄乡落阵营村
136		大同市大同县许堡乡许堡村
137		阳泉市平定县娘子关镇新关村
138	第四批 （2016-12-09）	阳泉市平定县巨城镇下盘石村
139		阳泉市平定县巨城镇岩会村
140		阳泉市平定县巨城镇移穰村
141		阳泉市平定县石门口乡西郊村
142		阳泉市平定县岔口乡冯家峪村
143		阳泉市平定县岔口乡大前村
144		长治市长治县荫城镇琚寨村
145		长治市长治县南宋乡南宋村
146		长治市平顺县石城镇黄花村

续表

序号	批次	名称
147		长治市平顺县石城镇豆峪村
148		长治市平顺县石城镇蟒岩村
149		长治市黎城县东阳关镇枣镇村
150		长治市黎城县西井镇东骆驼村
151		长治市壶关县百尺镇西岭底村
152		长治市壶关县店上镇瓜掌村
153		长治市壶关县树掌镇神北村
154		长治市长子县慈林镇南张店村
155		长治市武乡县蟠龙镇砖壁村
156		长治市武乡县石盘农业开发区泉之头村
157		长治市沁源县王和镇古寨村
158		长治市潞城市黄牛蹄乡辛安村
159		长治市潞城市黄牛蹄乡土脚村
160		晋城市沁水县中村镇上阁村
161	第四批	晋城市沁水县端氏镇端氏村
162	（2016-12-09）	晋城市沁水县嘉峰镇嘉峰村
163		晋城市沁水县嘉峰镇尉迟村
164		晋城市沁水县嘉峰镇武安村
165		晋城市阳城县润城镇中庄村
166		晋城市阳城县润城镇润城村
167		晋城市阳城县润城镇上伏村
168		晋城市阳城县河北镇匠礼村
169		晋城市陵川县礼义镇平川村
170		晋城市陵川县礼义镇东街村
171		晋城市陵川县附城镇夏壁村
172		晋城市陵川县附城镇丈河村
173		晋城市陵川县西河底镇黄庄村
174		晋城市陵川县杨村镇平居村
175		晋城市陵川县六泉乡浙水村
176		晋城市陵川县六泉乡六泉村

续表

序号	批次	名称
177		晋城市陵川县秦家庄乡侯家庄村
178		晋城市泽州县大东沟镇贺坡村
179		晋城市泽州县犁川镇成庄村
180		晋城市泽州县晋庙铺镇窑掌村
181		晋城市泽州县高都镇善获村
182		晋城市泽州县大阳镇金汤寨村
183		晋城市泽州县大箕镇南沟村
184		晋城市泽州县大箕镇秋木洼村
185		晋城市泽州县李寨乡陟椒村
186		晋城市泽州县南岭乡葛万村
187		晋城市高平市河西镇永宁寨村
188		晋城市高平市河西镇西李门村
189		晋城市高平市河西镇常乐村
190		晋城市高平市马村镇东周村
191	第四批	晋城市高平市马村镇西周村
192	(2016-12-09)	晋城市高平市马村镇康营村
193		晋城市高平市建宁乡建北村
194		晋城市高平市石末乡石末村
195		晋城市高平市石末乡侯庄村
196		晋城市高平市原村乡原村村
197		晋城市高平市原村乡下马游村
198		朔州市朔城区南榆林乡青钟村
199		朔州市朔城区南榆林乡王化庄村
200		朔州市平鲁区高石庄乡七墩村
201		朔州市右玉县李达窑乡破虎堡村
202		晋中市榆次区什贴镇小寨村
203		晋中市榆次区长凝镇相立村
204		晋中市榆社县河峪乡下赤峪村
205		晋中市昔阳县乐平镇西南沟村
206		晋中市昔阳县皋落镇北岩村

续表

序号	批次	名称
207		晋中市昔阳县大寨镇大寨村
208		晋中市昔阳县赵壁乡楼坪村
209		晋中市昔阳县赵壁乡东寨村
210		晋中市昔阳县孔氏乡三教河村
211		晋中市寿阳县宗艾镇下洲村
212		晋中市寿阳县宗艾镇宗艾村
213		晋中市寿阳县西洛镇南东村
214		晋中市寿阳县西洛镇南河村
215		晋中市寿阳县西洛镇林家坡村
216		晋中市寿阳县西洛镇杏凹村
217		晋中市寿阳县平舒乡龙门河村
218		晋中市太谷县阳邑乡阳邑村
219		晋中市太谷县小白乡白燕村
220		晋中市祁县古县镇孙家河村
221	第四批	晋中市祁县贾令镇贾令村
222	（2016-12-09）	晋中市祁县来远镇唐河底村
223		晋中市祁县峪口乡上庄村
224		晋中市平遥县段村镇横坡村
225		晋中市平遥县岳壁乡西源祠村
226		晋中市平遥县朱坑乡喜村
227		晋中市介休市张兰镇板峪村
228		晋中市介休市张兰镇张村
229		晋中市介休市张兰镇旧新堡村
230		晋中市介休市连福镇刘家山村
231		晋中市介休市连福镇张良村
232		晋中市介休市绵山镇焦家堡村
233		晋中市介休市绵山镇兴地村
234		晋中市介休市绵山镇小靳村
235		运城市新绛县北张镇西庄村
236		运城市新绛县泉掌镇泉掌村

续表

序号	批次	名称
237		运城市垣曲县历山镇南堡村
238		运城市平陆县张店镇侯王村
239		忻州市五台县豆村镇东会村
240		忻州市定襄县宏道镇北社东村
241		忻州市五台县东冶镇槐荫村
242		忻州市五台县东冶镇永安村
243		忻州市繁峙县神堂堡乡韩庄村
244		忻州市繁峙县岩头乡岩头村
245		忻州市岢岚县王家岔乡王家岔村
246		忻州市河曲县楼子营镇罗圈堡村
247		忻州市河曲县巡镇五花城堡村
248		临汾市翼城县西闫镇古桃园村
249		临汾市翼城县西闫镇曹公村
250		临汾市襄汾县景毛乡北李村
251	第四批 （2016-12-09）	临汾市浮山县响水河镇东陈村
252		临汾市乡宁县关王庙乡康家坪村
253		临汾市乡宁县关王庙乡安汾村
254		临汾市乡宁县关王庙乡鹿凹峪村
255		临汾市乡宁县关王庙乡下川村
256		临汾市乡宁县关王庙乡后庄村
257		临汾市乡宁县关王庙乡上川村
258		临汾市汾西县团柏乡下团柏村
259		吕梁市离石区吴城镇街上村
260		吕梁市文水县凤城镇前周村
261		吕梁市文水县开栅镇北徐村
262		吕梁市文水县刘胡兰镇刘胡兰村
263		吕梁市文水县下曲镇北辛店村
264		吕梁市兴县高家村镇碧村
265		吕梁市临县林家坪镇南圪垛村（含沙垣组）
266		吕梁市临县招贤镇渠家坡村

续表

序号	批次	名称
267		吕梁市临县碛口镇寨则山村
268		吕梁市临县碛口镇寨则坪村
269		吕梁市柳林县王家沟乡曹家塔村
270		吕梁市柳林县西王家沟乡兴隆湾村
271		吕梁市孝义市高阳镇临水村
272	第四批	吕梁市石楼县义牒镇义牒村
273	(2016-12-09)	吕梁市方山县峪口镇张家塔村
274		吕梁市交口县康城镇康城村
275		吕梁市交口县回龙乡韩家沟村
276		吕梁市孝义市下堡镇官窑村
277		吕梁市孝义市下堡镇昔颉堡村
278		吕梁市汾阳市杏花村镇东堡村
279		吕梁市汾阳市阳城乡虞城村
280		太原市晋源区晋祠镇赤桥村
281		大同市云冈区高山镇高山村
282		大同市天镇县谷前堡镇白羊口村
283		大同市天镇县马家皂乡安家皂村
284		大同市广灵县壶泉镇涧西村
285		大同市灵丘县独峪乡花塔村
286		大同市云州区峰峪乡徐疃村
287	第五批	阳泉市郊区荫营镇三都村
288	(2019-06-06)	阳泉市郊区西南舁乡大洼村
289		阳泉市平定县锁簧镇东锁簧村
290		阳泉市平定县张庄镇张庄村
291		阳泉市平定县张庄镇土岭头村
292		阳泉市平定县张庄镇下马郡头村
293		阳泉市平定县张庄镇宁艾村
294		阳泉市平定县东回镇马山村
295		阳泉市平定县东回镇七亘村
296		阳泉市平定县东回镇南峪村

续表

序号	批次	名称
297		阳泉市平定县柏井镇柏井四村
298		阳泉市平定县柏井镇柏井一村
299		阳泉市平定县柏井镇白灰村
300		阳泉市平定县娘子关镇河北村
301		阳泉市平定县娘子关镇旧关村
302		阳泉市平定县巨城镇会里村
303		阳泉市平定县巨城镇西岭村
304		阳泉市平定县石门口乡大石门村
305		阳泉市盂县梁家寨乡骆驼道村
306		阳泉市盂县梁家寨乡石家塔村
307		阳泉市盂县梁家寨乡黄树岩村
308		长治市上党区荫城镇桑梓一村
309		长治市上党区荫城镇桑梓二村
310		长治市上党区西火镇西队村
311	第五批 （2019-06-06）	长治市上党区西火镇东火村
312		长治市上党区西火镇平家庄村
313		长治市上党区八义镇张家沟村
314		长治市上党区南宋乡太义掌村
315		长治市上党区南宋乡赵村
316		长治市平顺县石城镇青草凹村
317		长治市平顺县石城镇窑上村
318		长治市平顺县石城镇恭水村
319		长治市平顺县石城镇遮峪村
320		长治市平顺县石城镇牛岭村
321		长治市平顺县石城镇老申峧村
322		长治市平顺县石城镇豆口村
323		长治市平顺县石城镇苇水村
324		长治市平顺县石城镇流吉村
325		长治市平顺县虹梯关乡龙柏庵村
326		长治市平顺县阳高乡南庄村

续表

序号	批次	名称
327		长治市平顺县阳高乡侯壁村
328		长治市平顺县阳高乡车当村
329		长治市平顺县阳高乡槲树园村
330		长治市平顺县北耽车乡安乐村
331		长治市平顺县北耽车乡实会村
332		长治市黎城县东阳关镇长宁村
333		长治市黎城县西井镇新庄村
334		长治市黎城县西井镇仟仵村
335		长治市黎城县洪井乡孔家峧村
336		长治市壶关县晋庄镇东七里村
337		长治市壶关县树掌镇河东村
338		长治市壶关县树掌镇树掌村
339		长治市壶关县树掌镇大会村
340		长治市武乡县韩北乡王家峪村
341	第五批 （2019-06-06）	长治市沁县南里乡唐村
342		长治市沁源县灵空山镇下兴居村
343		长治市沁源县王和镇大栅村
344		长治市潞城区翟店镇寨上村
345		晋城市沁水县中村镇蒲泓村
346		晋城市沁水县中村镇张马村
347		晋城市沁水县端氏镇坪上村
348		晋城市沁水县土沃乡塘坪村
349		晋城市沁水县土沃乡南阳村
350		晋城市沁水县土沃乡交口村
351		晋城市阳城县北留镇大桥村
352		晋城市阳城县北留镇章训村
353		晋城市阳城县北留镇石苑村
354		晋城市阳城县北留镇史山村
355		晋城市阳城县润城镇北音村
356		晋城市阳城县润城镇王村

续表

序号	批次	名称
357		晋城市阳城县润城镇下庄村
358		晋城市阳城县横河镇中寺村
359		晋城市阳城县横河镇受益村
360		晋城市阳城县河北镇下交村
361		晋城市阳城县东冶镇西冶村
362		晋城市阳城县东冶镇月院村
363		晋城市阳城县白桑乡洪上村
364		晋城市阳城县白桑乡通义村
365		晋城市阳城县固隆乡府底村
366		晋城市阳城县固隆乡泽城村
367		晋城市阳城县固隆乡固隆村
368		晋城市陵川县附城镇西瑶泉村
369		晋城市陵川县西河底镇张仰村
370		晋城市陵川县西河底镇现岭村
371	第五批 （2019-06-06）	晋城市泽州县下村镇上村村
372		晋城市泽州县大东沟镇峪南村
373		晋城市泽州县大东沟镇贾泉村
374		晋城市泽州县大东沟镇辛壁村
375		晋城市泽州县大东沟镇黑泉沟村
376		晋城市泽州县大东沟镇西洼村
377		晋城市泽州县周村镇杨山村
378		晋城市泽州县犁川镇西沟村
379		晋城市泽州县犁川镇马寨村
380		晋城市泽州县晋庙铺镇黑石岭村
381		晋城市泽州县晋庙铺镇小口村
382		晋城市泽州县金村镇水北村
383		晋城市泽州县高都镇岭上村
384		晋城市泽州县高都镇薛庄村
385		晋城市泽州县巴公镇渠头村
386		晋城市泽州县大阳镇一分街村

续表

序号	批次	名称
387		晋城市泽州县大阳镇四分街村
388		晋城市泽州县大阳镇李家庄村
389		晋城市泽州县大阳镇都家山村
390		晋城市泽州县大箕镇南河底村
391		晋城市泽州县大箕镇两谷坨村
392		晋城市泽州县大箕镇南峪村
393		晋城市泽州县柳树口镇南庄村
394		晋城市泽州县川底乡董山村
395		晋城市泽州县南岭乡李沟村
396		晋城市泽州县南岭乡陈河村
397		晋城市泽州县南岭乡白背村
398		晋城市泽州县南岭乡黄砂底村
399		晋城市泽州县南岭乡宋泉村
400		晋城市泽州县南岭乡漏道底村
401	第五批	晋城市泽州县南岭乡阎庄村
402	（2019-06-06）	晋城市泽州县南岭乡裴凹村
403		晋城市高平市东城街道店上村
404		晋城市高平市南城街道北陈村
405		晋城市高平市南城街道上韩庄村
406		晋城市高平市南城街道上庄村
407		晋城市高平市米山镇孝义村
408		晋城市高平市三甲镇北庄村
409		晋城市高平市三甲镇赤祥村
410		晋城市高平市三甲镇邢村
411		晋城市高平市三甲镇赵家山村
412		晋城市高平市神农镇邱村
413		晋城市高平市神农镇故关村
414		晋城市高平市神农镇团东村
415		晋城市高平市神农镇团西村
416		晋城市高平市神农镇中庙村

续表

序号	批次	名称
417		晋城市高平市陈区镇铁炉村
418		晋城市高平市北诗镇丹水村
419		晋城市高平市北诗镇东吴庄村
420		晋城市高平市北诗镇龙尾村
421		晋城市高平市河西镇回山村
422		晋城市高平市河西镇河西村
423		晋城市高平市河西镇下庄村
424		晋城市高平市河西镇焦河村
425		晋城市高平市河西镇牛村
426		晋城市高平市马村镇陈村
427		晋城市高平市马村镇东崛山村
428		晋城市高平市马村镇东宅村
429		晋城市高平市马村镇古寨村
430		晋城市高平市马村镇马村
431	第五批	晋城市高平市马村镇唐东村
432	（2019-06-06）	晋城市高平市野川镇杜寨村
433		晋城市高平市寺庄镇长平村
434		晋城市高平市寺庄镇釜山村
435		晋城市高平市寺庄镇高良村
436		晋城市高平市寺庄镇寺庄村
437		晋城市高平市寺庄镇王报村
438		晋城市高平市建宁乡郭庄村
439		晋城市高平市建宁乡建南村
440		晋城市高平市建宁乡李家河村
441		晋城市高平市石末乡瓮庄村
442		朔州市朔城区北旺庄街道新安庄村
443		朔州市山阴县北周庄镇燕庄村
444		朔州市山阴县马营庄乡故驿村
445		朔州市应县南河种镇小石口村
446		朔州市应县大临河乡北楼口村

续表

序号	批次	名称
447		朔州市怀仁市云中镇中街村
448		朔州市怀仁市河头乡王皓疃村
449		晋中市榆社县云簇镇桃阳村
450		晋中市昔阳县乐平镇李家沟村
451		晋中市昔阳县乐平镇北掌城村
452		晋中市昔阳县界都乡前车掌村
453		晋中市寿阳县宗艾镇神武村尖山村
454		晋中市寿阳县宗艾镇荣生村周家垴村
455		晋中市寿阳县西洛镇篡木村
456		晋中市寿阳县尹灵芝镇尹灵芝村
457		晋中市寿阳县尹灵芝镇郭王庄村
458		晋中市寿阳县羊头崖乡西草庄村
459		晋中市太谷县范村镇上安村
460		晋中市太谷县侯城乡范家庄村
461	第五批 （2019-06-06）	晋中市太谷县水秀乡北郭村
462		晋中市祁县贾令镇沙堡村
463		晋中市祁县城赵镇修善村
464		晋中市祁县来远镇盘陀村
465		晋中市平遥县东泉镇东泉村
466		晋中市平遥县东泉镇彭坡头村
467		晋中市平遥县卜宜乡梁家滩村
468		晋中市平遥县朱坑乡六河村
469		晋中市介休市张兰镇新堡村
470		晋中市介休市张兰镇史村
471		晋中市介休市张兰镇下李侯村
472		晋中市介休市张兰镇旧堡村
473		晋中市介休市洪山镇洪山村
474		晋中市介休市绵山镇大靳村
475		晋中市介休市义棠镇田村
476		运城市闻喜县郭家庄镇陈家庄村

续表

序号	批次	名称
477		运城市稷山县翟店镇西位村
478		运城市绛县古绛镇柴家坡村
479		运城市绛县古绛镇南城村
480		运城市绛县古绛镇尧寓村
481		运城市绛县大交镇续鲁峪村北坂村
482		运城市垣曲县历山镇同善村
483		运城市垣曲县蒲掌乡西阳村
484		运城市平陆县坡底乡郭原村
485		运城市河津市樊村镇樊村堡村
486		忻州市定襄县宏道镇西社村
487		忻州市五台县豆村镇闫家寨村
488		忻州市宁武县东寨镇二马营村
489		忻州市宁武县迭台寺乡西沟村
490		忻州市保德县东关镇陈家梁村
491	第五批	忻州市原平市东社镇王东社村
492	（2019-06-06）	忻州市原平市中阳乡大阳村
493		忻州市原平市王家庄乡南怀化村
494		临汾市曲沃县乐昌镇安吉村
495		临汾市曲沃县曲村镇曲村
496		临汾市曲沃县里村镇石滩村
497		临汾市曲沃县北董乡南林交村
498		临汾市翼城县唐兴镇城内村
499		临汾市翼城县隆化镇史伯村
500		临汾市翼城县隆化镇南撖村
501		临汾市翼城县隆化镇尧都村
502		临汾市翼城县隆化镇下石门村
503		临汾市翼城县桥上镇撖庄村
504		临汾市翼城县西阎镇西阎村
505		临汾市翼城县西阎镇兴石村
506		临汾市翼城县西阎镇堡子村

续表

序号	批次	名称
507		临汾市翼城县西阎镇十河村
508		临汾市翼城县西阎镇古十银村
509		临汾市翼城县西阎镇大河村
510		临汾市翼城县浇底乡青城村
511		临汾市襄汾县新城镇伯玉村
512		临汾市襄汾县古城镇京安村
513		临汾市襄汾县襄陵镇黄崖村
514		临汾市洪洞县曲亭镇上寨村
515		临汾市洪洞县万安镇韩家庄村
516		临汾市洪洞县万安镇万安村
517		临汾市乡宁县关王庙乡前庄村
518		临汾市乡宁县枣岭乡石鼻村
519		临汾市霍州市退沙街道退沙村
520		临汾市霍州市大张镇贾村
521	第五批 （2019-06-06）	临汾市霍州市三教乡库拔村
522		吕梁市离石区交口街道杜家山村
523		吕梁市文水县凤城镇南徐村
524		吕梁市文水县孝义镇上贤村
525		吕梁市文水县马西乡神堂村
526		吕梁市交城县天宁镇磁窑村
527		吕梁市交城县夏家营镇段村
528		吕梁市临县招贤镇小塔则村
529		吕梁市临县碛口镇尧昌里村
530		吕梁市临县碛口镇白家山村
531		吕梁市临县碛口镇垣上村
532		吕梁市临县曲峪镇白道峪村
533		吕梁市柳林县柳林镇于家沟村
534		吕梁市柳林县穆村镇穆村第二村
535		吕梁市柳林县薛村镇军渡村
536		吕梁市柳林县三交镇下塔村

续表

序号	批次	名称
537	第五批 （2019-06-06）	吕梁市柳林县成家庄镇王家坡村
538		吕梁市柳林县孟门镇西坡村
539		吕梁市柳林县贾家垣乡冯家垣村康家垣村
540		吕梁市柳林县陈家湾乡闫家湾村
541		吕梁市柳林县西王家沟乡大庄村
542		吕梁市石楼县义牒镇留村
543		吕梁市中阳县武家庄镇刘家坹垛村
544		吕梁市孝义市高阳镇高阳村
545		吕梁市孝义市高阳镇小垣村
546		吕梁市汾阳市三泉镇巩村
547		吕梁市汾阳市三泉镇南马庄村
548		吕梁市汾阳市三泉镇任家堡村
549		吕梁市汾阳市三泉镇东赵村
550		吕梁市汾阳市峪道河镇下张家庄村

表 7-2　中原传统村落河南部分

序号	批次	名称
1	第一批 （2012-12-17）	洛阳市孟津县小浪底镇乔庄村
2		洛阳市汝阳县蔡店乡杜康村
3		平顶山市宝丰县杨庄镇马街村
4		平顶山市郏县堂街镇临沣寨（村）
5		平顶山市郏县李口镇张店村
6		平顶山市郏县渣园乡渣园村
7		平顶山市郏县冢头镇西寨村
8		新乡市卫辉市狮豹头乡小店河村
9		濮阳市清丰县双庙乡单拐村
10		漯河市郾城区裴城镇裴城村
11		三门峡市陕县西张村镇庙上村
12		南阳市邓州市杏山旅游管理区杏山村

续表

序号	批次	名称
13	第一批 （2012-12-17）	南阳市内乡县乍曲乡吴垭村
14		信阳市光山县文殊乡东岳村
15		信阳市罗山县铁铺乡何家冲村
16		信阳市新县八里畈镇神留桥村丁李湾村
17	第二批 （2013-08-26）	洛阳市孟津县朝阳镇卫坡村
18		洛阳市孟津县常袋镇石碑凹村
19		洛阳市新安县石井镇寺坡山村
20		洛阳市嵩县九店乡石场村
21		洛阳市洛宁县上戈镇上戈村
22		洛阳市洛宁县河底镇城村村
23		洛阳市洛宁县东宋镇丈庄村
24		洛阳市洛宁县底张乡草庙岭村
25		平顶山市宝丰县石桥镇高皇庙村
26		平顶山市宝丰县商酒务镇北张庄村
27		平顶山市宝丰县李庄乡程庄村
28		平顶山市宝丰县大营镇大营村
29		平顶山市宝丰县大营镇白石坡村
30		平顶山市鲁山县瓦屋乡李老庄村
31		平顶山市郏县冢头镇北街村
32		平顶山市郏县冢头镇东街村
33		平顶山市郏县冢头镇李渡口村
34		平顶山市郏县茨芭镇苏坟村
35		平顶山市郏县姚庄回族乡小张庄村
36		安阳市安阳县安丰乡渔洋村
37		安阳市林州市任村镇任村村
38		安阳市林州市石板岩乡朝阳村
39		安阳市林州市石板岩乡漏子头村
40		鹤壁市鹤山区姬家山乡王家站村
41		鹤壁市山城区鹿楼乡大胡村
42		鹤壁市山城区鹿楼乡肥泉村

续表

序号	批次	名称
43		鹤壁市浚县卫溪街道办事处西街村
44		鹤壁市淇县黄洞乡纣王殿村
45		焦作市中站区府城街道办事处北朱村
46		焦作市修武县岸上乡一斗水村
47		焦作市修武县岸上乡东岭后村
48		焦作市修武县西村乡平顶爻村
49		焦作市修武县西村乡双庙村
50		焦作市沁阳市常平乡九渡村
51		三门峡市渑池县段村乡赵沟村
52	第二批 （2013-08-26）	三门峡市渑池县段村乡赵坡头村
53		三门峡市陕县西张村镇南沟村
54		三门峡市卢氏县朱阳关镇杜店村
55		三门峡市义马市东区办事处石佛村
56		三门峡市灵宝市朱阳镇朱阳村
57		南阳市南召县云阳镇老城村
58		信阳市新县周河乡毛铺村楼上楼下村
59		信阳市商城县长竹园乡张花店村何家冲村
60		信阳市商城县长竹园乡汪冲村四方洼村
61		信阳市商城县冯店乡郭店村四楼湾村
62		驻马店市确山县竹沟镇竹沟村
63		郑州市登封市大金店镇大金店老街
64		郑州市登封市徐庄镇柏石崖村
65		洛阳市新安县石井镇东山底村
66		洛阳市栾川县潭头镇大王庙村
67	第三批 （2014-11-17）	洛阳市栾川县三川镇火神庙村抱犊寨
68		洛阳市宜阳县张坞镇苏羊村
69		平顶山市郏县薛店镇冢王南村
70		平顶山市郏县茨芭镇齐村
71		平顶山市郏县茨芭镇山头赵村
72		平顶山市汝州市蟒川镇半扎村

续表

序号	批次	名称
73		平顶山市汝州市夏店乡山顶村
74		安阳市林州市石板岩乡草庙村
75		安阳市林州市石板岩乡梨园坪村
76		安阳市林州市石板岩乡南湾村
77		鹤壁市淇县黄洞乡石老公村
78		鹤壁市淇县黄洞乡温坡村
79		新乡市辉县市拍石头乡张泗沟村
80		新乡市辉县市沙窑乡郭亮村
81		焦作市修武县西村乡长岭村
82		焦作市温县赵堡镇陈家沟
83		三门峡市陕县西张村镇丁管营村
84		三门峡市陕县张汴乡刘寺村
85	第三批 (2014-11-17)	南阳市南召县马市坪乡转角石村
86		南阳市淅川县盛湾镇土地岭村
87		南阳市唐河县马振抚乡前庄村
88		信阳市光山县泼陂河镇何尔冲村徐楼村
89		信阳市光山县泼陂河镇黄涂村龚冲村
90		信阳市光山县南向店乡董湾村向楼村
91		信阳市光山县净居寺名胜管理区杨帆村
92		信阳市新县苏河乡新光村钱大湾
93		信阳市新县周河乡西河村大湾
94		信阳市新县陡山河乡白沙关村白沙关
95		信阳市新县卡房乡胡湾村刘咀村
96		信阳市新县田铺乡香山湖管理区水塝村韩山村
97		信阳市新县田铺乡田铺居委会大湾村
98		信阳市商城县吴河乡万安村何老湾
99		信阳市商城县余集镇迎水村余老湾
100	第四批 (2016-12-09)	郑州市荥阳市高山镇石洞沟村
101		郑州市新密市刘寨镇吕楼村
102		开封市祥符区朱仙镇西街村

续表

序号	批次	名称
103		洛阳市新安县北冶镇甘泉村
104		洛阳市新安县仓头镇孙都村
105		洛阳市洛宁县下峪镇后上庄村
106		平顶山市鲁山县梁洼镇鹁鸪吴村
107		平顶山市郏县薛店镇后冢王西村
108		平顶山市郏县黄道镇前谢湾村
109		平顶山市郏县渣园乡马鸿庄
110		平顶山市汝州市焦村乡张村
111		鹤壁市浚县白寺乡白寺村
112		鹤壁市淇县灵山办事处赵庄村
113	第四批	新乡市辉县市沙窑乡水磨村
114	（2016-12-09）	许昌市禹州市浅井镇扒村
115		许昌市禹州市浅井镇浅井村
116		许昌市禹州市花石镇白北村
117		许昌市禹州市张得镇张西村
118		三门峡市陕州区张湾乡官寨头村
119		三门峡市渑池县张村镇苏秦村
120		南阳市方城县独树镇砚山铺村
121		信阳市光山县马畈镇代洼村杨柳湾组
122		信阳市光山县晏河乡管围孜村徐畈组
123		信阳市新县郭家河乡土门村徐冲组
124		驻马店市西平县杨庄乡仪封村
125		郑州市巩义市大峪沟镇海上桥村
126		郑州市登封市少林街道玄天庙村杨家门村
127		郑州市登封市徐庄镇杨林村
128	第五批	郑州市登封市徐庄镇安沟村
129	（2019-06-06）	洛阳市孟津县城关镇寺河南村大阳河村
130		洛阳市孟津县横水镇横水村
131		洛阳市新安县铁门镇土古洞村
132		洛阳市嵩县白河镇下寺村

续表

序号	批次	名称
133		洛阳市嵩县白河镇大青村
134		洛阳市嵩县白河镇白河街村
135		洛阳市嵩县白河镇火神庙村
136		洛阳市嵩县九店乡王楼村洼口村
137		平顶山市鲁山县瓦屋镇红石崖村
138		平顶山市郏县黄道镇王英沟村
139		平顶山市郏县黄道镇纸坊村
140		平顶山市郏县薛店镇冢王村
141		平顶山市郏县薛店镇下宫村
142		平顶山市汝州市大峪镇青山后村
143		平顶山市宝丰县李庄乡翟集村
144		安阳市安阳县磊口乡清凉山村
145		安阳市林州市合涧镇肖街村北庵沟村
146		安阳市林州市临淇镇占元村
147	第五批 （2019-06-06）	安阳市林州市临淇镇白泉村
148		安阳市林州市临淇镇黄落池村郜家庄村
149		安阳市林州市东姚镇石大沟村
150		安阳市林州市东姚镇齐家村
151		安阳市林州市任村镇白家庄村
152		安阳市林州市任村镇牛岭山村马刨泉村
153		安阳市林州市任村镇盘龙山村
154		安阳市林州市任村镇皇后村
155		安阳市林州市任村镇后峪村
156		安阳市林州市五龙镇石阵村中石阵村
157		安阳市林州市五龙镇七峪村
158		安阳市林州市石板岩镇贤麻沟村
159		安阳市林州市石板岩镇石板岩村东湾村
160		安阳市林州市石板岩镇西乡坪村
161		安阳市林州市石板岩镇高家台村
162		鹤壁市鹤山区鹤壁集镇西杨邑村

续表

序号	批次	名称
163		鹤壁市鹤山区姬家山乡西顶村
164		鹤壁市鹤山区姬家山乡石门村
165		鹤壁市鹤山区姬家山乡沙锅窑村
166		鹤壁市鹤山区姬家山乡蒋家顶村
167		鹤壁市鹤山区姬家山乡施家沟村
168		鹤壁市山城区石林镇中石林村
169		鹤壁市山城区鹿楼乡寺湾村
170		鹤壁市淇滨区上峪乡柏尖山村
171		鹤壁市淇滨区上峪乡老望岩村
172		鹤壁市淇滨区上峪乡白龙庙村
173		鹤壁市淇滨区上峪乡桑园村
174		鹤壁市淇县灵山街道大石岩村
175		新乡市卫辉市狮豹头乡土池村
176		新乡市卫辉市狮豹头乡里峪村
177	第五批（2019-06-06）	新乡市卫辉市狮豹头乡定沟村
178		新乡市辉县市南村镇西王村
179		新乡市辉县市南村镇丁庄村
180		新乡市辉县市南寨镇齐王寨村
181		新乡市辉县市黄水乡韩口村
182		新乡市辉县市张村乡赵窑村
183		新乡市辉县市沙窑乡新庄村
184		焦作市山阳区苏家作乡寨卜昌村
185		焦作市修武县西村乡东交口村
186		焦作市孟州市西虢镇莫沟村
187		濮阳市华龙区岳村镇东北庄村
188		许昌市禹州市鸠山镇天垌村
189		许昌市禹州市鸠山镇魏井村
190		三门峡市陕州区张汴乡曲村
191		三门峡市卢氏县文峪乡大桑沟村
192		三门峡市灵宝市朱阳镇两岔河村

续表

序号	批次	名称
193	第五批 （2019-06-06）	南阳市南召县云阳镇铁佛寺村石窝坑村
194		南阳市方城县柳河乡段庄村王老庄村
195		商丘市梁园区谢集镇西街村老谢集村
196		商丘市睢阳区李口镇清河口村刘旬庄村
197		信阳市光山县弦山街道同心村黄底下组
198		信阳市光山县泼陂河镇雀村宋桥组
199		信阳市光山县凉亭乡梁冲村晏洼组
200		信阳市光山县槐店乡陈洼村陈洼组
201		信阳市光山县文殊乡花山村周洼组
202		信阳市新县沙窝镇朴树店村宋冲组
203		周口市商水县邓城镇邓城东村
204		济源市邵原镇双房村
205		济源市思礼镇水洪池村

表 7-3 中原传统村落陕西部分

序号	批次	名称
1	第一批 （2012-12-17）	铜川市耀州区孙塬镇孙塬村
2		渭南市韩城市西庄镇党家村
3		榆林市绥德县白家硷乡贺一村
4		榆林市佳县佳芦镇神泉村
5		榆林市米脂县杨家沟镇杨家沟村
6	第二批 （2013-08-26）	咸阳市三原县新兴镇柏社村
7		咸阳市礼泉县烟霞镇袁家村
8		咸阳市永寿县监军镇等驾坡村
9		安康市旬阳县赵湾镇中山村（郭家老院）
10		渭南市富平县城关镇莲湖村
11		渭南市合阳县坊镇灵泉村
12		渭南市澄城县尧头镇尧头村
13		榆林市佳县佳芦镇张庄村

续表

序号	批次	名称
14		宝鸡市麟游县酒房镇万家城村
15		渭南市合阳县同家庄镇南长益村
16		渭南市韩城市芝阳镇清水村
17		延安市黄龙县白马滩镇张峰村
18		汉中市宁强县青木川镇青木川村
19		榆林市绥德县四十里铺镇艾家沟村
20		榆林市绥德县满堂川乡常家沟村
21	第三批	榆林市绥德县满堂川乡郭家沟村
22	（2014-11-17）	榆林市佳县康家港乡沙坪村
23		榆林市佳县峪口乡峪口村
24		榆林市佳县朱家坬镇泥河沟村
25		榆林市子洲县双湖峪镇张寨村
26		安康市石泉县后柳镇长兴村
27		安康市紫阳县向阳镇营梁村
28		安康市旬阳县赤岩镇七里村庙湾村
29		安康市旬阳县赤岩镇万福村
30		安康市旬阳县赤岩镇湛家湾村
31		西安市蓝田县葛牌镇石船沟村
32		西安市周至县厚畛子乡老县城村
33		咸阳市三原县鲁桥镇东里村
34		咸阳市彬县香庙乡程家川村
35		渭南市华县赤水镇辛村
36		渭南市大荔县朝邑镇大寨村
37	第四批	渭南市大荔县段家镇东高垣村
38	（2016-12-19）	渭南市合阳县百良镇东宫城村
39		渭南市蒲城县椿林镇山西村
40		渭南市韩城市新城办相里堡村
41		渭南市韩城市龙门镇西原村
42		渭南市韩城市桑树坪镇王峰村
43		渭南市韩城市西庄镇柳枝村

续表

序号	批次	名称
44		渭南市韩城市西庄镇郭庄砦村
45		渭南市韩城市西庄镇柳村
46		渭南市韩城市西庄镇薛村
47		渭南市韩城市西庄镇张代村
48		延安市宝塔区临镇镇石村
49		延安市子长县安定镇安定村
50		汉中市城固县上元观镇乐丰村
51		榆林市绥德县义和镇虎焉村
52		榆林市绥德县中角镇梁家甲村
53		榆林市米脂县银州办事处高庙山村
54		榆林市米脂县桃镇桃镇村
55		榆林市米脂县桃镇黑圪塔村
56		榆林市米脂县杨家沟镇寺沟村
57	第四批	榆林市米脂县杨家沟镇岳家岔村
58	（2016-12-19）	榆林市米脂县郭兴庄镇白兴庄村
59		榆林市米脂县乔河岔乡刘家峁村
60		榆林市米脂县城郊镇镇子湾村
61		榆林市佳县木头峪乡木头峪村
62		榆林市清涧县高杰村镇高杰村
63		榆林市子洲县何家集镇眠虎沟
64		安康市汉滨区石转镇双柏村
65		安康市汉滨区双龙镇天宝村
66		安康市汉滨区叶坪镇双桥村
67		安康市汉滨区早阳镇王庄村
68		安康市汉滨区共进镇高山村
69		安康市汉滨区燏坝镇马河村
70		安康市旬阳县仙河镇牛家阴坡村
71		商洛市镇安县云盖寺镇云镇村
72	第五批	咸阳市礼泉县烽火镇烽火村
73	（2019-06-06）	铜川市印台区陈炉镇立地坡村

续表

序号	批次	名称
74		铜川市耀州区小丘镇移村
75		渭南市大荔县两宜镇东白池村
76		渭南市大荔县范家镇结草村
77		渭南市合阳县新池镇行家庄村
78		渭南市合阳县黑池镇南社村
79		渭南市合阳县黑池镇黑东村
80		渭南市合阳县路井镇杨家坡村
81		渭南市澄城县冯原镇吉安城村
82		渭南市蒲城县兴镇曹家村
83		渭南市蒲城县尧山镇陶池村
84		渭南市白水县杜康镇康家卫村
85		渭南市白水县北塬镇杨武村
86		渭南市富平县老庙镇笃祜村
87		渭南市韩城市新城街道周原村
88	第五批 （2019-06-06）	渭南市华阴市岳庙街道双泉村
89		延安市延长县雷赤镇凉水岸村
90		延安市延川县永坪镇赵家河村
91		延安市延川县文安驿镇梁家河村
92		延安市延川县贾家坪镇磨义沟村马家湾村
93		延安市延川县贾家坪镇田家川村上田家川村
94		延安市延川县关庄镇甄家湾村
95		延安市延川县关庄镇太相寺村
96		延安市延川县乾坤湾镇碾畔村
97		延安市延川县乾坤湾镇刘家山村
98		榆林市榆阳区古塔镇罗硷村
99		榆林市横山区横山街道贾大峁村
100		榆林市横山区响水镇响水村
101		榆林市横山区殿市镇五龙山村
102		榆林市横山区赵石畔镇王皮庄村
103		榆林市靖边县镇靖镇镇靖村

续表

序号	批次	名称
104	第五批 （2019-06-06）	榆林市绥德县中角镇中角村
105		榆林市佳县螅镇荷叶坪村
106		榆林市佳县螅镇刘家坪村
107		榆林市子洲县裴家湾镇园则坪村
108		汉中市留坝县城关镇城关村
109		汉中市留坝县留侯镇庙台子村
110		汉中市留坝县江口镇磨坪村
111		安康市汉滨区谭坝镇前河村
112		安康市石泉县熨斗镇长岭村
113		商洛市山阳县漫川关镇古镇社区

注：本附录根据住房城乡建设部、文化部（现文化和旅游部）、财政部等政府部门公布的五批中国传统村落名录（2012—2019）整理而得。

后记
AFTERWORD

中国传统村落作为中华文化遗产的重要载体，承载着中华民族的历史记忆，是人类农耕文明的重要见证，也是中华民族认同的根源，具有重要的文化价值、生态价值和经济价值。但在快速城镇化、现代化的冲击下，中国传统村落正在面临生存的挑战。传统村落的消失不仅意味着村落建筑的消亡，更意味着传统村落所蕴含的文化价值的消亡。近几十年来，随着经济的大发展以及城镇化的推进，大量青壮年走出乡村，定居城市，传统村落面临着"空心化"的窘境。如今，国家已经充分意识到传统村落保护的重要性，采取了一系列的保护措施。

"中国传统村落文化抢救与研究"系列丛书于2016年入选了"十三五"出版规划。本套丛书从文化区、物质文化、非物质文化三个方面全方位阐释中国传统村落文化。其第一辑文化区系列于2020年付梓，项目从策划到出版历时近5年。

一本书的诞生，包含着主编、编写者、编辑、校对、审读专家等众多参与者的心血。为了保证图书的如期出版，每个人都奉献和付出了许多。

感谢每一位编写者的勤勉，在繁重的教学和科研任务压力之下，他们利用每一个休息的空隙，孜孜不倦地书写着中国传统村落的过去、现在和未来，用朴实真挚的文字记录着村落的每一次成长与新生。

本书还配有大量精美图片帮助读者解读内容，但由于信息的更迭和转换，仍然有个别图片找不到原始版权的所有人。希望读到这本书，或者通过其他途径获取到这个信息的版权人，发送邮件至459202365@qq.com，主动与我们取得联系，我们感谢您的理解和支持。

我们本着保护和弘扬村落文化的初心，试图对中国传统村落进行一次科学的梳理、抢救性记录和提出保护建议，通过深度挖掘传统村落的价值，重新唤起社会关注，重振乡居生活方式。让越来越多的人通过阅读，了解传统村落文化的美好与珍贵，从而加入到保护者的行列。

2020年，突如其来的新冠肺炎疫情打乱了每个人的生活工作节奏，但是大家克服了自身的困难和心里的不安，携手走到了最后。再次感谢参与这套丛书出版的每一个人，大家的努力与付出，才促成了图书的成功付梓。我们撒下关爱村落的种子，期待在不久的未来它将长成参天大树，将传统村落文化扎根于每一位读者心间，愿这套丛书为传统村落文化的传承贡献一份微薄的力量。

丛书编委会

2020年12月

中国传统村落文化区总图
宋尚周 绘